HANS POLLAK

Märkische Morde

*Kriminalhistorischer Führer
durchs Brandenburger Land*

1946 1996

Verlag Das Neue Berlin

Die lauschigen Wälder und lieblichen Seen, die kleinen und großen Städte der Mark sind so unschuldig nicht, wie der Heimatdichter Theodor Fontane sie liebevoll geschildert hat. Abgründe tun sich auf, wenn man in Brandenburgs ungeschriebene Kriminalgeschichte hinabsteigt: Mord und Totschlag, Faustrecht und Fürstenwillkür, Aberglauben und Inquisition, Hofskandale und Justizverbrechen begleiteten das Leben der Bewohner schon in Zeiten, da es noch keine Boulevardpresse mit ihren täglichen unheilumwitterten Horror-Schlagzeilen gab.

Dieses Buch erzählt von härtesten Kriminalfällen und furiosen Gesellschaftsaffären aus sieben Jahrhunderten zwischen Schwedt und Sonnewalde, zwischen Frankfurt und Tangermünde. Eine Mord-, Intrigen- und Sittengeschichte also, die von den Ketzerverbrennungen im 14. Jahrhundert bis zur Knabenliebe am Hofe Kaiser Wilhelms des Zweiten reicht. Aber auch ein Leitfaden für Exkursionen in die Mark und durch das Abgründige in der märkischen Vergangenheit.

Dem Wanderer, der den oftmals blutigen Spuren im märkischen Sand folgen will, sei aber eine Mahnung Theodor Fontanes mit auf den Weg gegeben: »Wer in die Mark reisen will, der muß zunächst Liebe zu ›Land und Leuten‹ mitbringen, mindestens keine Voreingenommenheit. Er muß den guten Willen haben, das Gute gut zu finden, anstatt es durch kritische Vergleiche tot zu machen.«

H. P.

Inhalt

Ketzer-Angermünde 9
   Die Inquisition macht Überstunden 12
   Opfertod eines »Glaubensboten« 17
   Zwei Dörfer müssen abschwören 20
Reise-/Speisetip 22

Das Gottesurteil zu Gransee 23
   Der »falsche Waldemar« 26
   Der Türmer tappt in die Falle 31
   Das Vier-Tage-Duell 35
Reise-/Speisetip 39

Die Abzocker von Wilsnack 40
   Wunder machen sich bezahlt 42
   Veitstanz auf Kirchentrümmern 44
   Die allwissenden Hostienpriester 48
   Ausverkauf in Bannflüchen 51
Reise-/Speisetip 55

Die »Judenklemme« auf der Eldenburg 56
   Der Tod des alten Rabbi 58
   Brudermord im »Quitzow-Stuhl« 61
   Eine Wildsau als Rächer 66
Reise-/Speisetip 70

Richter Lynch in Ruppin 71
   Der kopflose Ritter Kunz 74
   »Rasche Justiz« am diebischen Pfaffen 78
   Der Fluch des Pontifex Maximus 82
Reise-/Speisetip 84

Verschwörung in Sonnewalde 85
   Ritter Minckwitz auf dem Kriegspfad 87
   Ein Bischof flieht im Weiberrock 89
   Mord vor der Herberge 92
   Reichsacht macht vogelfrei 96
   Friedensschluß mit Kniefall 99
Reise-/Speisetip 102

Das Massaker zu Legde 103
   Die Quitzow-Story 106
   Blutrache eines Soldatenweibes 111
   Das Schwert der Vergeltung 114
Reise-/Speisetip 116

Die Räuberbraut von Tangermünde 117
   Ein Schuft namens Tönnies 120
   Tangermündes längste Nacht 123
   Ein Straßenräuber wird entlarvt 126
   Folter und Feuer 128
Reise-/Speisetip 131

Tödliches Tabakskollegium zu Königs Wusterhausen 133
   Ein Narr wider Willen 137
   Halb Mensch, halb Schwein 142
Reise-/Speisetip 145

Ende einer preußischen Tragödie in Wust 146
  »Nur ein Hundsfott desertiert!« 148
  »Cabinetsordre« bricht Richterspruch 152
  Die Rache des »Soldatenkönigs« 157
  Wust wurde zur Wüste 160
Reise-/Speisetip 163

Die Krebsmüller-Affäre von Züllichau 165
  König contra »Canaillen« 168
  Fettlebe in Spandau 172
Reise-/Speisetip 176

Der Messias von Biesenthal 177
  Sieben Jungfrauen für den Propheten 182
  Bestimmt für Tisch und Bett 185
  »Hurerei mit halben Kindern« 187
Reise-/Speisetip 190

Rosenkreuzer-Spuk auf Schloß Marquardt 191
  Konjunktur für Scharlatane 192
  Eine Satire macht Karriere 194
  Geister im Schloß Belvedere? 197
  Geknebelte Aufklärung 200
  Abgang mit Theaterdonner 202
Reise-/Speisetip 204

Verführte Julie, Königin zur Linken, aus Buch 205
  Eine »preußische Pompadour« 208
  Schäferspiele und kurze Röckchen 210
  Ehebund à la Melanchthon 214
  Namenlose »beste Schwester« 217
Reise-/Speisetip 220

Mißglückte Rache an der Femme fatale aus Hoppenrade 221
   Liebhaber wider Willen 224
   Auf Hauen und Stechen 228
   Eine Ehe auf Probe 232
   Nach uns die Sintflut 234
Reise-/Speisetip 237

Der mörderische Casanova von Frankfurt 238
   Disziplin ist für Plebejer geschaffen 241
   Protokoll eines Mordes 245
   Die Richter sind keine Damen 248
   »Ich lache dem Schafott Hohn ...« 251
Reise-/Speisetip 254

Der Feuerteufel von Kossenblatt 255
   Mysteriöse Brandserie 258
   Sherlock Holmes aus Beeskow 261
   Schüsse aus dem Hinterhalt 264
   Emils Tod und Auferstehung 267
Reise-/Speisetip 271

Des Kaisers »Urninge« auf Schloß Liebenberg 272
   Majestät versteckt Ostereier 275
   Ein Verstoßener nimmt Rache 278
   Das Ende eines »Barden« 283
Reise-/Speisetip 285

Zitierte und weiterführende Literatur 286

Ketzer-Angermünde

Reifende Felder, saftige Wiesen, blinkende Seen und rauschende Wälder umkränzen die südliche Uckermark. Aus ihrer Mitte strebt – weithin sichtbar – ein trutziges Bauwerk zum Himmel: die Stadtkirche St. Marien von Angermünde. Eine auf Granitquadern gegründete Gottesburg. Im Schein der untergehenden Sonne flammen ihre im Mittelalter errichteten Backsteinmauern wie die Scheiterhaufen, auf denen man zu Angermünde einst Ketzer verbrannte. In jenen fernen Tagen, da die uckermärkische Ackerbürgerstadt bei den Frommen im Lande als »Ketzer-Angermünde« übelbeleumdet war.

Ein Makel, den auch der stets um die Reputation der Märker bemühte Theodor Fontane nicht zu tilgen vermochte, als er 1888 das Resümee zog: »Woher die Bezeichnung Ketzer- oder plattdeutsch Kettr-Angermünde kommt, diese Frage hat seit mehr als einem Jahrhundert die märkische Geschichtsschreibung beschäftigt. Einige meinen, im 13. und 14. Jahrhundert hätten sich unter den Einwohnern von Angermünde viele Ketzer befunden, andere meinen, Ketzer bedeute Kietzer, noch andere heben hervor, daß Ketzer ein Handwerksausdruck sei und bei den Wollarbeitern eine Spindel voll Garn bedeute ... Alle drei Annahmen haben etwas für sich, und ich habe, der Reihe nach, jede einzelne für richtig gehalten.«

Dann aber stieß der große märkische Erzähler auf Berichte, daß allein um das Jahr 1336 vierzehn der Ketzerei angeklagte Angermünder auf dem Scheiterhaufen starben: »Mir scheint es jetzt das Wahrscheinlichste, daß der Beiname der Stadt von diesem Vorgang her datiert.« Wie auch aus anderen Schriftstücken hervorgeht, zog sich in und um Angermünde die Ketzerverfolgung bis weit in die Mitte des 15. Jahrhunderts hin.

Jahrmarktstrubel in Angermünde. Fahrendes Volk ist in die Stadt am Mündesee gekommen. Seiltänzer und Feuerschlucker, Quacksalber und Wahrsager, Bänkelsänger und Possenreißer. Bestaunt von der Menschenmenge, für die das bunte Treiben im Schatten von St. Marien willkommene Ablenkung von den Alltagssorgen bietet.

Um einen mit allerlei Flitterkram ausstaffierten offenen Wagen herrscht dichtes Gedränge. Der Hanswurst im Schellenkostüm vollführt nicht nur possierliche Sprünge und Verrenkungen. Dazwischen stößt er lauthals in eine Trompete und verkündet, was sich »Absonderliches zugetragen hat in den Landen«. Von Kälbern mit zwei Köpfen und fünf Beinen berichtet der Schalk. Von Räubern, die Jagd auf kleine Kinder machen, um sie zu schändlichem Tun heranzuziehen. Auch vom kommenden Kometen, der Sonne und Mond verschlingen will. Und man hört ihm zu. Mit offenem Mund und wohlig erschauernd, daß man sich hinter Angermündes festen Mauern geborgen fühlen kann.

Ein neuer Trompetenstoß. »Vernehmet nun, ihr Leut', was sich zu Albingen im Württembergischen hat zugetragen. Ein Mönchlein zog dort umher mit einer güldenen Feder aus dem Flügel des Erzengels Gabriel. Wer diese küsse, sagte er, sei gefeit gegen die Pest, den Schwarzen Tod. Ein solcher Kuß ward nicht umsonst gewährt. Doch wie's so geht, stahl eines Nachts ein Spitzbub die kostbare Feder.« Der Possenreißer zieht eine Grimasse, als bedauere er den Diebstahl, um nach einem Luftsprung fröhlich fortzufahren: »Dem Pfaffen hat's keinen Schaden gebracht. Die Wirtin, die zu

Albingen auch des Pfäffleins Buhle war, gab ihm Heu von ihrer Wiese. Das füllt er in das leere Kästchen, worin er den Engelsflügel bewahrt hatte. Dieses Heu, plärrte er fortan, sei aus der Krippe, in welcher der Herr Jesu in Bethlehem gelegen. Wer es küsse, dem könne die Pest nichts anhaben. Und alle, die davon hörten, drängten sich zum Kuß. Selbst die Wirtin. Das verwunderte den betrügerischen Pfaff', daß er seiner Buhlin zuflüsterte: ›Und auch du, Schatz ...‹« Seine Worte gingen in schallendem Gelächter unter. Die Trompete des Narren schafft wieder Ruhe. »Seht, ihr Leut', das kommt von der Pfaffen Gierigkeit und Unkeuschheit. Wenn die Unkeuschheit sie läßt, so haben sie in sich alle Gierigkeit ...«

»Schweig', verruchter Teufelsknecht!« Aus dem zurückweichenden Kreis der Zuschauer tritt ein Mönch in der Kutte der Dominikaner. Mit fanatischem Feuer in den Augen weist er auf den mehr verblüfft als erschreckt in seiner Pose verharrenden Schausteller. »Faßt diesen da, einen Lästerer der heiligen Kirche, der auf ihre Diener speit. Er ist ein Ketzer, der sich vor dem geistlichen Gericht verantworten wird.«

Ehe sich der Possenreißer versieht, haben ihn die Klosterknechte, die den Mönch begleiten, gepackt. Nur widerwillig macht die Menge Platz, als sie den sich verzweifelnd zur Wehr setzenden »Ketzer« davonschleppen. Einige schlagen ein Kreuz. »Gott stehe ihm bei, wenn sie ihn als Ketzer richten ...«

In einer von Unwissen, Dogmen und Aberglauben beherrschten Welt bekämpften deren Machthaber und Nutznießer jegliche Abweichung von der kirchlichen Glaubenslehre, jede Regung von Kritik am Klerus als Ketzertum. Ein unbedachtes Wort, eine vage oder boshafte Denunziation genügten oftmals, um in die Fänge der Inquisition, wie die Gerichte des »Sanctum Officium« genannt wurden, zu gelangen. Diese waren die ausführenden Organe der »Obersten Kongregation der Kardinäle vom Heiligen Offizium der Inquisition«, deren erklärtes Ziel es war, jegliches Ketzerwesen mit Stumpf und Stiel auszurotten.

Die 1183 von der römischen Kurie ins Leben gerufene Organisation zur Verfolgung von Ketzern maßte sich das Recht auf polizeiliche Untersuchung, Anklageerhebung und Richterspruch in einem an. Unter den Mönchsorden galten die Dominikaner als eifrigste Handlanger der Inquisition, was ihnen den Spottnamen »Domini canes« (des Herren Hunde) eintrug.

Zu den Praktiken der Inquisition gehörte die schonungslose Anwendung der Folter. Doch zur Hinrichtung wurde ein nach kirchlichem Dogma überführter Irrgläubiger der weltlichen Gerichtsbarkeit ausgeliefert. Die Exekution erfolgte meist auf dem Scheiterhaufen. Nach dem Gebot der Kirchenväter mußte der sündige Leib des Abtrünnigen restlos vernichtet werden, um seine Seele zu retten. In der Uckermark loderten die ersten »sündenbefreienden« Scheiterhaufen Anno 1336.

DIE INQUISITION MACHT ÜBERSTUNDEN

An den Kragen ging es in und um Angermünde vornehmlich den Waldensern. Diese um 1176 von Petrus Waldus, einem reichen Lyoner Kaufmann, gegründete religiös-soziale Laienbewegung orientierte sich am Vorbild des Urchristentums. (Reste der Waldenser-Gemeinden bestehen heute noch in Süddeutschland, Norditalien und in den USA.)

Waldus zog nach Aufgabe seines gesamten Vermögens als Wanderprediger durchs Land. Er mahnte seine Zuhörer zu einem Leben in Armut und Askese im Geiste Jesu. Geißelte in bittern Worten Völlerei, Unzucht,

Amtsschacher und Jagd nach Reichtum der hohen Geistlichkeit. Verwarf Sakramente und Hierarchie der Großkirche und stellte deren Heilsfunktion in Frage. Die neue Lehre breitete sich rasch von Frankreich über Süddeutschland bis nach Böhmen und ins ferne Brandenburg aus. Da aber Staat und Kirche nach damaligem Zeitverständnis miteinander verflochten waren, machten sie auch die Verfolgung der Waldenser zur gemeinsamen Sache.

In der Uckermark, der Neumark und in Pommern waren die Waldenser »überwiegend arme Hintersassen und Einlieger, mitunter Handwerker und in den Städten auch Ackerbürger ... Geradezu als Grund für ihre Zugehörigkeit zur Sekte gab Katharina Schermer (Schirmer) in Groß Wubiser (aus Rosenthal bei Soldin) die Armut an: ›propter paupertatem‹«, beschreibt der Heimatforscher Dr. phil. Werner Sieberth die Waldenser-Sekte jener Tage.

Wanderprediger sorgten für den Zusammenhalt und die Ausbreitung der Bewegung. Diese ebenfalls aus ärmlichen Verhältnissen stammenden »Apostelbrüder« standen bei der Anhängerschaft in hohem Ansehen. Man nannte sie »sanctos hominos«, heilige Menschen. Sprach ehrfurchtsvoll von ihnen als »Vikare der Apostel, die viel fasteten und sich züchtigten, ihre Macht von Gott haben«.

Bruder Lukas ist ein solcher »sanctos hominos«. In der niedrigen Stube eines schmalbrüstigen Hauses nahe der Stadtmauer hat er einer kleinen Gemeinde gepredigt und zwei neue Mitglieder in die Gemeinschaft aufgenommen. Ihnen die vorgeschriebene Verpflichtung auferlegt: »Führet fortan einen Lebenswandel nach dem Vorbild des Herrn Jesu. Lasset ab von Lüge und Fluchen. Haltet euch fern von allem bösen Tun!«

Ein stilles Gebet vereint die um den Tisch versammel-

te Runde der Waldenser. Fast ein Dutzend Männer und Frauen hat den heimlichen Weg in das Haus an der Angermünder Stadtmauer gefunden. Auch Dorfbewohner aus der Umgebung. Die Gefahr, entdeckt zu werden, konnte sie nicht schrecken.
Seit Mitte des 13. Jahrhunderts stehen in deutschen Landen die Waldenser auf der Inquisitions-Liste gefährlicher Häretiker obenan. Sie bedrohen die »gottgewollte« Ordnung und sind gnadenlos zu verfolgen. Dieser Gedanke bewegt den Prediger Lukas, als er die kleine Schar mustert. Er sieht verhärmte, von Entbehrungen gezeichnete Gesichter. Blickt auf die im Gebet gefalteten Hände, die knotig und schwielig sind von harter Arbeit auf den Feldern und an der Werkbank. Was kommt über diese Menschen, wenn wahr wird, was er auf der Wanderung nach Angermünde vernahm ...
»Liebe Brüder und Schwestern«, sagt er ernst nach dem Gebet. »Ist draußen üble Red' von eurer Stadt. Von Ketzer-Angermünde. Sie verkünden, der Antichrist habe seine Teufelsscharen einfallen lassen, um die Christen zu verderben. Sie zum Abfall vom Gottesglauben aufzuhetzen. Es heißt, die hohe Geistlichkeit wolle ein Ketzergericht abhalten wider unsere Gemeinschaft.«
In einigen Gesichtern liest Lukas nach dieser Eröffnung Furcht und Erschrecken, und so fährt er unbeirrt fort: »Ihr werdet sehr viel Mut zeigen müssen, um diese Prüfung zu bestehen!« Da umringen sie ihn. Greifen nach seinen Händen, Trost und Zuspruch suchend. »Wir stehen alle in Gottes Hand, ihr Brüder und Schwestern«, bedeutet ihnen Lukas mit ruhiger Stimme. »Vertraut auf ihn, dem wir reinen Herzens dienen.« Segnend breitet er die Hände über die gesenkten Häupter. Dann folgt er dem Boten, der ihn im Schutz der Dunkelheit auf Schleichwegen aus der Stadt führen wird ...

Dem 1336 in Angermünde tätig werdenden Inquisitionstribunal gehörten an: der Magdeburger Augustinerlektor Jordanus, der Guardian (= Vorsteher) des Berliner Minoritenkonvents, Nikolaus, sowie Magister Vivianz, Propst in Seehausen und der Offizial (= kirchlicher Gerichtsbeamter) Dietrich des Bistums Brandenburg an der Havel.

»Sie forderten von den der Häresie Beschuldigten den kanonischen Reinigungseid. Vierzehn Personen beiderlei Geschlechts wurden, weil ›in purgatione deficientes‹ in der Glaubensreinigung versagend, dem markgräflichen Vogt zur Verbrennung überantwortet. Von den Gerichteten ist uns Hans Myndeke aus Flieth (Kreis Templin) namentlich bekannt.« (Dr. Sieberth)

In einem der späteren Verfahren sagte Myndekes Witwe aus, daß auch eine Frau Kunne, die sie bei den Waldensern eingeführt hatte, seinerzeit den Feuertod erlitt. Ein Schicksal, das ihr selbst nur erspart blieb, weil sie schwanger war.

Ein Jahr nach der Angermünder Ketzerverbrennung verbreitete der Minoritenpater Johann von Winterthur einen abenteuerlichen Bericht über »ein merkwürdiges Vorkommnis in einer Stadt der Mark Brandenburg«. Dort sei ein Ketzerprediger an einen Minoriten mit dem Vorschlag herangetreten, ihm die heilige Dreieinigkeit in Person zu zeigen. Der Mönch erhielt von seinem Konvent dazu die Erlaubnis. Unter der Bedingung, heimlich eine Hostie bei sich zu tragen. Als nun vor dem Minoriten drei als Gottvater, -sohn und Heiliger Geist aufgeputzte Gestalten erschienen, habe er ihnen die Hostie entgegengehalten und gerufen: »Et quis iste?« (Und wer ist dieser?)

Darauf seien die »Dämonen«, welche sich als heilige Dreieinigkeit ausgegeben hatten, »unter schrecklichem Gestank« verschwunden. »Auf die Anzeige des Minoriten seien die Häretiker verhaftet worden. Zur Rückkehr zum rechten Glauben aufgefordert, hätten sie erklärt, sie sähen in den Flammen des Scheiterhaufens bereits die goldenen Wagen, in denen sie zum himmlischen Freudensaal auffahren würden. So seien sie in ihrer Ketzerei in den Tod gegangen«, heißt es in dem von Dr. Sieberth zitierten Bericht. Schlußfolgerung: »Wir haben es hier vermutlich mit einer der erwünschten Anekdoten zu tun, die in den Minoritenklöstern zum höheren Ansehen ihres Ordens und zur Abschreckung der Ketzer umliefen.« Die ein Jahr früher in Angermünde inszenierte Inquisition »dürfte den Ansatzpunkt zu jener Geschichte geboten haben«.

Mit Folter und Feuer hatte das Sanctum Officium die Waldenser-Bewegung im Gebiet von Angermünde zwar unterdrücken, doch nicht ausrotten können. Ihre Wanderprediger zogen nach wie vor durchs Land. Hielten in einsam gelegenen Gehöften Andachten ab. Warben unermüdlich neue Anhänger. Geschützt durch die Verschwiegenheit ihrer Glaubensgefährten. Die Häscher der Inquisition griffen immer wieder ins Leere.

Doch 1391 fiel ihnen der Wanderprediger Klauß in die Hände. Auf der Folter entsagte er nicht nur seinem Glauben. Er verriet auch Namen und Treffpunkte der Waldenser. In den folgenden drei Jahren brach über Uckermark und Neumark eine Inquisitionswelle größten Ausmaßes herein. Federführend bei den zahllosen Verfahren war der Cölestiner-Provinzial Petrus Zwicker.

Der Provinzialobere der Cölestiner (= Benediktiner) »gehörte zu den eifrigsten Antreibern und Leitern einer planmäßigen Verfolgung der deutschen Waldenser« (Dr. Sieberth).

Von einem Fanatiker angetrieben, machte die Inquisition Überstunden. Im Vernehmungszentrum Stettin standen nachweislich wenigstens 443 Waldenser beiderlei Geschlechts vor Gericht. 140 dieser Protokolle sind erhalten. Über die Art der Verhöre geben sie keine Auskunft, stellte der Angermünder Heimatforscher fest: »Immerhin muß der Inquisitor die Waldenser in die Enge getrieben haben. Sie waren ihm selbstverständlich dialektisch und theologisch gänzlich unterlegen. So schworen sie alle ihrem Glauben ab. Das wurde ihnen nicht schwer. Denn sie erkannten den Eid als sittliche Bindung zumeist nicht an. Sie hielten ihn grundsätzlich für einen unerlaubten, störenden Eingriff in das Mensch-Gott-Verhältnis, für eine Todsünde.«

Am Ende mag sich der Rundumschlag des blindwütigen Ketzer-Jägers Zwicker als Schlag ins Wasser erwiesen haben: Die Waldenser blieben in der Mark präsent.

OPFERTOD EINES »GLAUBENSBOTEN«

Johann Goritz, Dorfschulze von Klein Ziethen bei Angermünde, lebt gefährlich. Das Haus des gläubigen Waldensers bietet nicht nur durchziehenden »Apostelbrüdern« Unterkunft und Gastlichkeit. Hier versammeln sich in aller Heimlichkeit Brüder und Schwestern, um sich von den Predigern die Beichte abnehmen zu lassen, ihren in deutscher Sprache gelesenen Messen beizuwohnen und mit ihnen das Abendmahl unter beiderlei Gestalt (Brot und Wein) zu feiern.

Aus diesem Anlaß hält sich an einem Frühlingsabend 1458 Mathäus Hagen im Schulzenhaus von Klein Ziethen auf. Der einstige Schneidergeselle aus der Neumark hatte sich auf der Wanderschaft in Böhmen den Waldensern angeschlossen und begeistert ihre Lehren studiert. 1450 war er im böhmischen Saaz zum Waldenserpriester geweiht und bald danach als »Glaubensbote« in seine märkische Heimat entsandt worden. Mit der Zeit sind Name und Auftrag des beredten und gelehrten Predigers nicht nur seinen Glaubensgenossen geläufig geworden ...

Es ist schon später Abend, als der Dorfschulze den letzten Teilnehmer der heimlichen Zusammenkunft aus dem Hause schlüpfen läßt. Nun lauscht Johann Goritz aufmerksam, was Bruder Matthäus von draußen zu berichten hat.

»Unserem Glauben droht neue Gefahr und Verfolgung, Bruder Johann«, versetzt der Weitgereiste düster. »Der Kurfürst ist wider uns und unsere Sach' ...«

»War er's nicht immer, Bruder Matthäus«, flicht Goritz bedächtig ein.

Der Prediger nickt. »Ein Erzkatholischer ist er von jeher, der Eisenzahn. Doch kein Tyrann. Jetzo aber hat der Papst ihm Vorrechte eingeräumt über den Klerus in Brandenburg. Dafür muß er die Kirche besser beschützen. Vor Ketzern, und das gilt uns. Auch fürchtet Friedrich wohl, wir könnten wider ihn aufstehen wie's die böhmischen Hussiten tun ...«

»Still, Bruder Matthäus!« Der Dorfschulze lauscht zum Fenster. »Mich deucht, ich hörte Rosse wiehern.« Da dröhnen schon Schläge gegen die Tür. »Öffnet im Namen Seiner Durchlaucht, des Herrn Kurfürsten!«

Matthäus Hagen und Johann Goritz werden in die kurfürstliche Residenz nach Berlin geschafft. Dort wird ihnen gemeinsam mit ihren Glaubensbrüdern Johann Grentz und Georg Bomherr, beide aus der Neumark, der Prozeß gemacht. Schauplatz der Inquisition ist das Schloß zu Cölln an der Spree. Kurfürst Friedrich II. (1440-1470), genannt Eisenzahn, ist höchstpersönlich anwesend. Gegen den in religiösen Fragen versierten Waldenserpriester Hagen tritt als Inquisitor ein Ebenbürtiger auf: Johann Cannemann, Professor der Theologie in Erfurt.

Die Verhöre in der zweiten Hälfte des April 1458 ziehen sich über mehrere Tage hin. Ob die Angeklagten »peinlich befragt« wurden, ist nicht überliefert. Jedoch genügte oftmals das Vorzeigen der Folterwerkzeuge wie Streckbank, Daumenschrauben, »Spanischer Stiefel«, Eiserner Halskragen oder mit Eisenspitzen gespickter Leibgürtel zur Erpressung von Geständnissen.

Wie auch immer, Grentz bekennt schließlich, dem »Glaubensboten« als Ministrant gedient zu haben. Bomherr gesteht, mit Hagen einmal nach Böhmen gereist zu sein. Und er habe von jenem im neumärkischen Mohrin das Abendmahl nach Waldenser-Ritus empfangen.

Auch Goritz hält den Verhören nicht stand: Es sei wahr, er habe sein Haus den Zusammenkünften der Waldenser geöffnet. Vom Inquisitor unerbittlich bedrängt, »den Irrtum zu verlassen und dem Teufel abzusagen«, widerrufen alle drei. Werden darauf gegen Buße auf freien Fuß gesetzt. Dabei wird ihnen auferlegt, als äußeres Zeichen ihrer »Bekehrung« für längere Zeit ein Kreuz sichtbar auf dem Gewand zu tragen.

Matthäus Hagen widersteht allen Beschwörungen und Drohungen. Er könne die von ihm bekannten Grundsätze »keinesfalls widerrufen, weil sie seinem Glauben entsprächen«, beharrt er unerschrocken. Und »wie er auch selbst fest glaube, daß er der richtigen katholischen und entwickelten Glaubenstreue, worin er das Heil sehe, auch nach den genannten Grundsätzen fest anhangen wolle«. Dem Inquisitor schleudert er entgegen: »Lieber will ich den Tod erleiden als meinen Glauben aufgeben oder einen meiner Glaubensanhänger verraten!«

Solch Bekennermut bringt den märkischen »Glaubensboten« der Waldenser auf den Scheiterhaufen. Am 27. April 1458 wird Matthäus Hagen auf dem Neuen Markt vor der Marienkirche zu Berlin nach feierlicher Urteilsverkündung der weltlichen Justiz zur Exekution übergeben.

ZWEI DÖRFER MÜSSEN ABSCHWÖREN

Noch im selben Frühjahr nahm die Inquisition die Bevölkerung uckermärkischer Dörfer unter die Lupe. Gemeinden, deren Namen Hagens davongekommene Mitangeklagte preisgegeben hatten. Das Verfahren fand im Angermünder Franziskanerkloster statt. Im Beisein hochrangiger Kirchenvertreter aus Brandenburg (Havel), Magdeburg, Angermünde und dem Kloster Chorin.

Vor dieses Tribunal zitierte Inquisitor Cannemann sämtliche Einwohner der Dörfer Kerkow und Klein Ziethen. Ein Mammutverfahren, das den in spitzfindigen Disputen bewanderten und erfahrenen Klerikern über die Köpfe gewachsen sein mag. Die am 26. Juni 1458 eröffneten Verhöre zogen sich über drei Tage hin. Eingeschüchtert von der Hinrichtung Hagens, redeten die Dörfler in frommer Einfalt viel und langschweifig. Doch zu einer globalen Verurteilung der angeblichen »Ketzerbrutstätten« boten ihre Aussagen keinerlei Handhabe.

Der am Ende überforderte Inquisitor kürzte am Morgen des 29. Juni das Verfahren ab, weiß Dr. Sieberth zu berichten: »Er redete der Kerkower Einwohnerschaft ins Gewissen, und ermahnte die rechtgläubigen Christen, sich von den Ketzern in ihrem Dorf zu trennen. Dabei ermittelte er, daß zwölf Kerkower sich des Sektierens schuldig gemacht hatten. Diese bestätigten es, gaben auch zu, daß Familienangehörige zur Sekte gehörten und nur einer ihrer Glaubensgenossen aus Altersgründen der Vorladung nicht gefolgt sei.

Ebenfalls von den Klein Ziethenern erhielt Cannemann ohne Einzelvernehmungen ein Geständnis. Sie hätten seit Kindheit der Sekte angehört ... Nach der Vernehmung vermahnte Cannemann die der Ketzerei Überführten aus Kerkow und Klein Ziethen nochmals, ›den Irrtum zu verlassen und dem Teufel abzusagen‹. Sie alle fanden sich dazu bereit und empfingen nach Buße die Absolution.«

Der Inquisition von 1458 folgte eine Zeitspanne der Verunsicherung unter den märkischen Waldensern. Erst die durch Boten überbrachte Kunde von der Duldung, welche die gleichgesinnten Böhmischen Brüder in ihrer Heimat erfuhren, gab der Bewegung neuen Auftrieb. Die böhmischen Glaubensgenossen, hieß es, dürften sich zwar nicht öffentlich versammeln, würden aber vielerorts in Ruhe gelassen. Den Spähern der Inquisition in der Mark blieb die neu entfachte Aktivität der Waldenser nicht lange verborgen.

1478/79 holte das Sanctum Officium zu einem neuen Schlag gegen die märkischen Irrgläubigen aus. Diesmal in der westlichen Neumark, nahe der Region von »Ketzer-Angermünde«. Dem dort auf einem Feldzug gegen Pommern weilenden Kurfürsten Albrecht Achilles (1470-1486) rangen Priester und Mönche das Einverständnis zu einer Ketzerverfolgung ab.

Der Hohenzollernfürst – er hatte schon in seinem fränkischen Stammland nicht viel von der Inquisition gehalten – willigte nur zögernd und unter Vorbehalten ein: Verdächtige sollten ordentlichen Gerichtsverfahren unterzogen werden. Überführte Ketzer zur Umkehr ermahnt, und »alle alsdann verschont bleiben«.

Die fanatischen Inquisitoren ignorierten jedoch die kurfürstlichen Einschränkungen ihrer angemaßten Gerichtshoheit. Unter Mißachtung selbst von Geleitbriefen, die Kurprinz Johann mehreren Angeklagten ausgestellt hatte, wurden die angeblichen Ketzer eingekerkert und der Folter unterworfen. Sechs Männer und vier Frauen endeten im neumärkischen Königsberg (polnisch: Chojna) auf dem Scheiterhaufen.

Ein grausiger Schlußakkord der Inquisition in der Region um »Ketzer-Angermünde«. Indessen, so der Fontane-Nachwanderer Hans Scholz, »dauerten die Ketzerverfolgungen in der Mark noch über 1480 hinaus«.

Reisetip:
Angermünde liegt an der B2 zwischen Eberswalde und Schwedt. – Erhaltene Zeugnisse aus der bis ins 13. Jahrhundert zurückreichenden Vergangenheit der Stadt: Pfarrkirche St. Marien, Franziskanerkloster, Reste der Stadtmauer mit fünfgeschossigem Pulverturm (Zinnenkranz, Storchennest und sechs Meter tiefes Verließ), Fachwerkbauten. Die Franziskaner-Klosterkirche, Schauplatz der Ketzer-Inquisition, dient schon seit langem als Lagerraum. – In der nördlichen Vorhalle von St. Marien weisen Wandmalereien grotesker Köpfe vermutlich auf die damaligen Ereignisse hin. Zu den historischen Kostbarkeiten der Kirche zählen ein Bronzetaufbecken (14. Jahrhundert) mit ausdrucksstarken Heiligendarstellungen und eine 1742/44 vom Berliner Meister Joachim Wagner geschaffene Barockorgel von außergewöhnlicher Klangfülle. Die an Wochenenden stattfindenden Orgel- und Kammerkonzerte sind von Musikfreunden hochgeschätzt. (Auskünfte und Kartenservice: Fremdenverkehrsamt, Tel. 03331/24446)
Führungen auf Anmeldung im Heimatmuseum, Brüderstraße 18, unter der Rufnummer: 03331/32249.

Speisetip:
Angermünde: »Schwedter Tor«, Schwedter Straße 29, Tel. 03331/33015;
Spezialität: Uckermärkische Grillplatte und Nachthemdenball zum Fasching.

Das Gottesurteil zu Gransee

»Hast dein Sach' gut gemacht, Mathis. Die Herren vom Rat werden's dir zu lohnen wissen.« Der Schnauzbärtige im Lederkoller nimmt einen tiefen Zug aus dem Weinkrug. Tritt an die Brüstung der Plattform, von der aus man weit ins Ruppiner Land sieht. Er lacht. »Sieh', wie sie davonrennen, als wär' der Leibhaftige hinter ihnen her. Ja, ihr Herren Schnapphähne, mit uns in Gransee ist nicht gut Kirschen essen. Und bei einem Türmer wie dir, Mathis, lohnt auch nicht einmal der Versuch ...«

»Laßt's gut sein, Hauptmann, dazu bin ich ja bestellt«, winkt der Breitschultrige im Wams der Stadtwächter ab. »Ich sah ihre Harnische im Morgenlicht schon blinken, als sie aus Lindow brachen ...«

»Und gabst uns zur rechten Zeit das Signal«, fällt ihm der Hauptmann ins Wort. »War eine üble Frühsuppe für den Lüddecke und seine Knechte, als wir sie drüben im Gehölz erwarteten. Der hochgeborene Herr bekam nicht mal das Schwert aus der Scheide, da rannten ihm seine Gesellen schon davon.«

»Sie werden's dennoch wieder versuchen, Hauptmann«, versetzt Mathis nachdenklich. »Aber hier an meiner ›Warte‹ kommen sie nicht vorbei.«

Die »Warte«, ein etwa dreißig Meter hoher Rundturm aus Feld- und Backsteinen, war auf der höchsten Erhebung im Vorfeld der Stadt errichtet. Ein Luginsland, dem sich weder Freund noch Feind unbemerkt nähern konnten. Und Feinde hatte Gransee genug in diesen unruhigen Zeiten um 1348. Vornehmlich in Gestalt der Raubritter Hans Lüddecke vom Roten Haus, Tile Quast und Reinecke von Gartz, die sämtlich in der Nachbarschaft hausten.

»Es wird besser werden, wenn unsere Mark wieder an den rechten Herrn kommt«, nimmt der Hauptmann den Faden wieder auf. »Ich hört' von einem Ratmann, Markgraf Waldemar sei schon im Lande und zöge mit einem Heer heran, den Bayern zu verjagen. Auf Gransee kann er dabei zählen. Seine Huld gereichte uns allzeit zum Nutzen. Wir werden's ihm zu danken wissen und frohen Herzens die Tore öffnen.«

»Doch sind Zweifel, Hauptmann, ob's nicht ein falscher Waldemar ist, der da kommt«, wendet Mathis zögernd ein. »Ein Mönch aus Chorin, der bei mir rastete, beschwor, der Markgraf Waldemar sei schon lange tot und zu Chorin in die Gruft seiner Väter gelegt ...«

»Pfaffengeschwätz«, fährt der Schnauzbärtige auf. »Es ist unser guter Herr, der heimgekehrt ist aus dem Heiligen Land, um in der Mark endlich wieder Recht und Ordnung aufzurichten. Wollt' Gott, es wär' schon morgen, daß unser Elend ein End' nimmt ...«

Das Elend, welches den Stadthauptmann von Gransee bedrückte, dauerte seit dem Jahre 1319 an. Seit dem offiziell verkündeten Tod Waldemars, des letzten Markgrafen aus dem Geschlecht der Askanier. Sein Ahnherr Albrecht der Bär (1100-1170) war 1134 von der Stammburg Askania bei Aschersleben (Anhalt) ins Land gekommen. Hatte mit Feuer und Schwert die Mark Brandenburg gegründet und deren Blüte mit der Ansiedlung von Kolonisten aus Niedersachsen und Holland eingeleitet. Beim Tode des letzten Askaniers breitete sich die Mark auf einer Fläche von mehr als 45.000 Quadratkilometern aus. Zwischen Oder und Elbe, von Pommern bis zur Lausitz.

Waldemar war von seinen Untertanen hoch verehrt worden. Ein allzu milder Landesvater ist der letzte

Askanier aber wohl nicht gewesen. So wird berichtet, daß er seinen Kanzler Nikolaus von Buch im Askanierschloß Grimnitz verhungern ließ. Jener hatte in einer diplomatischen Mission gegen die markgräflichen Absichten gehandelt. Um die Qualen des von Hunger und Durst Gefolterten noch zu steigern, wurden auf Waldemars Befehl täglich frische Äpfel vor das vergitterte Kerkerfenster gelegt ...

Der Anhänglichkeit seiner Landeskinder tat solche Härte keinen Abbruch. Denn als der zwischen Größe und Grausamkeit schwankende Fürst zu Tode kam, wollte man es in der Mark nicht wahrhaben. Der Markgraf, hieß es im Volk, hätte aus Reue über die blutschänderische Ehe mit einer nahen Verwandten das Kreuz genommen, um im Heiligen Land Buße zu tun. Ob in der Choriner Gruft oder auf Wallfahrt, Waldemar war jedenfalls plötzlich von der Bildfläche verschwunden und damit die Mark Brandenburg verwaist. Es brach ein Interregnum an, »das gerade lange genug währte, die bis dahin blühende Mark in eine Wüste zu verwandeln« (Theodor Fontane).

Eine märkische Chronik aus dem Jahre 1877 vermeldet darüber: »Ein herrenloses Gut ist allzeit den Nachbarn eine willkommene Beute gewesen. So war's auch hier. Heinrich der Löwe von Mecklenburg riß den Norden an sich, in der Mittelmark schaltete Herzog Rudolf von Sachsen als Vormund der Witwe Waldemars, den Osten hatte Herzog Wartislaw von Pommern inne, den Süden bedrohte Heinrich von Schlesien.«

1324 machte Kaiser Ludwig der Bayer aus dem Hause Wittelsbach kurzen Prozeß. Als »verwaistes Reichslehn« übertrug er die Mark Brandenburg seinem ältesten Sohn Ludwig. Der neue Markgraf zählte zu diesem Zeitpunkt acht Jahre! Sein Vater, in Machtstreitigkeiten mit dem Papst verstrickt, dazu mit dem Kirchenbann belegt, war außerstande, ihm in der Mark Autorität zu verschaffen. Der Zugriff der Wittelsbacher trieb die Mark Brandenburg in einen mehr als zwanzig Jahre tobenden »Bürgerkrieg voll Erbitterung und Grausamkeit ohne Gleichen, voll grenzenlosen Wehs und entsetzlicher Verwilderung« (Chronik).

DER »FALSCHE WALDEMAR«

Ein Maisonntag im Jahre 1348. Im Dom zu Magdeburg hat Erzbischof Otto von Hessen den Gläubigen den Segen gespendet. Als er die Tür zur Sakristei öffnet, schlägt ihm Stimmgewirr entgegen. Seine dort wartenden Begleiter reden aufgeregt auf einen Fremden in ihrer Mitte ein. Dessen zerschlissenes, staubiges Gewand ist von fremdländischem Zuschnitt. Ein Pilger vielleicht, der von weither Kunde bringt? Der Erzbischof tritt neugierig hinzu. Der Redeschwall verstummt. Otto von Hessen mustert den vermeintlichen Wallfahrer. Haar und Bart sind schneeweiß. Die Haltung des Fremden ist gebeugt, als läge schwere Bürde auf seinen Schultern. Doch die Augen sind nicht die eines Greises ...

»Wer seid Ihr, Fremdling, und woher kommt Ihr gezogen?« Ein seltsames Gefühl überfällt den Kirchenfürsten. Was kann dieser Mensch von ihm wollen? Warum hat man ihn eingelassen? Der Eindringling kommt den Fragen zuvor. Das zerfurchte Antlitz erhoben, sagt er mit fester Stimme: »Woher ich komme, habe ich deinen Prälaten und Vikaren schon berichtet, Erzbischof Otto. Vor vielen, vielen Monden bin ich aus dem heißen Lande Syrien aufgebrochen. Jahrelanger Sklaverei bei heidnischen Sarazenen bin ich entkommen, um meine Heimat wiederzusehen ... und dich, Otto. Meinen Vetter!«

Der Erzbischof fährt zurück, als erblicke er ein

identisch. Andere hielten ihn für einen Geistesgestörten, dessen Ähnlichkeit mit dem verstorbenen Waldemar von den Feinden der Wittelsbacher ausgenutzt wurde. Es hieß auch, der angeblich aus dem Heiligen Land Zurückgekehrte sei ein abgefeimter Betrüger, der sich seine Geschichte nach Berichten früherer Kreuzfahrer ausgedacht hatte.

In diesem Zusammenhang stellt der Historiker Johannes Schultze, eine Kapazität auf dem Gebiet der brandenburgischen Geschichte, fest: »Man darf mit ziemlicher Sicherheit annehmen, daß Waldemar sein Leben im Alter von höchstens 40 Jahren am 14. August 1319 in dem neumärkischen Städtchen Bärwalde beschlossen hat. Eine unmittelbare Nachricht liegt weder über den Ort noch den Tag vor. Die Markgrafenchronik verzeichnete nur das Jahr und die Beisetzung in Chorin. Nähere Angaben finden sich allein in der späteren Chronik des Dominikaners Heinrich von Hervord (gest. 1370), der von der Erkrankung an einem heftigen Fieber, einer neuntägigen Aufbahrung des einbalsamierten Leichnams und der Beisetzung unter großem Gepränge berichtet. Auffallend ist eine so lange Aufbahrung in den Tagen des Hochsommers, auch wenn eine Balsamierung stattgefunden hatte ...

Von der Anwesenheit der Gattin Agnes in Bärwalde verlautet nichts. Waldemar hatte die Tochter Markgraf Hermanns von der jüngeren Linie, die ihm bereits als Kind anverlobt war, um 1309 geheiratet. Die Kinderlosigkeit der Ehe mag von beiden als Strafe für die an sich verbotene Ehe der so nah Verwandten empfunden worden sein. Beim Tode des Gatten war die Witwe erst etwa 22 Jahre alt ...«

Für den Ablauf der Ereignisse spielte nichts davon eine Rolle. Das Erscheinen dieses Waldemars wirbelte

Gespenst. »Seid Ihr von Sinnen, Alter? Ich habe nichts mit Euch zu schaffen. Geht mir aus den Augen, ehe ich meine Knechte rufe ...«

»So sieh' her, Erzbischof!« Der Fremde hebt die solange im weiten Ärmel verborgene Rechte. »Kennst du nicht diesen Ring?«

Sekundenlang starrt Otto von Hessen auf die ausgestreckte Hand. Dann zuckt es in seinem feisten Antlitz. »Das Siegel der Askanier«, stößt er endlich hervor. »Bei Gottes Zorn, Ihr seid ... du bist ...«

»Ich bin Waldemar, Markgraf von Brandenburg, den ihr für tot gehalten habt, weil ich heimlich das Kreuz nahm und nicht wiederkehrte. Bis zum heutigen Tage ...«

»Aber zu Chorin, in der Gruft der Askanier ...«

»Man hat mir auf dem Wege an deinen Hof davon erzählt. Ich weiß nicht, für wen sie zu Chorin die Totenmesse gehalten haben, und auch nicht, in wessen Auftrag. Für mich war's nicht, Otto von Hessen. Ich bin noch am Leben und werde mit dem Schwerte den Wittelsbacher austreiben, der sich anmaßt, an meiner Statt in der Mark zu herrschen.«

Tief bewegt schließt Otto von Hessen den Mann im Pilgergewand in die Arme. »Euch soll Recht werden, bei meiner Ehr'«, ruft er aus und hebt feierlich die Schwurhand: »Bei Haus Askania für alle Zeit!« ...

So oder ähnlich mag der Auftritt des Mannes gewesen sein, der sich für Brandenburgs totgeglaubten Landesfürsten Waldemar ausgab. Wer er wirklich war, ist ein ungelöstes Rätsel. Die Historie nennt ihn den »falschen Waldemar«. Und das ist sicherlich korrekt. Vermutungen über die Herkunft des Hauptakteurs einer der merkwürdigsten Begebenheiten in der deutschen Geschichte gibt es etliche. Manche seiner Zeitgenossen behaupteten, er wäre mit dem »Müller Jacob Rehbock aus Hundeluft«

Staub auf, erfährt man aus der erwähnten Chronik: »Eine gewaltige Aufregung ergriff die Mark und die Nachbarländer. Wer so tief in Elend versunken ist wie damals die Mark, der ergreift jede Hoffnung und jeden Rettungsweg; besonders dann, wenn diese Hoffnung die Erinnerung an glückliche Zeiten weckt ... Die Mark Brandenburg wird wieder ein geachtet, glücklich Land werden, es war ein kurzer, schöner Traum für das arme Volk ...«

Der angebliche Waldemar fungierte nur als Bauer im Schachspiel der Mächtigen. Ein Jahr vor seinem überraschenden Auftritt war Ludwig der Bayer, der Kaiser aus dem Hause Wittelsbach, gestorben. Sein Nachfolger auf dem umstrittenen Thron wurde der Luxemburger Karl IV. (1347-1378). Ein Parteigänger des Papstes, griff der neue Herrscher im Reich die Wittelsbacher in ihrer schwächsten Position an: in Brandenburg, wo der meist außer Landes weilende Markgraf Ludwig wenig beliebt und mit den Fürsten ringsum verfeindet war. Der aus dem Nichts aufgetauchte »Waldemar« aber war dazu bestimmt, dem Luxemburger die Kastanien aus dem Feuer zu holen.

Von seinen Verbündeten Albrecht von Anhalt, Rudolf von Sachsen und Barnim von Pommern unterstützt, zog Waldemar mit einem starken Heer ins Brandenburgische. »Die Herzen der Märker schlugen ihm freudig entgegen, und in der Freude ist der Mensch nicht mißtrauisch gegen etwaigen Betrug. Das geheiligte Haupt des Reiches war auf seiner Seite, konnte der Kaiser, konnten so viele Fürsten lügen?« (Chronik)

Die landfremden Heerhaufen des Bayern wurden zerstreut. Verschanzten sich hinter den festen Mauern von Städten wie Spandau oder Bernau, die weiterhin zu Ludwig stehen wollten. Die meisten Stadttore aber blieben dem Markgrafen, der aus Tirol, dem Erbland seiner

Gattin Margarete, herbeigeeilt kam, verschlossen. Erst Frankfurt an der Oder bot ihm Schutz und Hilfe.

Zu den vorsichtig Abwartenden in der Mark gehörten die Klosterbrüder von Chorin. Das Mitte des 13. Jahrhunderts gegründete Ordenshaus der Zisterzienser verdankte seine Blüte den askanischen Markgrafen, in erster Linie jenem Waldemar, der in der Choriner Gruft ruhte. Das hinderte die Klosteroberen nicht daran, fortgesetzt die Fronten zu wechseln. Sie blieben stets »bei der Macht«, befand Theodor Fontane: »Hielt die Macht aus, so hielt Chorin auch aus, schwankte die Macht, so schwankte auch Chorin. In zweifelhaften Fällen hielt sich's zurück und wartete ab.«

Nach Waldemars Tod stellten sich die listigen Mönche flugs unter den Schutz der Herzöge von Mecklenburg und Pommern, denn: »weil sie uns näher sind, sind sie uns wichtiger« (Fontane).

Als bald danach der Sachsenherzog, der die Mittelmark beanspruchte, an Macht gewann, ließ sich das Kloster von jenem Besitz und Einkünfte garantieren. Blieb sächsisch, bis der Kaisersohn Ludwig in die Mark einzog. Prompt verließ Chorin das Banner Sachsens und wurde gut bayerisch.

Das Erscheinen des falschen Waldemar brachte die Klosterherren in die Klemme. Sie hatten selbst einen Markgrafen Waldemar zur letzten Ruhe gebettet. Konnten also mit gutem Gewissen dem rechtmäßigen Landesherrn Ludwig die Treue halten. Das taten sie aber nur so lange, bis Kaiser Karl IV. sich auf die Seite des falschen Waldemar stellte. Damit war »der bayerische Markgraf auf einen Schlag der schwächere Teil geworden; die natürliche Folge davon war, daß Chorin aufhörte bayerisch zu sein, um sofort kaiserlich und Waldemarisch zu werden« (Fontane).

Was nun aber für Abt und Konvent durchaus kein

Hinderungsgrund war, ohne Skrupel wiederum das Lager zu wechseln, als der Stern des falschen Waldemar unterging. Doch im Sommer 1348 stand er noch im Zenit.

Waldemars Heereszug war inzwischen von der Prignitz her bis Prenzlau gekommen und wandte sich nun nach Süden. Berlin und Cölln hatten dem Markgrafen ihre Huldigung angetragen. Zu Gransee geriet man in helle Aufregung, als sich die Kunde verbreitete, Waldemar werde auf seinem Wege in die »allzeit treuaskanische Stadt Gransee« einziehen.

DER TÜRMER TAPPT IN DIE FALLE

Auf dem Luginsland macht Mathis seine Runde. Die Schwüle des Augusttages treibt ihm den Schweiß aus allen Poren. Doch er harrt auf seinem hochgelegenen Posten aus. Ist ihm doch vom Rat erhöhte Wachsamkeit aufgetragen. Der Schwarze Tod, die Pest, sei nun auch ins Ruppiner Land eingefallen. Ein großes Sterben gehe um, dem auch die Scharen der Besessenen nicht Einhalt gebieten könnten, die sich als Buße für die Sünden der Menschheit blutig geißelten.

Der Türmer schüttelt sich unwillkürlich in der Erinnerung an eine solche Prozession, die er tags zuvor aufgehalten hatte. Ein zerlumpter Bettlerhaufen war's gewesen. Halbnackt, mit blutverkrusteten Rücken, denen die Geißelschläge immer wieder neue Wunden rissen.

Der dumpfe Singsang, der die grausige Bußübung begleitete, hallte Mathis noch immer in den Ohren: »Nun hebet All auf eure Hände, daß Gott dies große Sterben wende ...« Womöglich zog gerade mit diesen Geißelbrüdern das große Sterben durch die Lande. Er hatte jedenfalls getan, was ihm befohlen. Die Stadtknechte herbeigerufen und den elenden Haufen vertreiben lassen ...

Das Knarren von Wagenrädern bringt ihn in die Gegenwart zurück. Von Lindow her bewegt sich ein Pferdekarren heran. Hält am Fuße der »Warte«. Der Fuhrmann klettert vom Bock und macht sich an einem der Räder zu schaffen.

Mathis ist die Unterbrechung des eintönigen Dienstes willkommen. Er eilt die Wendeltreppe von der Plattform hinunter. »Wohin des Weg's? – Ihr seid nicht von hier!«

Der Angesprochene richtet sich auf. »Bin Schankknecht in Lindow. Noch nicht lange dort. Bringe ein Stückfaß guten Weins nach Gransee. Just vor Eurem Turm löste sich ein Splint an diesem Rad.«

Das leuchtet dem Türmer ein. Er legt den kurzen Spieß beiseite. »Kann ich Euch helfen?«

»Ich hab's schon gerichtet«, gibt der Fuhrmann freundlich zurück. »Aber seid bedankt für die Absicht. Doch was meint Ihr, sollten wir nicht einen Schluck kosten. Tät uns gut in dieser Hitz'. Und für die Herren in Gransee ist der Tropfen eh zu stark, denk' ich.«

Mathis zögert. Doch der Anblick des dickbäuchigen Fasses, aus dem auch noch aromatischer Dunst aufsteigt, ist zu verlockend. »Da mögt Ihr wohl recht haben«, nimmt er die Einladung an und eilt in den Turm, Becher zu holen.

Der Fuhrmann blickt ihm nach. Grinst hämisch. Der dumme Bauer tappt in die Falle, denkt er. Denn dieser Fuhrmann ist in Wirklichkeit ein Knecht des Ritters Hans Lüddecke vom Roten Haus. Der hat mit seinen Spießgesellen, Quast, Gartz und Winterfeld, beschlossen, sich bei den Gransee'rn für die kürzlich erlittene Schlappe zu revanchieren. Mit einem Handstreich im Morgengrauen. Die Voraussetzung für ein Gelingen war, den wachsamen Mathis auf seiner »Warte« auszuschalten. Das schien den adligen Schnapphähnen ein Faß Wein wert ...

Der Wein ist süß und süffig. Mathis lehnt nicht ab, als der Zechgenosse freigebig nachschenkt.

»Was tut's, Bruder. Ein paar Kellen Wasser und das Fäßchen ist wieder voll. Und nur darauf kommt's an.«

So sitzen sie auf der Bank vor der Turmpforte und zechen, bis die Schatten des Tages länger werden. Mathis fühlt eine wohlige Schwere in den Gliedern. Lüddeckes Knecht bemerkt es.

Drückt rasch dem betrunkenen Türmer einen vollen Becher in die Hand. »Noch einen Schluck auf die feste Stadt Gransee, Bruderherz«, sagt er hinterhältig.

»Auf die feste Stadt ...«, lallt Mathis und rutscht von seinem Sitz. Rafft sich wieder mühsam auf.

»Hilf mir auf mein Lager ... die Hitz' ... der Wein.«

Der Zechkumpan, der sich wohlweislich zurückhielt, zerrt den Torkelnden in den Turm. Horcht, bis er rasselndes Schnarchen vernimmt. Seinen Auftrag hat er erfüllt: Der Weg nach Gransee ist frei.

Die Morgensonne weckt Mathis aus tiefem Schlaf. Gerade hatte ihm geträumt, daß er die dralle Barb, die Bedienerin in der Stadtschenke, küssen wollte und dabei ein Gestell mit Geschirr umstürzte, daß es nur so schepperte und klirrte. Seltsam, der Lärm hörte nicht auf, obwohl er doch schon wach war. Doch nun vernimmt er auch langgezogenen Hornruf und das Läuten der Sturmglocke von St. Marien. Und was er für einen Wachtraum hielt, ist Waffengeklirr! Erschreckt stürzt Mathis aus der Turmpforte. Der sich bietende Anblick lähmt ihm die Glieder. Auf dem Plan zwischen »Warte« und Stadttor wimmelt es von Bewaffneten. Er erkennt Farben und Helmzier der Raubritter aus der Nachbarschaft, denen Gransees Stadtknechte und Bürgerwehr auf den Fersen sind.

Hilf Himmel, ein Überfall auf die Stadt, den er nicht verhindern konnte, weil er die Pflicht vergaß. Verzweifelt sinkt der saumselige Türmer auf die Stufen nieder. Schlägt die Hände vor's Gesicht. Der hündische Fuhrmann hatte ein abgekartetes Spiel mit ihm getrieben.

Kampfgeschrei und Waffenlärm verhallen allmählich in der Ferne. Das Schnauben und Stampfen eines Pferdes läßt ihn aufblicken. Der Stadthauptmann tritt heran. Finsteren Blickes unter der Sturmhaube stößt er das Schwert hart auf den steinigen Boden. »Ich komm', euch in Haft zu nehmen, Türmer. Ihr habt heut' der Stadt und Bürgerschaft schlecht gedient. Hätt' nicht der Torwächter acht gehabt, wären sie über uns gekommen, die Mordgesellen. Ist ihnen gottlob übel bekommen. Aber auch der seine Pflicht vergaß, den wird's gereuen, Türmer.«

Noch am selben Tag halten die Ratmannen von Gransee öffentlich Gericht. Viel Volk läuft zusammen, geschieht es doch nicht oft, daß ein Ritter in Ketten vor den Rat geführt wird: Hans Lüddecke vom Roten Haus war beim fluchtartigen Rückzug der Raubschar von den Stadtknechten überwältigt worden und mit etlichen seiner Gesellen in Gefangenschaft geraten.

Der grobschlächtige Recke bleibt dem Gericht keine Antwort schuldig. Droht mit blutiger Rache, falls man ihm Schaden zufügen sollte. Höhnt, es stünde schlecht um eine Stadt, die ihre Sicherheit einem Trunkenbold anvertraue. Diese hochfahrenden Reden empören die Volksmenge. Der hohe Rat solle ein rasches Urteil sprechen, ruft es von allen Seiten.

Doch ehe das geschieht, wird Mathis vor den Richterstuhl geführt. Stockend bekennt der arme Sünder seine Schuld. Er sei zu jeder Sühne bereit. Er hat den Tod verdient, entscheiden die Ratmannen. Seine »Unzuverlässigkeit verschuldete alle Not und Gefahr« für Gransee und seine Bürger. Auch Hans Lüddecke vom Roten Haus, der »räuberisch der Stadt Frieden brach und unschuldiges Blut vergoß«, wird dem Henker überantwortet.

»Auf ein Wort, Hoher Rat!« Der Stadthauptmann weist auf den mühsam seine Fassung bewahrenden Mathis. Der Türmer habe bisher Gransee treu und pflichtbewußt gedient, auch manche Gefahr abgewendet, bringt er vor. Das möge der Hohe Rat bedenken: »Lasset Gott entscheiden, ihr Herren!« Und viele aus der Menge rufen es nach.

Die Ratmannen stecken die Köpfe zusammen. Dann verkündet der Bürgermeister: »Die für schuldig Befundenen sollen sogleich nach der ›Warte‹ gebracht und ihnen soll zugestanden werden, auf des Turmes Höhe unter dem Himmel miteinander zu kämpfen. Wer Sieger bleibe, solle frei seines Weges ziehen. Der Herabgeworfene aber habe seine Strafe nach Gottes Willen.«

DAS VIER-TAGE-DUELL

Gottesurteile in Form von Zweikampf, Feuer-, Wasser- oder Giftprobe dienten im Mittelalter oftmals der Rechtsfindung in kniffligen Fällen. Der Ausgang war von Zufall oder Geschicklichkeit abhängig. Und so strömte jung und alt aus den Mauern von Gransee, um Zeuge eines Ringkampfes auf Leben und Tod zu werden.

Die Delinquenten wurden in den Turm geführt und ihrer Ketten entledigt. Vor der verschlossenen Pforte nahmen Stadtknechte Aufstellung. Ein Hornruf gab das Zeichen zur Vollstreckung des Gottesurteils.

Wer würde Sieger bleiben, fragten sich die schaulustigen Granseer. Der Ritter wie der Türmer waren groß und kräftig, mithin ebenbürtige Gegner. Die Köpfe im Nacken blickte alles hinauf zur Plattform.

Die beiden Kämpen erschienen an der Brüstung. Die Zuschauer hielten den Atem an. Doch was geschah dort oben? Hans Lüddecke vom Roten Haus schwenkte einen bauchigen Weinkrug in beiden Händen. Sein Gegner tat gleiches mit einem mehrpfündigen Räucherschinken.

»Vergönnt uns ein Nachtmahl zur Stärkung vor dem Kampf, ihr Herren vom Rat«, spottete der Raubritter. Und Mathis rief hinunter: »Die Henkersmahlzeit seid ihr uns schuldig!« Die Ratmannen hörten es betroffen. »So haben wir nicht gewettet, Ritter Lüddecke«, zürnte der Bürgermeister. Doch die Umstehenden beschwichtigten ihn: »Laßt sie gewähren! Aus dem Turm kommen die zwei nimmer, und Speis' und Trank sind wohl bald aufgezehrt.« Da gab er nach, wandte sich nach einem letzten zornigen Blick hinauf zu den Schmausenden dem Stadttor zu. Manche schlossen sich an, doch die meisten lagerten sich zu Füßen der »Warte«, um nichts zu versäumen ...

»Wir sind Schicksalsgefährten, Türmer«, hatte der Ritter dem Mitgefangenen zugeraunt, als die Pforte ins Schloß gefallen war. »Laß uns das Beste daraus machen. Das Sterben kann warten. Leerer Magen und trockene Kehle sind aber schlechte Gesellschafter.«

Mathis, der sich mit seinem Schicksal abgefunden hatte, war alles recht. Bereitwillig öffnete er die stets gut gefüllte Vorratskammer der »Warte«. Und statt übereinander herzufallen, saßen sie bald friedlich beisammen. Und beließen es nicht nur bei einer Mahlzeit.

So vergingen vier Tage und Nächte, ohne daß die drunten Ausharrenden auf ihre Kosten gekommen wären. Als nun der fünfte Morgen heraufgezogen war, leerten die beiden Todeskandidaten den letzten Weinkrug. Die Vorräte waren bis auf ein paar Brotrinden erschöpft.

»Wohlan, Türmer, nun hat unser Stündlein wohl geschlagen«, seufzte der Ritter und warf einen säuberlich abgenagten Schinkenknochen über die Turmbrüstung. Aller Übermut hatte ihn verlassen.

Schwerfällig kam er auf die Füße. Auch Mathis fühlte sich kraftlos. Soll denn Gottes Wille geschehen, dachte er müde. Sie standen sich gegenüber. Mit herabhängenden Armen. Die Fäuste leicht geballt. Jeder zögerte, den ersten Hieb zu führen. Sie starrten sich an. Verbissen und lauernd. Zurufe aus der Zuschauermenge spornten sie an, das Gottesurteil zu vollstrecken.

Da lösten Fanfarenstöße die Spannung. Aus dem Stadttor kam ein Reiter gesprengt. »Haltet ein«, schrie er schon von weitem. »Gebt Frieden. Der Herr Markgraf naht!« Noch im Sattel verharrend, wies er zum Waldrand hinter der »Warte«.

Ein glänzender Heereszug näherte sich auf der staubigen Straße. Harnische und Waffen funkelten in der Sonne. Der Wind trug den Klang von Trommeln und Pfeifen heran. Bauschte die Paniere Brandenburgs, Anhalts, Sachsens und Pommerns, die den Heerbann anführten.

Die Granseer vergaßen das Schauspiel auf der »Warte«. Eilten jubelnd den Rittern und Reisigen entgegen, um den wiedergekehrten Landesherrn zu empfangen. Waldemar, das Wappen der Askanier auf dem Brustharnisch, nahm die Huldigung wohlwollend entgegen. Als er von dem Gottesurteil vernahm, daß die Verurteilten auf ihre Weise ausgelegt hatten, glitt ein Lächeln über sein zerfurchtes Antlitz.

»Bringt sie also vor meinen Stuhl«, gebot er. »Gottes Wille ist's wohl, daß ich ihr Richter sein soll.«

Danach hielt er unter Trompetenklang und Zinkenschall Einzug durch die weitgeöffneten Tore von Gransee. Noch am selben Tag hielt der Landesherr Gericht. Hans Lüddecke vom Roten Haus kam nun mit dem Schrecken davon. Er mußte Urfehde schwören und »Unserer guten Stadt Gransee und ihren Bürgern ewigen Frieden« geloben. Dafür schenkte Waldemar ihm nach

»Gottes Willen« Leben und Freiheit. Welchen Spruch er über den Türmer fällte, ist nicht überliefert. Der weniger standesgemäße Stadtwächter, so mutmaßte Theodor Fontane, »verschwand in dem ihm zukommenden Dunkel«.

Ein Schicksal, das am Ende auch den falschen Waldemar ereilte. Im Frühjahr 1350 söhnten sich die Fürstenhäuser Luxemburg und Wittelsbach aus. Karl IV. gab dem Bayern Ludwig die Mark Brandenburg zurück. Allerdings verkleinert um die Lausitz, die er selbst vereinnahmte. Der falsche Waldemar hatte seinen Zweck erfüllt. Der Kaiser ließ ihn »ebenso leicht fallen, wie er ihn achtzehn Monate früher erhoben hatte ...
Waldemar war nun wieder nichts oder doch nicht viel; nur die askanische Partei stand noch zu ihm. Einzelne treue unter den Städten suchten ihn auch jetzt noch zu halten, nur nicht Chorin.« (Fontane)
Waldemar, das Bauernopfer in der Schachpartie der Fürsten, suchte Zuflucht am Anhalter Hof, wo er bald danach starb. Wohl um den Schein zu wahren, sorgte sein kaiserlicher Ex-Mentor dafür, daß er in der Dessauer Fürstengruft beigesetzt wurde.
Der in seinen Rechten bestätigte Markgraf Ludwig rächte sich erbittert an den Städten, die dem angeblichen Askanier gehuldigt hatten. Gransee strafte der Bayer damit, daß er die Tore zumauern ließ, durch die der falsche Waldemar eingezogen war. Das ist vermutlich auch der Grund, warum das schöne, mit Ziergiebeln gekrönte Ruppiner Tor um zwei Nebentore erweitert wurde.
Im Volksmund lebten die zugemauerten Pforten noch lange als »Waldemar-Tore« fort.

Reisetip:
Gransee liegt an der B 96 (Abschnitt Oranienburg-
Fürstenberg). Stadtmauer und Tore sind noch gut erhalten,
ebenso Pfarrkirche St. Marien (14. Jahrhundert); sehenswert ist
auch das gußeiserne Königin-Luise-Denkmal von 1811
(Entwurf: Schinkel); der »Warte«-Berg an der Straße Lindow-
Gransee.
Heimatmuseum in der Klosterkapelle (13. Jahrhundert) hinter
dem Ruppiner Tor wird zur Zeit renoviert. Informationen beim
Fremdenverkehrsverband Brandenburg-Nord e.V., 16909
Wittstock, Tel. 03394/5270.
Die Klosterruine Chorin – etwa 5 Kilometer nördlich
Eberswalde an der B 2 – erinnert an die Episode des »falschen
Waldemar« und an die askanischen Markgrafen, von denen hier
sieben beigesetzt wurden. Die 1273-1334 in märkischer
Backsteingotik errichtete Niederlassung der Zisterzienser
verfiel nach der Reformation. Der Bau wird seit Mitte des
19. Jahrhunderts (mit großen Unterbrechungen) teilrestauriert.
Klosterbauten: Kreuzgang, Klausur, Refektorium, Fürstensaal,
Brauhaus. Seit 1964 gibt es alljährlich in der Kirchenruine die
vielbesuchten Freiluftkonzerte des »Choriner Musiksommers«.
Führungen über: Tel. 033366/322,
Kartenbestellung über: Tel. 03334/657310.

Speisetip:
Gransee: »Stadt Gransee«, Templiner Straße 5, Tel. 03306/2602;
Spezialität: »Beste Bockwurscht weit & breit«.

Die Abzocker von Wilsnack

Eines »Kometsterns greuliche Ungestalt« verbreitet im Jahre 1380 Furcht und Schrecken unter der Bevölkerung der Mark Brandenburg. Tiefverwurzelter Aberglauben schreibt dem feurigen Schweifstern die Funktion einer »Zuchtrute Gottes« zu. Einer allem Volk sichtbaren Warnung des »zürnenden Herrn, daß er alle böse Tat strafen werde, wenn die Zornrute, die er am Himmel hinstrecke, nicht beachtet werde«, orakelt ein zeitgenössischer Chronist: »Viel Fieber, Krankheit, Pest und Todt, Schwere Zeit, Mangell und Hungersnoth, Groß Hitz, dürre Zeit, Unfruchtbarkeit, Krieg, Raub, Mord, Aufruhr, Neid und Streit.«

Düstere Prophezeiungen dieser Art werden durch die Zeitläufte scheinbar bestätigt. Der schwarze Tod, die aus dem fernen Süden eingeschleppte Pest, entvölkert Städte und Dörfer. Zügellose Gewalt herrscht, seit Kaiser Karl IV. (1347-1378) zeitweilig seinen unmündigen Sohn Sigismund zum Regenten der Mark bestellte. Einen landfremden Siebzehnjährigen, dem seine ungarischen Besitzungen weitaus wichtiger sind als das östliche Grenzland des Reiches.

So steigt manches Stoßgebet zum Himmel, an dem der vermeintliche Unheilsstern seine Bahn zieht. »Kyrie eleison! Herr, erbarme dich unser großen Not.« Und auch: »Vor Köckeritze und Lüderitze, vor Krachten und vor Itzenplitze, behüt' uns, lieber Herre Gott!« Furcht und Verzweiflung werden zum Nährboden für die Hoffnung auf heilbringende Wunder. So auch in der Prignitz, die in besonders starkem Maße unter den Gewalttaten des Raubadels, der »Landplacker«, zu leiden hat.

Doch ausgerechnet ein zum Räuber verkommener Ritter verhilft – obgleich unbeabsichtigt – dem Flecken Wilsnack zu einem Mirakel ...

Der rauf- und raublustige Heinrich von Bülow legt sich im Sommer 1383 mit Dietrich Mann, dem Bischof von Havelberg, an. Elf Dörfer dessen Sprengels, die dem adligen Schnapphahn widerrechtlich geforderten Tribut verweigern, gehen in Flammen auf. Darunter Wilsnack.

Das geschieht am 16. August 1383. Die Wilsnacker sind am frühen Morgen unter Führung ihres Geistlichen zum traditionellen Domweihfest nach Havelberg gezogen. Als sie gegen Mitternacht heimkehren, stehen sie vor dem Nichts. Ihre Häuser, all ihre Habe, sind eingeäschert. Selbst die Dorfkirche blieb von den Bülowschen Brandlegern nicht verschont. Den Abgebrannten bietet die Nachbargemeinde Groß-Lüben Asyl. Wilsnack, so scheint es, existiert nicht mehr.

Johannes Cabbuez, Pfarrer der zerstörten Gemeinde, ist bei seinem Amtsbruder untergekommen. Doch das Bild seiner in rauchenden Trümmern liegenden Kirche verläßt ihn nicht. Nachts wird er von Alpträumen gepeinigt, die ihn bis in den frühen Tag verfolgen.

Einmal ist ihm, als riefen ihn die drei geweihten Hostien (= Abendmahlsoblaten), die gesondert hinter dem Altar verwahrt lagen, nach Wilsnack. Ein andermal glaubt er die Stimme eines Kindes zu hören. Die flehentliche Bitte, in der Kirchenruine sofort eine Messe zu lesen. Als er zögert, sei ihm die Bettdecke fortgerissen worden. Eine überirdische Gewalt habe seinen Arm gepackt. Schweißgebadet sei er aus bleiernem Schlaf aufgeschreckt: Die Bettdecke lag am Boden. Der Arm schmerzte wie nach einem harten Griff. So der spätere Bericht des Geistlichen an seinen Bischof.

Wunschtraum oder Wahnvorstellung? Wie auch immer, in der vierten Nacht nach dem Bülowschen Schurkenstreich hastet Johannes Cabbuez nach Wilsnack. Über dem verwüsteten und verlassenen Ort lastet immer noch Brandgeruch. Cabbuez bahnt sich in der Kirchenruine den Weg durch Trümmer und über verkohlte Balken. Hinter dem aus Steinen gefügten Altar findet er den kleinen Schrein. Öffnet ihn mit zitternden Händen und erschrickt: Die drei Oblaten sind unversehrt, doch wie von Blutstropfen gerötet!

Pfarrer Cabbuez stürzt auf die Knie. Der Leib Christi in Gestalt geweihter Hostien hat dem Feuer widerstanden. Getränkt vom Blut des Herrn ...

Ein Wunder ist geschehen! Felsenfest ist der biedere Landpfarrer davon überzeugt. Man kann es ihm nicht verübeln. Zu seiner Zeit ist die Existenz eines Schimmelpilzes »Bacterium predigiosum« noch unbekannt. Der aber gedeiht bräunlichrot auf feuchtem Brot. Auch auf Abendmahlsbrot.

WUNDER MACHEN SICH BEZAHLT

Aufgewühlt eilt Johannes Cabbuez nach Sonnenaufgang zur Plattenburg. In dem Wilsnack vorgelagerten Wasserschloß residiert der Bischof von Havelberg. Der Dorfpfarrer findet seinen geistlichen Oberhirten in ungnädiger Stimmung. Die Plünderung und Zerstörung von elf Dörfern verhieß dem Domkapitel empfindliche Verluste bei Zins und anderen Abgaben. Die Bettelei der Dorfschulzen und Pfarrer, den Gemeinden beizustehen, würde zudem kein Ende nehmen. Der Wilsnacker mochte wohl der erste sein ...

Doch als der vor Aufregung stotternde Johannes Cabbuez seinen Bericht über das »heilige Wunder« schließt, entspannt sich die Miene des Bischofs. »Der Herr hat ein Zeichen gesetzt, Bruder Johannes. Gelobt sei Jesus Christus«, sagt Dietrich Mann von Havelberg salbungsvoll und hebt segnend die Rechte. »Geht nun in Frieden und lest Messen an dem Altar, der göttlich gezeichnet das Höllenfeuer bestand. Ihr werdet von mir hören.«

Kaum hat der huldvoll Verabschiedete den Rücken gekehrt, da betritt ein weißbärtiger Mönch das Bischofsgemach. Pater Ambrosius, Beichtvater und Berater des Havelberger Kirchenfürsten, hatte in der nur durch eine Portiere getrennten Bibliothek alles mitangehört. »Erstaunlich, was sich zu Wilsnack zutrug, Pater«, empfängt ihn Bischof Dietrich. »Sagt, was haltet ihr davon? Ist's ein Mirakel?«

Der Alte in der Dominikaner-Kutte wiegt nachdenklich den Kopf. »Ein seltsam' Mirakel, gewiß, Bischöfliche Gnaden. Ob aber ein göttliches, wer kann das wissen.« Er zuckt die Schultern.

»Ich denk' an Heiligengrabe. Was dort sich zutrug und nimmer aufhört bis in unsere Tag'.« Dietrich Mann von Havelberg hat mit demselben Gedanken gespielt. Auch zu Heiligengrabe, einem Dorf nahe Pritzwalk, gab es einmal ein Wunder. Ein bis dato ersprießliches Wunder ...

In einer Mainacht 1287 stahl ein landfahrender Handelsmann aus der Kirche der Heiligengraber Nachbargemeinde Techow ein Altarkästchen, in dem er Kostbarkeiten vermutete. Doch es lag nur eine einzige Hostie darin. Als er diese berührte, begann sie zu bluten und rötete die Finger des Kirchendiebs. Alle Versuche, das verräterische Blut abzuwaschen, schlugen fehl. In panischer Angst vor Entdeckung, vergrub er die Hostie nachts an einem einsamen Platz in Heiligengrabe. Doch auch die Erde darüber färbte sich wie von Blut getränkt. So blieb der Diebstahl nicht verborgen, und der Missetäter endete am Galgen.

Über dem geheimnisvollen Hostien-Grab aber wurde

eine Kapelle errichtet. Alsbald hieß es, jene Erde sei wundertätig. Kranke und Gebrechliche zogen in Scharen nach Heiligengrabe, um Heilung zu finden. Der damalige Vorgänger Dietrichs von Havelberg erklärte den Flecken zum Wallfahrtsort. In der Nachbarschaft entstand ein Kloster, in dem sich zwölf Nonnen des Zisterzienser-Ordens niederließen.

Heiligengrabe bringt dem Domkapitel und dem Kloster reichen Nutzen, überlegt Bischof Dietrich. Wenn man's recht bedenkt – es könnt' mit Wilsnack nicht anders sein. Pater Ambrosius pflichtet ihm bei. »Die Bluthostien sind in dieser Zeit ein Gottesgeschenk, mein Sohn. Ein Zeichen des Himmels, dem viele Gläubige anhangen werden. Und Eure Sorg', Herr, um das Wohl des Domkapitels sollt' bald getilgt sein.« Diese Auslegung gefällt dem geistlichen Würdenträger. Er neigt zwar Wundern gegenüber zur Skepsis, doch in diesem Falle würden Zweifel dem Domkapitel und seinem Herrn abträglich sein. Und in jener Zeit ohne Recht und Gesetz, ohne starke Hand im Lande, sind »den oberen Ständen alle Mittel zur Befriedigung der Gewinnsucht gerechtfertigt« (Historiker Johannes Schulze).

Bischof Dietrich Mann von Havelberg nutzt also die Gunst der Stunde. Jenes Gottesgeschenk, das ihm unverhofft zugefallen ist. Das »Heilige Wunderblut von Wilsnack« tritt in Aktion.

VEITSTANZ AUF KIRCHENTRÜMMERN

In der notdürftig geräumten Ruine der Wilsnacker Kirche nähert sich eine Meßandacht ihrem Ende. Johannes Cabbuez spendet der kleinen Gemeinde den Segen ... »Benedicat vos omnipotens Deus, Pater et Filius et Spiritus sanctus.«

Das vielstimmige »Amen« der Gläubigen verklingt. Der Pfarrer neigt sich vor dem Altar. Nimmt behutsam den Schrein mit den drei Bluthostien in beide Hände und wendet sich zur Gemeinde. »Die göttliche Hilfe bleibe allezeit bei uns. Amen.«

In der feierlichen Stille, die auf die Fürbitte folgt, wankt eine zerlumpte Gestalt, mühsam auf Krücken gestützt, zum Altar. Streckt flehend die Hand aus, mit erstickter Stimme rufend: »Heiliges Blut, erlöse mich von meiner Pein. Bin lahm von Kindesbeinen ...« Seine zitternden Finger berühren das Kästchen, und er fällt vor dem sprachlosen Pfarrer auf die Knie. Wie gebannt blicken auch die Schäflein des Johannes Cabbuez auf den demütig verharrenden Krüppel.

Der greift nach den zu Boden gefallenen Krücken. Rafft sich mühsam auf, will angestrengt einen Fuß vor den anderen setzen. Bleibt jedoch wie angewurzelt stehen. Schleudert plötzlich die hölzernen Stützen von sich. Schreit in die erschauernde Gemeinde: »Oh, ihr Heiligen! Ich brauche sie nicht mehr!« Ein paar zögernde Schritte, begleitet von dem Aufschrei: »Leut', seht her! Ich kann gehen! Der Herr sei gepriesen!«

Nun ist kein Halten mehr. Alt und jung umringen den vor aller Augen Geheilten. »Ein Wunder – ein neuerlich' Wunder«, stammelt Pfarrer Cabbuez. »Lasset uns beten. Dem Herrn danken für die große Gnad', die jenem Armen und uns zuteil ward!«

In tiefer Andacht versunken, bemerkt keiner der Betenden, wie sich der Zerlumpte davonschleicht und leichtfüßig den Weg zur nahen Plattenburg nimmt.

»Man muß dem Wunder nachhelfen«, hatte der erfahrene Pater Ambrosius seinem Herrn geraten. Und so ließ Dietrich von Havelberg insgeheim landfremde Gaukler und anderes fahrendes Volk anwerben. Gegen klingende Münze foppten sie als »Lahme« oder »Blinde« den einfältigen Cabbuez und seine Gemeinde, um als »Geheilte« auf Nimmerwiedersehen zu verschwinden.

Landauf, landab verbreitet sich wie ein Lauffeuer die Neuigkeit, das »Heilige Blut von Wilsnack« könne jedwedes Leiden heilen. In hellen Scharen strömen wundergläubige Pilger in die Prignitz. »Wohin die Kunde vom Wunderblut in Wilsnack auch gelangte, da ließ der Schmied den Hammer sein, und da legte der Bauer die Sense aus der Hand und machte sich auf die Wallfahrt nach Wilsnack.« (Brandenburg-Historiograph Rudolf Stiege)

Kein Weg ist ihnen zu weit und zu beschwerlich. Sie ziehen aus allen deutschen Landen heran. Aus dem hohen Norden, aus Polen, Böhmen, Ungarn, Frankreich, den Niederlanden, England. Nehmen Mühsal und Strapazen auf sich. Scheuen nicht die Gefahr für Gut und Leben, die von den Raubrittern droht, deren Burgen ihren Weg säumen. Das ganze christliche Abendland scheint von einem Ziel besessen: Wilsnack. Der Ansturm nahm solche Ausmaße an, daß die Straße von Berlin nach Heiligensee, wo sich ein günstiger Havel-Übergang in Richtung Wilsnack anbot, zeitweise den Beinamen »Heiligeblutsweg« erhielt.

Die Dörfler begreifen sehr schnell, was für ein Gottesgeschenk auch ihnen in den Schoß gefallen ist. Viele, die nach dem Verlust ihrer Existenz an Auswanderung dachten, nehmen begierig die Gelegenheit wahr, an dem »Wunder« teilzuhaben. Das heißt, den Wallfahrern abzuknöpfen, was sie vor den adligen Wegelagerern verbergen konnten.

»Mit den Pilgern hielt der Reichtum Einzug in Wilsnack. Das Leben im Dorf änderte sich mit einem Schlag. Jeder verdiente Geld. Aus Bauernhäusern wurden Pensionen. Ein Chronist berichtet, daß der ganze Ort schließlich nur noch aus Herbergen und Gasthöfen bestand. Der europäische Rubel der Pilger rollte. Im Sog der frommen Pilger nistete sich geschäftstüchtiges Gesindel ein. Halsabschneider, Diebe und Dirnen hängten sich an den Wunderglauben.« (Stiege)

Sie machen leichte Beute unter den Menschen, die Heilung und Erlösung heischen. Die nur Augen für das »heilige Blut« haben.

Endlich sehen sie ihn leibhaftig, den hochaufgerichteten Altar mit den segensreichen Hostien.

Tag und Nacht ist er in den Lichterschein unzähliger Kerzen getaucht. Gespendet von den nach Tausenden zählenden Wallfahrern.

Das Mysterium versetzt viele in einen Taumel der Verzückung. In religiösen Wahn. Sie wiegen sich in immer wilderem Rhythmus zu einem monotonen Singsang ... »Here sent Johann, so so, vrisch un vro, Here sent Johann!« Springen und tanzen inmitten der Ruine, bis sie mit Schaum vor dem Mund und unter Krämpfen zusammenbrechen.

Nun erst können Kirchendiener die Verzückten überwältigen und in die feste, vom Feuer verschont gebliebene Kapelle des Heiligen Veit zum Rotstein sperren, bis sie wieder zu sich kommen. (Diese Vorgänge sollen den Begriff des Veitstanzes geprägt haben.)

Der von den Ereignissen überforderte Johannes Cabbuez bittet seinen Bischof, »solch würdelosem, den geheiligten Ort schändenden Treiben ein End' zu machen«. Dietrich von Havelberg erfüllt die Bitte auf seine Weise: Er ordnet 1384 den Bau einer Wallfahrtskirche als künftigen sicheren Hort der Bluthostien an. Sankt Nikolaus wird nach seinem Willen die am gewaltigsten wirkende märkische Kirche. Das dreischiffige gotische Bauwerk mit den fünfundzwanzig Meter hohen, vom Boden bis fast zum Dachfirst reichenden Spitzbogenfenstern gleicht einer Kathedrale.

Errichtet wird diese Demut und Würde gebietende Gottesburg aus dem nie versiegenden Spendenfluß. Der ist so maßlos, daß Bischof Dietrich davon auch den Ausbau der Plattenburg und den Umbau des Havelberger Doms finanzieren kann.

Wilsnacks Aufstieg aber geht unvermindert weiter. Auch Handwerker und Kaufleute zieht es in das einst so weltabgeschiedene Dorf. Die kleine Gemeinde breitet sich aus, wächst zu einer von festen Wällen umgebenen Ortschaft, der das Stadtrecht zugebilligt wird. Vorbei sind die Tage, da man dort neidvoll auf Heiligengrabe blickte: Wilsnack steigt zum berühmtesten Wallfahrtsort der Mark Brandenburg auf. Heiligengrabe gerät mählich in Vergessenheit.

DIE ALLWISSENDEN HOSTIENPRIESTER

Die ungezügelte Spendenfreudigkeit der Pilger beflügelte die Phantasie der Oberen des Pfarrers Johannes. Sie begannen dem Blutwunder auf eine Weise nachzuhelfen, die »an den frommen Ruhm Wilsnacks das Aroma des Verrufs heftete« (Stiege). Für teures Geld wurden den Gläubigen Pilgerbriefe aufgeschwatzt, die den Besuch des Wallfahrtsortes bestätigten. Reißenden Absatz fanden außerdem Pilgerabzeichen aus Blei, die mit dem »heiligen Blut« geweiht sein sollten und die drei Hostien darstellten.

Die sogenannte Sündenwaage gehörte zu den – laut Stiege – »gewinnträchtigsten Requisiten wenig frommer Seelenmanipulanten, die den Wunderglauben ihrer Zeit gnadenlos ausbeuteten. Die Sündenwaage bestand aus zwei Schalen, von denen die eine die Verfehlungen des Wundergläubigen trug, die andere aber genügend Platz für Schinken, Speck und andere Leckereien bot, mit denen der Bußfertige seine Sünden aufwog. Wie ein Sachkundiger zu berichten weiß, war es durch eine sinnreiche Maschinerie unter dem Kirchenboden möglich, das Gleichgewicht der Schalen erst dann herzustellen, wenn der arme Sünder genügend Bußschinken auf die Waage gepackt hatte.« Und damit nach den Vorstellungen der katholischen Kirche Vergebung seiner Sünden erlangte. Den fanatischen Wunderglauben vieler Wallfahrer suchten die unfrommen Kirchenväter durch einen noch ärgeren Betrug zu verfestigen ...

Eine Gruppe Pilger betritt in ehrfürchtigem Schweigen die Wunderblutkirche. Ein Hostienpriester nimmt sie in Empfang. Geleitet sie zu den Beichtstühlen seiner Amtsbrüder. Eine perfekte Organisation ist an die Stelle des redlichen Pfarrers Johannes Cabbuez getreten. Bedient von Vertrauensleuten des Havelberger Domkapitels.

»Nenn' mir deinen Namen und bete ein Vaterunser«, fordert der Beichtvater den Pilgersmann auf. Von jenem unbemerkt studiert er inzwischen eine griffbereit liegende Schriftrolle. Dann neigt er sich wieder dem hölzernen Gitterfenster zu, das ihn von dem zur Beichte bereiten Mann trennt.

»Du hast schwere Schuld auf dich geladen, mein Sohn«, versetzt er tadelnd. »Begehrtest das Eheweib deines Nachbarn. Zahltest dem Viehhändler mit falscher Münze. Hast Weib und Kinder gezüchtigt, wenn du trunken warst. Und manches Mal versäumt, am heiligen Sonntag zum Tisch des Herrn zu gehen ...«

Das Bäuerlein duckt sich verschüchtert und ringt nach Worten: »Ja-ja, Hochwürden, solches hab' ich getan. Doch woher wißt Ihr ...«

Die Stimme des Beichtigers senkt sich zu geheimnisvollem Flüstern: »Dem heiligen Blut bleibt nichts verborgen. Es gibt uns Priestern Gnade und Kraft, deine

Sünden zu erfahren, ehe du bekennst. Und es offenbart' auch deine Anliegen, mein Sohn. – Bereue also und tue Buße. Danach ist dir vergeben. Dein Vater wird genesen, deine Ernte gesegnet sein und Gewinn abwerfen. – Und bedenk', daß dieses wundertätige Haus des Herrn von den milden Gaben gläubiger Christenmenschen Bestand hat.«

Beglückt verläßt der erlöste und erhörte Sünder die Kirche. Sucht seine Gefährten und frohlockt: »Brüder, das Wunder hat mich erhört! Und seine Diener sind mit Allwissenheit begnadet!« Und mancher, der ihm lauscht, hat dieselbe Erfahrung gemacht und öffnet willig die Geldkatze ... Dabei war alles Humbug. Nur Lug und Trug. Wie andere, die aus weiter Ferne nach Wilsnack zogen, hatte auch jener Pilgersmann in Havelberg übernachtet. Obligatorisch wurden dort die Ankömmlinge von Geistlichen des Domkapitels auf den Besuch der Wunderstätte vorbereitet: Unauffällig ausgefragt und zu einer Gewissenserforschung veranlaßt.

Noch in der Nacht trugen Boten alle auf diese Weise ermittelten Informationen durch einen unterirdischen Gang in das wenige Kilometer entfernte Wilsnack – und das Wunder der Allwissenheit des »heiligen Blutes« konnte anderntags die ahnungslosen Pilger verwirren und übertölpeln.

Im Laufe der Zeit sickerte durch, welch Schindluder in Wilsnack mit der frommen Einfalt getrieben wurde. In Prag stellte der Rektor der dortigen Karls-Universität, der böhmische Reformator Jan Hus (1369-1415), der Öffentlichkeit einen angeblich in Wilsnack geheilten Knaben vor. Ärztliche Untersuchungen hatten ergeben, daß von einer »Wunderheilung« keine Rede sein konnte: Das Leiden des Kindes hatte sich vielmehr verschlimmert. Zwei Frauen, die nach eigenen Angaben blind gewesen waren und nach der Pilgerfahrt wieder sehen konnten, überführten die Ärzte der Lüge: Die Blindheit hatte nur in ihrer hysterischen Phantasie existiert. Bald hing dem »Wunder des heiligen Blutes« vielerorts der Ruch von »Teufelswerk« und »papistischem Unfug« an.

Das gotteslästerliche Treiben erzürnte auch Martin Luther. In der Schrift »An den christlichen Adel deutscher Nation« schalt er deshalb: »O wie schwer elend rechenschafft werden die Bischoff mussen geben, die solchs teuffels gespenst zulassen und genieß davon empfangen ...«

Die Kirchenoberen von Havelbergs Nachbarbistümern sagten der »Wilsnacker Lästerei« den Kampf an. Emissären des Bischofs von Verden, Konrad von Soltau, war es gelungen, den Geheimgang der allwissenden Hostienpriester aufzuspüren. Die Entdeckung lieferte ihm und dem Magdeburger Erzbischof Nikolaus von Kues die Handhabe, gegen den »schandbaren Götzendienst zu Wilsnack« mit aller Schärfe vorzugehen. Nicht ausschließlich aus Gründen der Religion. Beide neideten dem Havelberger Amtsbruder das einträgliche Geschäft mit den Bluthostien. Auch fürchteten sie, Bischof Dietrich, schon einer der einflußreichsten Kirchenfürsten in der Mark, könnte allzu mächtig werden, da doch die meisten Spenden in seinem Klingelbeutel landeten.

AUSVERKAUF IN BANNFLÜCHEN

Konrad von Soltau befahl zunächst, allen durch seinen Sprengel heimkehrenden Pilgern die Bleihostien von den Hüten zu reißen und zu vernichten. Dem Magdeburger Erzbischof genügte das nicht. Er verhängte über den umtriebigen Havelberger den Kirchenbann. Kraft »päpstlicher Autorität«. Die nahm Nikolaus von Kues für sich in Anspruch, da zu jener Zeit – zwischen 1378 und 1417 –

in der abendländischen Kirche zwei, bisweilen drei Päpste nebeneinander amtierten. »Daß auß einem werden dri, das zeucht sich vast auf Ketzeri«, reimte der Volksmund. Und jeder von diesen war bemüht, durch Zugeständnisse an wichtige Kirchenfürsten deren Parteinahme zu gewinnen.

Bischof Dietrich revanchierte sich für den Bannfluch, indem er nun seinerseits den Magdeburger Widersacher für exkommuniziert erklärte. Dabei fand er die Unterstützung der Dompröpste von Brandenburg und Stendal, die ein durchaus weltliches, nämlich finanzielles Interesse an den Pilgerzügen hatten, die ihr Gebiet berührten.

Der Streit um die Wilsnacker Wunderhostien zog immer weitere Kreise. So sah sich der Erzbischof von Prag, Sbinko, veranlaßt, von allen Kanzeln seiner Diözese das Hostien-Wunder als »Ketzerei« verdammen zu lassen und Wilsnacker Pilgern mit Exkommunikation zu drohen. Der leichtfertige Umgang der Bischöfe mit dem Bannfluch schwächte die ohnehin durch den Papst-Streit ins Wanken geratene Autorität der Kirche noch mehr. Endlich entschloß sich einer der Rivalen um den Stuhl Petris, vermutlich Urban VI., die Anbetung der Bluthostien zu verbieten. Doch die von frommer Einfalt besessenen Pilger schreckten weder Verbote noch Drohungen.

Um Pfingsten 1487 machte das »heilige Blut« wiederum auffällig von sich reden, berichtet der Historiker Johannes Schulze: »Scharen von Knaben, Mädchen, Knechten und Mägden, Angehörigen der untersten Schichten und der ländlichen Bevölkerung, strömten, wie der Chronist erzählt, besonders aus Sachsen und Meißen, von einem Schwindelgeist geleitet, nach Wilsnack ohne Mittel und ohne Überlegung und kamen ebenso arm zurück. An 10.000 sollen es gewesen sein, sie wurden dadurch nicht ›besser, sondern schlechter‹.

Ähnliche Zuläufe sollen auch in den folgenden Jahren stattgefunden haben, ohne daß es jemandem gelang, die Leute davon abzubringen. Ob ein Zusammenhang damit bestand, daß im Jahr zuvor, 1486, eine ganz neue Seuche auftrat, die man ›schörback‹ oder ›schurbauch‹ nannte, läßt sich nicht feststellen.«

Allein aus Ungarn zogen sechstausend Wallfahrer nach Wilsnack. Noch 1516 verzeichnete der Chronist Cyriakus Spangenberg aus Rinteln an der Weser: »Im anfang des Julij erhueb sich das unnötige Narrische und Abgöttische gelauff nach Wisznack in der Mark zum vermeinten und erdichteten heiligen Blut, und lieffen auff einen Tag von Rinteln 220 menschen Jung und alt, unter welchen auch Kinder waren von Zehen Jahren.« So blieb es fast 170 Jahre. Zu Nutz und Frommen der Wilsnacker. Vornehmlich aber des Domkapitels von Havelberg.

Erst die fortschreitende Reformation machte dem Tanz um das Goldene Kalb von Wilsnack ein Ende. 1548 konvertierten die Wilsnacker, und ein Joachim Ellefeld aus Perleberg wurde der erste lutherische Gemeindepfarrer, »was selbiger vor allem dadurch honorierte, daß er am 28. Mai 1552 die Wunderhostien kurzerhand und eifernd verbrannte, was ihm seltsamerweise vor Ort und anderswo mehr Schmäh denn Beifall einbrachte« (Stiege). Der geschäftsschädigende Eingriff erbitterte vornehmlich das Havelberger Domkapitel, dem der erbitterte Luther-Gegner Peter Conradi vorstand. Ellefeld wurde auf die Plattenburg geschleppt und in einem Inquisitionsprozeß zum Feuertod verurteilt. Das war nicht rechtens, aber Kurfürst Joachim II. (1535-1571) wollte keinen Zweifel an seiner katholischen Gesinnung aufkommen lassen. Das Urteil löste bei der protestantischen Ritterschaft und Bevölkerung der Prignitz Empörung und Aufruhr aus. Joachim zog sich mit einem Kompromiß aus der mißlichen Lage: Er verfügte im

November 1552 Ellefelds Befreiung durch den Landeshauptmann und die anschließende Verweisung des Wundertöters aus der Mark Brandenburg.

»Wie dem auch sei, der ungestüme Reformator hatte mit seinem entschiedenen Werk die Axt an die Weltläufigkeit Wilsnacks gelegt. Es fiel in die Dörflichkeit zurück, aus der ein Schimmelpilz es emporgehoben hatte.« (Stiege)

Vom Ruhm seiner großen Zeit blieb Wilsnack die grandiose, immer noch tiefen Eindruck weckende Wunderblutkirche Sankt Nikolaus. Auch erinnern daran über Europa verstreut noch fünfundvierzig der obskuren Bleihostien, die man sich seinerzeit an den Pilgerhut steckte.

Der unvergessene John Stave (1929-1993), heiter-nachdenklicher Berlin- und Brandenburg-Historiograph, konnte ihren Verbleib ermitteln: »... Und zwar einunddreißig in Zeeland, den heutigen Niederlanden, sieben in Bremen, zwei in Ostergötland, also Schweden, zwei in Seehausen und je eine im englischen Norfolk, in Amsterdam und im Kloster Wienhausen bei Celle in der Lüneburger Heide.«

Das 20. Jahrhundert bescherte jedoch den Wilsnackern ein Äquivalent für das in der Reformationszeit verflüchtigte Wunder: 1906 stieß man im sumpfigen Vorgelände der Stadt auf umfangreiche Lagerstätten von heilkräftigem, eisenhaltigem Moor. Es soll inzwischen bei manchem Zipperlein ein echtes Wunder vollbracht haben. Jedenfalls kann sich Wilsnack seit 1929 mit der Vorsilbe Bad schmücken. Und das wirkt mindestens so zugkräftig wie die drei Bluthostien des Johannes Cabbuez seligen Angedenkens.

Reisetip:
Bad Wilsnack ist über die B 5 – Abschnitt Kyritz-Perleberg –, Abfahrt Kletzke, oder von Havelberg, Landstraße Richtung Legde, zu erreichen.
In der Wallfahrtskirche Sankt Nikolaus: Führungen jeden Do 15 Uhr, sonst nach Vereinbarung, Tel. 038791/2721 oder 2208.
Die Plattenburg, Wasserschloß aus dem 16. Jahrhundert, ist wenige Autominuten von Wilsnack entfernt. Die wertvolle Inneneinrichtung der einstigen Bischofsresidenz ging 1945 verloren oder wurde zerstört.
Heiligengrabe – an der A 24 (Abfahrt Pritzwalk) – ist die einzige, fast vollständig erhaltene Klosteranlage in der Mark. Den Zisterziensernonnen, nach der Reformation evangelische Stiftsdamen, folgten 1945 Diakonissinnen. Sie wohnen und arbeiten auch heute noch auf dem Areal in den zierlichen Fachwerkhäusern. In der spätgotischen Klosterkirche ist auf acht Holztafeln die Gründungssage von Heiligengrabe dargestellt. Die Kapelle des Heiligen Grabes oder »Blutskapelle« aus dem Jahre 1490 – mit Sterngewölben und Staffelgiebel – bezeichnet die Stelle, an der einst das »Wunder von Heiligengrabe« in Erscheinung trat.

Speisetip:
Bad Wilsnack: Restaurant & Café »Corso«, Havelberger Str. 6, Tel. 038791/2331;
Spezialität: gutbürgerliche Küche und Tanz.

Die »Judenklemme« auf der Eldenburg

»Wenn dir etwas abhanden gekommen von Geschmeiden und Tuchen, so brauchst du es nur bei den Quitzows zu suchen!« Ein volkstümlicher Ratschlag, der noch lange aktuell war, nachdem der erste Hohenzollern-Kurfürst Friedrich im Jahre 1414 dem Treiben der gefürchteten märkischen Raubritter-Sippe Zügel angelegt hatte. Hundert Jahre waren seitdem vergangen. Doch noch immer traf zu, was der Mönch Engelbert Wusterwitz aus Brandenburg an der Havel in seiner »Märkischen Chronik« beklagte: »Es ist aber in derselben Zeit ein großes Jammern der armen Leute in der Mark gewesen wegen der großen Unordnung und Unsicherheit des Landes. Das Land war voller Raubgesellen. Je mehr jemand sich der Mark näherte, unter desto größerer Gefahr reiste und wanderte er. Jeder übte Gewalt aus, wie er besaß, und tat, was ihm beliebte.«

Ein solcher »Raubgeselle« ist Kuno Hartwig von Quitzow, seit 1517 Herr auf der Eldenburg bei Lenzen. Von dieser Feste im Nordwesten der Prignitz aus beherrscht er wichtige Handelsstraßen nach Mecklenburg, Lüneburg und Hamburg. Neuerdings sind sie auch Fluchtwege, da Kurfürst Joachim I. vor allem die in der Altmark lebenden Juden verfolgen und vertreiben läßt. »Landschädigende Wucherer« und »Verachter und Verfolger des christlichen Namens« sind zu jener Zeit weitverbreitete Vorwände für die Ausweisung und Verbrennung von Juden.

Über den Exodus der Juden aus der Altmark schrieb

Theodor Fontane: »Alle diese mußten an der Eldenburg vorüber. Wenn sie nun zum Schlagbaum beim Dammzoll kamen, ließ Quitzow für die Wegerlaubnis einen Goldgulden von ihnen fordern, und jeden, der sich diesen Goldgulden zu zahlen weigerte nach dem Turm schleppen ... Dort ging es auf langer Leiter zu der ehemaligen Türmerstube hinauf, in welche Stube Kuno Hartwig von Quitzow eine ebenso sinnreiche wie primitive, den Spaniern, bei denen er gedient, abgelernte Marterstätte zur Erpressung des Juden-Wegegeldes hergerichtet hatte.

Tief in das Mauerwerk war ... ein großes Hufeisen eingelassen. Auf dieses kam der gefangene Jude derart zu sitzen, daß nur die Fußspitzen den Boden erreichten. Über die Knie wurde ihm eine starke Eisenstange gepreßt, die rechts in einer Angel ging und nach links hin in eine Krampe griff, vor die man nun ein Schloß legte. Was dann schließlich die Marter vervollständigte, war, daß die gespreizten Arme des Unglücklichen mittelst eines halbkreisförmigen Eisens an die Hinterwand gespannt wurde. Dies alles hieß die ›Judenklemme‹.

Darin saß der willkürlich Verurteilte, mußte hungern und dursten und sonstige Leibesqual aushalten, bis er sich zum Zahlen bereit erklärte. Die Qual war um so schrecklicher, als nur einmal am Tag ein Knecht oder Schließer erschien und nachsah, ob der Gefangene sich nun vielleicht bequemen werde, seinen Goldgulden zu zahlen.«

Das in der ganzen Prignitz auch als »Quitzow-Stuhl« berüchtigte Folterinstrument verschafft dem adligen Halsabschneider mit der Zeit ein beträchtliches Vermögen. Es kümmert ihn nicht, im Lande »Quitzow der Judenklemmer« genannt zu werden. Noch weniger stören ihn die Verwünschungen der aus der Peinkammer Entlassenen, wenn sich nur seine Truhen mit Goldfüchsen füllen. So geht es bis zu dem Tage, da er erfahren soll, »daß ein höchster Herr und gerechter Richter walte, der uns, auch im Gelingen unserer Missetat, oft noch zu treffen und heimzusuchen weiß« (Fontane).

DER TOD DES ALTEN RABBI

Die Habgier macht Kuno Hartwig von Quitzow mißtrauisch gegen jedermann. Mehrmals am Tage inspiziert er seine Wächter, ob sie nicht etwa einen bittenden Flüchtling ohne den Goldgulden durchschlüpfen lassen oder Geld in die eigene Tasche stecken. Solch Pflichtvergessenen würde er eigenhändig in die »Judenklemme« pressen.

An diesem Morgen weckt ein alter Jude seinen Argwohn. Auf die Schulter seiner Begleiterin, eines blutjungen Mädchens, gestützt, redet jener beschwörend auf den Zollknecht ein. Näher tretend hört Quitzow dessen Ablehnung: »Ich sag's, wie's ist! Zwei Goldgulden Wegegeld müßt ihr zahlen. Wollt ihr's anders, so wendet euch an den Herrn da.«

Der alte Mann verneigt sich tief vor dem mürrisch dreinblickenden Ritter. »Edler Herr, ich bitt' Euch. Erlasset mir und meinem Kind den Zoll. Ich bin kein Kaufmann. Bin der Rabbi von Stendal und diente den wenigen aus meinem Volk, die trotz des Kurfürsten hartem Gebot in der Stadt, die sie nährte, zurückgeblieben waren. Jetzt sind auch die letzten meiner Gemeinde fort, und ich will ihnen nachziehen.«

»Was hör' ich da«, schreit Quitzow den erschrocken Zurückweichenden an. »Verruchter du, der du den Kurfürsten betrogen hast! Gebot er nicht allen Juden, aus Stendal zu weichen? Und du hast es gewagt, dazubleiben und weiter zu lehren in eurer schändlichen Weise. Gut, daß ich selber hier bin, dich zu fangen. Ich werde dich zu dem Herrn Kurfürsten schicken, und der soll über dich richten lassen.«

Der Rabbi fällt vor dem Wüterich auf die Knie. Wiederholt flehentlich die Bitte, ihn und die Tochter um Gottes Lohn in Frieden ziehen zu lassen.

Der »Judenklemmer« mustert ihn verächtlich. »Ich könnt' wohl vergessen, was du mir über euer unrecht' Bleiben in Stendal sagtest und euch frei geben. Dafür zahlst du mir hundert Goldgulden oder du wählst den Turm!«

Dem Alten rinnen Tränen über die zerfurchten Wangen. Verzweifelt ringt er die Hände. »Herr, ich besitze nichts als das Brot der Trübsal, das meine Tochter im Tuch von Stendal mitgenommen hat. Bis Dömitz gedachten wir heut' zu kommen. Dort warten unser etliche aus dem Volke.«

Kuno Hartwig überlegt blitzschnell. Wendet sich dann barsch an das verängstigte Mädchen. »Lauf, Dirne, lauf schnell und sage deinen Leuten in Dömitz, daß sie deinen Vater mit hundert Goldgulden von meinem Stuhl herunterholen sollen. Es sind sicher einige, die meinen Stuhl vom Hörensagen kennen oder wohl gar aus Erfahrung und schon auf ihm gesessen haben.« Höhnisch fügt er hinzu: »Sie werden gerne zahlen, auf daß ihnen der Rabbi nicht verlorengeht.« Und zu seinen Knechten: »Schafft ihn in den Turm!«

Vor Sonnenuntergang erklimmt der Ritter die Leiter zur Türmerstube. Er lauscht an der Tür und vernimmt einen seltsamen Gesang. Der Rabbi betet: »An den Wassern zu Babel saßen wir und weinten, wenn wir Zion gedachten ...«

Dem Quitzow läuft ein Schauer über den Rücken. Eilig steigt er die Leiter hinab und starrt noch lange vom Burgfenster auf den in der Dunkelheit versinkenden Folterturm.

Anderntags zieht es ihn wieder dorthin. Das Singen und Beten ist leiser geworden. Eine bisher nicht gekannte Unruhe befällt den hartgesottenen Quitzow. In der Nacht flieht ihn der Schlaf. Ihm ist, als trüge der Wind leises Stöhnen und Wimmern an sein Ohr.

Als auch am dritten Morgen die Tochter des Rabbi ausbleibt, faßt er einen Entschluß, um sich von dem Nachtspuk zu befreien. Er wird den Alten mit einem Wagen nach Dömitz schaffen lassen. Hol' der Teufel die hundert Goldfüchse.

Ehe Kuno Hartwig den Befehl zum Anspannen erteilen kann, betritt das Mädchen den Burghof. Gefolgt von zwölf dunkelgekleideten Männern. Wortlos zeigen sie ihm die hundert Goldgulden.

Doch Quitzow, beunruhigt von dem düsteren Anblick der Gruppe, beachtet sie nicht. Eilt zum Turm und schwingt sich auf die Leiter. Eigenhändig will er den Gefangenen aus den Fesseln lösen und ihn, so schnell es geht, loswerden.

Auf der obersten Sprosse stockt sein Fuß. Aus der Türmerstube dringt die seltsam klare Stimme des alten Juden an sein Ohr: »Höre, Israel, der Herr unser Gott allein ist Gott ...« Aus der Tiefe des Turms klingt ein dumpfes Echo. Am Fußende der Leiter knien die zwölf Juden aus Dömitz. Beantworten das Gebet des Rabbi. Ein Sterbegebet?

Von düsteren Vorahnungen gepackt, reißt der Ritter die Tür zur Türmerstube auf. Die weitgeöffneten Augen des Gefolterten funkeln ihn an. Eiskalt durchfährt es den »Judenklemmer«, als ihm der alte Rabbi keuchend entgegenschleudert: »Ich, der Herr dein Gott, bin ein eifriger Gott, der da heimsuchet der Väter Missetat an den Kindern ...« Ein tiefer Seufzer läßt ihn verstummen. Die Augen verlöschen. Der Rabbi von Stendal ist tot. Ein Opfer grausamer Habgier.

Der »Judenklemmer« blickt finster dem Zug der zwölf Männer nach, die den Toten wehklagend nach Dömitz heimführen. Die hundert Goldgulden liegen am Boden. So wie sie das Mädchen dem Mörder ihres Vaters zornig vor die Füße warf: »Vergeßt des Vaters Worte nicht, Herr. Gott wird's Euch eines Tages vergelten!«

Quitzow reißt sich von den trüben Gedanken los. Winkt seinen Knechten. »Teilt das da unter euch!« Und er schiebt die Münzen mit dem Fuß beiseite. Das Bild des sterbenden Rabbi vor Augen beschließt er im stillen, die »Judenklemme« nicht mehr zu benutzen und von den Flüchtigen keinen Wegezoll mehr zu erpressen.

In der ganzen Prignitz erzählt man sich bald, der Rabbi von Stendal habe auf dem Folterstuhl in seiner Todesstunde die Quitzows bis in alle Ewigkeit verflucht.

BRUDERMORD IM »QUITZOW-STUHL«

Der Eldenburg-Turm mit der Peinkammer blieb fortan verschlossen. Kuno Hartwig und sein Gesinde mieden das unheildrohende Gemäuer. Die ängstlichen Gemüter unter dem Burgvolk behaupteten, der tote Rabbi gehe dort um. Das glaubte der bekehrte »Judenklemmer« nicht. Doch wenn er in manch schlafloser Nacht zu dem finsteren Turm hinüberspähte, schnürte ihm die schauerliche Erinnerung die Kehle zu.

Auf dem Sterbebett bekannte er seinen Söhnen, den Zwillingen Hans und Kurt Dietrich, in jungen Jahren schwere Schuld auf sich geladen zu haben. So erfuhren sie das ihnen gegenüber streng gehütete Geheimnis von der »Judenklemme«. Danach machte der sterbende Quitzow sein Testament und setzte beide Söhne zu Erben der Eldenburg und aller Besitztümer ein. Dem umsichtigen Hans übertrug er das alleinige Aufsichts- und Entscheidungsrecht. Als sichtbares Zeichen dieser Würde erhielt der neue Majoratsherr den »Quitzowring«.

Dieser Fingerreif war dem ersten Besitzer der Eldenburg im Jahre 1308 vom damaligen Markgrafen Waldemar verliehen worden. Er bestand aus geweihtem Silber und vererbte sich von Generation zu Generation.

Bald nach dem Tod des Vaters gerieten die Zwillinge in Streit. Der zur Verschwendung neigende Kurt Dietrich vernachlässigte mehr und mehr die ihm aufgetragenen Pflichten eines Burg- und Gutsherrn. Minne, Jagd und Saufgelage waren seine Welt. Schließlich hatte ja der Vater nicht ihm den »Quitzowring« an die Hand gesteckt.

Hans von Quitzow sah mit wachsender Sorge, wie der Bruder Geld und Gut vergeudete. Als alle Ermahnungen und Vorwürfe nicht fruchteten, warnte er: »Treib's nicht zu toll, Bruder! Könnt' sein, daß ich dich gehen heiße ein für allemal!« Da wurde Kurt Dietrich bewußt, daß er auf Gedeih und Verderb abhängig war. Der Majoratsherr konnte ihm das Erbe streitig machen und ihn als Bettler in die Fremde jagen. Das aber durfte keinesfalls geschehen. Nie und nimmer, schwor er sich. Und so gelobte der »tolle Quitzow«, wie man ihn ringsum nannte, Besserung, schränkte Amouren und Gelage ein. Der Bruder nahm den Sinneswandel für bare Münze. Er ahnte nicht, daß sich unter der Maske brüderlichen Einvernehmens brennender Neid und wütende Rachsucht verbargen.

Und Mordgedanken ...

Sommermorgen auf der Eldenburg. Die ungleichen Zwillinge sitzen beim Frühmahl. Hans hat soeben dem Burgvolk die Tagesarbeit zugewiesen. Die Knechte zum Holzschlagen in den Wald geschickt. Die Schaffnerin beauftragt, die Mägde am Eldefluß mit der Wäsche zu beschäftigen. Mit Körben und Äxten beladen zieht das Gesinde zum Burgtor hinaus. Die Burgherren sind allein.

Kurt Dietrich, der gelangweilt den Auszug verfolgte, sagt nun beiläufig: »Ist bald ein Jahr her, daß der Vater uns verließ. Hat sich schwer getan in seiner letzten Stund' wegen der ›Judenklemme‹. Warum er uns solch nützlich' Werkzeug nur immer verborgen gehalten.«

Unvermittelt, als käme ihm ein Gedanke, greift er nach der Hand des Bruders und spürt den Ring, der den anderen über ihn erhebt. Nicht mehr lange, denkt Kurt Dietrich. Und schlägt unbekümmert vor: »Wir sollten auf den Turm steigen und uns das Ding ansehen.«

Belustigt von solcher Neugier stimmt Hans gutmütig zu. »Aber nutzen werden wir sie nicht, die Klemme.« Seite an Seite schlendern sie über den Burghof zu dem vierkantigen Turm. Hans blinzelt gegen die Sonne in die schwindelnde Höhe. »Wer dort droben sitzt, find' drunten kein Gehör«, meint er nachdenklich.

»Da magst du recht haben«, murmelt Kurt Dietrich vor sich hin und öffnet die schwere Turmpforte. Ein böses Glitzern funkelt in seinen Augen.

Modergeruch begleitet den Aufstieg der Brüder. Staubige Luft erschwert das Atmen. Immer wieder von aufgescheuchten Fledermäusen umflattert, erreichen sie die Türmerstube. Die Gesichter verschmutzt, Spinnweben im Haar.

Kurt Dietrich entzündet die mitgeführte Laterne. Das flackernde Licht wirft unheimliche Schatten. Belebt das Folterinstrument an der Wand, als winde sich darin eine schemenhafte Gestalt. Die Söhne des »Judenklemmers« sehen es mit Grausen.

»Laß es genug sein«, sagt Hans bedrückt und tastet nach der Tür.

Doch Kurt Dietrich hat anderes im Sinn. »Ei was, Bruder! Eine kurze Rast tut uns gut.«

Damit öffnet er eine der hölzernen Fensterluken.

Helles Sonnenlicht flutet herein, begleitet von einem

Luftzug, der fingerdicken Staub aufwirbelt. Auch von dem in der Wand verankerten Foltersitz. Ohne Zögern läßt sich der »tolle Quitzow« darauf nieder. Ruft dem darüber verstimmten Hans lachend zu: »Bequem sitzt sich's nicht allhier. Der Vater hat wohl verstanden, die Juden zahlungslustig zu machen.« Er springt von dem Hufeisen-Stuhl. »Willst du's nicht auch einmal versuchen? Ist ein echter Hochsitz!« Eine übertriebene Verneigung mit einladender Handbewegung begleitet seine Worte.

Die Ausgelassenheit wirkt befreiend. »Warum nicht, mein Knappe«, lächelt Hans. Schwingt sich auf den eisernen Stuhl, legt selbst das Quereisen über die Knie und hakt das Schloß ein.

»So ist's recht, Bruder«, lobt Kurt Dietrich. »Doch das Spiel ist noch nicht am End'.«

Rasch preßt er die gespreizten Arme des Arglosen an der Rückwand fest. »Nun noch die Ketten um den Leib, und dann sitzt der Jud' in der Klemme«, grinst er. Unbemerkt von dem sich in seiner Lage nicht recht wohl fühlenden Bruder zieht Kurt Dietrich den Schlüssel aus dem Schloß der sperrenden Kniestange.

»Das ist der rechte Sitz für den Herrn der Eldenburg. Man sollt' ihn in den Rittersaal schaffen«, empfiehlt er hinterhältig.

Der Vorschlag geht Hans von Quitzow denn doch zu weit. »Genug des Spiels, Bruder. Löse die Ketten und das Schloß!«

»Gewiß, gewiß ... aber wo ist der Schlüssel? Er muß auf den Boden gefallen sein.« Übereifrig macht der andere sich an die Suche. »Nichts, aber hier ist ein Ritz in den Dielen. Sollt' ich ihn unachtsam mit dem Fuß beiseit' gestoßen haben? Dann liegt der Schlüssel wohl drunten im Turm. Ich will sogleich danach sehen.«

Das gequälte »Eil dich, Bruder« im Ohr, klettert der heimtückische Kurt Dietrich die Leiter hinab und hakt deren bewegliches Unterteil aus. Er späht durch den Spalt der geöffneten Turmpforte auf den Burghof. Niemand ist zu sehen. Zufrieden schleppt der Bösewicht die Leiter hinter den Turm. Versteckt sie unter Strauchwerk und Gebüsch.

»Nun kannst du in der Hölle schmoren, hoher Herr«, triumphiert er, als der Wind ihm leises Stöhnen zuträgt ...

Der in die tödliche Falle gelockte Hans von Quitzow rief vergeblich um Hilfe. Das dicke Mauerwerk seines Kerkers verschlang jeden Laut. Außerdem konnte der rachsüchtige Kurt Dietrich seiner Sache sicher sein: Sollte einer vom Gesinde wirklich Stöhnen und Klagen vernehmen, würde das höchstens den Spukgeschichten vom alten Rabbi neue Nahrung geben.

Am dritten Tage der Folter erlag der Majoratsherr der Eldenburg den Qualen. Sein Mörder entriß ihm den »Quitzowring« und verscharrte den Leichnam in der Nacht nahe dem Turm. Danach erst schickte er Berittene und Knechte aus, den vermißten Burgherrn zu suchen. Der Brudermörder wartete ihre Rückkehr ab, um nunmehr Botschaft an Kurfürst Joachim zu senden: Hans von Quitzow sei spurlos verschwunden. In seiner Lade habe man aber den »Quitzowring« gefunden. Just so, als sei der Majoratsherr der Bürde überdrüssig geworden und außer Landes gegangen. Seltsame Reden darüber habe er schon eine Weile geführt.

Der Kurfürst gab sich mit dieser Auskunft zufrieden. Er belehnte als Nachfolger des Verschollenen den Zweiterben mit der Eldenburg. Ein Priester des Domkapitels Havelberg übergab ihm in feierlicher Zeremonie das Herrschaftszeichen der Quitzows: »Um dich fester zu binden an das dir anvertraute Schloß, verlobe ich dich, Kurt Dietrich von Quitzow, im Auftrage des hochwürdigen Landesbischofs zu Havelberg mit der Eldenburg und stecke diesen Ring aus geweihtem Silber vom Tempel aus der heiligen Gottesstadt Jerusalem an deine Hand. Der Bischof hat es befohlen. Der Kurfürst hat es gnädig genehmigt. Nun laß Gott walten.«

Kurt Dietrich sah sich am Ziel seines bösen Trachtens. Das unstete Leben gab er auf, widmete sich seinem Besitz. Und da er sich schon früh die Hörner abgelaufen hatte, wurde er auch ein rechtschaffener Ehegatte. Doch bisweilen ging es ihm wie Kuno Hartwig, seinem Vater: »Immer zur Zeit der Tag- und Nachtgleiche war er eine Woche lang unstet und ruhelos und erhob sich von seinem Lager und ging auf den Turm zu. Da stand er eine Weile, richtete die geschlossenen Augen nach oben und kehrte dann erst nach dem Schlosse zurück. Tags darauf sah er verstört aus und mochte während der Zeit den Silberring nicht tragen.« (Fontane)

EINE WILDSAU ALS RÄCHER

An seinem sechzigsten Geburtstag lädt der Burgherr den Adel der Nachbarschaft zu einer Jagd ein. In dem weiten Waldrevier zwischen Sterbitz und Breetz wird reiche Beute gemacht, und Kurt Dietrich blickt voller Stolz auf den besonders erfolgreichen jungen Philipp, seinen einzigen Sohn. Ein Nachtrunk auf der Eldenburg soll den so glanzvollen Tag krönen.

Der Rückweg am Eldeufer führt durch sumpfiges, von hohem Schilf und Rohr umgebenes Dickicht. Plötzlich schlagen die Hunde an und rasen der Jagdgesellschaft voraus auf ein Röhricht zu. Sie kläffen und springen dort wie toll.

Philipp eilt, das Rudel zu bändigen. Doch was er erblickt, läßt ihn zurückschrecken: Von der Meute verbellt, lauert im dichten Schilf eine riesige Wildsau, aus klaffendem Rachen wütend schnaubend.

Atemlos läuft der junge Ritter den Jägern entgegen, um sie zu warnen. Sie lachen ihn aus, und der Vater meint gutgelaunt: »Hast gar mit den Hunden um die Wette gekläfft, Junker Hasenfuß?!« Da lachen sie noch mehr, und der Verspottete ruft zornig: »Werd's euch beweisen, ihr Herrn!« Damit zückt er sein Jagdmesser und rennt zu der Wegbiegung, wo er dem Untier begegnet war.

Das Tier liegt immer noch im Schutz von Schilf und Rohr auf der Lauer. Mit einem Fußtritt scheucht Philipp die Hundemeute auseinander. Er dringt mit zum Stoß erhobenem Jagdmesser auf das in die Enge getriebene Wildschwein ein. Da verliert er das Gleichgewicht, gleitet er auf dem rutschigen Boden aus und fällt im Bereich der gefährlich bleckenden Zähne der Wildsau zu Boden. Unwillkürlich schließt er die Augen in Erwartung tödlicher Bisse.

Ein gräßlicher Schrei reißt ihn hoch. Der Vater! Das Blut erstarrt ihm in den Adern: Kurt Dietrich ist dem zornigen Sohn gefolgt, um ihn zu besänftigen. Rechtzeitig noch kann er dem Gestürzten das Messer entwinden und sich dem wütenden Schwarzwild entgegenwerfen. Als erfahrener Weidmann will er dem angreifenden Tier die Faust in den Rachen stoßen. Dabei hält er das Jagdmesser so, daß beim Zuschnappen die scharfe Klinge den Schlund zerschneidet.

Doch das Messer gleitet ab und die Zähne des rasenden Tieres zermalmen ihm, dem Retter von Philipp, Arm und Hand. Zwar erlegen die herbeigeeilten Jagdgefährten die riesenhafte Wildsau, doch die Rechte des schwerverletzten Kurt Dietrich von Quitzow ist in einen unförmigen, blutüberströmten Stumpf verwandelt. Auch vom »Quitzowring« keine Spur mehr.

In der Eldenburg verbringt der Ritter unter qualvollen Schmerzen die Nacht. Am anderen Morgen läßt er aus dem nahen Lenzen einen Priester kommen. Philipp befiehlt er, seine Beichte mit anzuhören. Und so wie einst Kuno Hartwig der »Judenklemmer« auf dem Sterbebett seinen Söhnen die Ermordung des alten Rabbi gestand, erfährt nun Philipp vom Brudermord des Vaters.

In der folgenden Nacht fühlt der Alte sein Ende nahen und ruft erneut nach dem Sohn. Stöhnend entringt sich seiner Brust: »Ja, Philipp, die Wildsau, das war der Teufel. Ich hab' es deutlich an den Glutaugen und an dem heißen Atem gespürt. Und der Ring ist hin. Ist auch gut so. Denn der Name der ›Quitzows mit dem Silberringe‹ hatte keinen guten Klang mehr, seitdem ihn erst mein Vater und dann ich selber entwürdigt hatte. So entweiht hätte der Silberring unserem Geschlecht keinen Segen mehr gebracht.«

Die Stimme wird leiser, und Philipp beugt sich tief über das Lager, um das Flüstern des Sterbenden zu verstehen: »Und so will ich's denn mit einer frommen Stiftung versuchen, aber nicht von dem ›Judengeld‹. Nimm das, was ich sonst noch gespart und laß das Röhricht abschneiden an der Sumpfstelle, wo der Teufel mich zu Tode getroffen, und laß Stein und Sand aufschütten, und wenn du festen Baugrund hast, dann bau' ein Pfarrhaus darauf, das der Eldenburger Gemeinde bis zu dieser Stunde gefehlt hat und zum Unterhalt nimm Peter Rogges Hof und laß das alles bestehen zu bleibender Erinnerung an mein Verbrechen und meine Reue ...« Philipp von Quitzow erfüllte den letzten Wunsch seines Vaters. Er legte selbst den Grundstein der Pfarre. Errichtet auf einer Flußinsel zwischen Löcknitz und Elde, erhielt sie den Namen »Pfarre zu Seedorf«.

Unter dem Landvolk der Prignitz ging alsbald ein neues Schauermärchen um: Die verstorbenen Quitzows würden alljährlich in der Johannisnacht Schlag zwölf Uhr in jener Kirche eine Familienandacht abhalten. Theodor Fontane vernahm über das Gespenstertreffen:

»Kuno Hartwig III. aus der Eldenburger Linie, Sohn oder Enkel Philipps, gestorben als Komtur des Johanniterordens ... als Patron und Ordensherr, waltet seines Amtes und empfängt alle die, die herzukommen, in die von hellem Schein erfüllte Kirche. Der (Brudermörder) mit der Stumpfhand ist auch dabei, aber muß sich von den übrigen getrennt halten und seitab und unterhalb des Turmes bei der Totenbahre stehen, als einer, der der Kirchenbuße verfallen. Um ein Uhr dann erlischt der helle Schein wieder und mit ihm sind alle verschwunden.« Der angebliche Fluch des alten Rabbi mag auch das Mördernest getroffen haben: Nach dem Tod Kurt Dietrichs von den Quitzows gemieden, verfiel die Eldenburg. Sie wurde 1588 geschleift. Nur der mordumwitterte Turm blieb stehen.

Philipp von Quitzows Nachkommen ließen am selben Platz aus den Trümmern der Burg ein Schloß bauen. Laut Fontane bildete es »mit seinen tief in das Dach sich einsenkenden Giebeln und den fünf Spitzen seines Turms einen Schmuck der Gegend«. Nach dem Zeugnis eines zeitgenössischen Chronisten besaß es »so viel Fenster wie Tage im Jahr«. Doch am Gründonnerstag 1881 fiel die ganze Pracht einem verheerenden Feuer zum Opfer. Der Mörderturm mit dem »Quitzow-Stuhl« entging dabei wiederum der Vernichtung. Einem Menetekel gleichend.

In seiner Nähe entstand danach ein schlichter Schloßbau. Dieser wurde 1945 ausgeplündert, verwüstet und schließlich zur Gewinnung von Baumaterial abgerissen. Die grausige Geschichte der Eldenburg endete buchstäblich mit einem Donnerschlag: Der Turm mit der Folterhölle wurde gesprengt.

Reisetip:
Eldenburg und Lenzen liegen etwa 30 Kilometer westlich von Perleberg an der Straße nach Dömitz.
Lenzen bietet außerdem mit 8500 Zinnfiguren auf 22 Quadratmetern Fläche das größte Diorama Norddeutschlands, eine Nachbildung der Schlacht bei Lenzen Anno 929 zwischen den Heeren Heinrichs I. und den ansässigen Slawen. Vom 24 Meter hohen Burgturm (96 Stufen) eröffnet sich der für Deutschland einmalige Rundblick auf vier Bundesländer. Quitzow-Fans sollten einen Besuch des Burgmuseums Lenzen nicht versäumen. (Öffnungszeiten: Mi bis So von 9-12 und 13-17 Uhr, Tel. 038792/7291)

Speisetip:
Lenzen: Hotel »Stadt Hamburg«, Jahnstr. 1, Tel. 038792/1214; Spezialität: gutbürgerliche Küche.

Richter Lynch in Ruppin

Neuruppin ist um ein Vielfaches älter als der Name verheißt. Schlicht und einfach Ruppin nannte der Edle Gebhard von Arnstein zu Lindow und Ruppin den Ort, den er 1194 an den Ufern des dreizehn Kilometer langen, vom Rhin durchflossenen Ruppiner Sees gründete. So blieb es fast sechshundert Jahre. Bis am 26. August 1787 eine verheerende Feuersbrunst die Arnsteinsche Gründung nahezu völlig einäscherte: 401 von den 714 Wohnhäusern, 38 Scheunen, 250 Ställe, ferner das Rathaus und drei Kirchen. »Nach dem großen Feuer wurde die Stadt im Residenzstil wieder aufgebaut«, erzählte deren berühmtester Sohn, Theodor Fontane.

Die Metamorphose fand auch im Namen Ausdruck: Neuruppin. Das historische Ruppin überlebte in Gestalt der Dominikaner-Klosterkirche (12. Jahrhundert) und zweier Kapellen aus dem späten Mittelalter. Zeugnisse einer Epoche, da die hitzköpfigen Ruppiner Landesherrn und Papst gegen sich aufbringen sollten ...

Ausgangsort der Streitigkeiten ist eine Ruppiner Schenke, in der eines schönen Tages im Jahre 1471 Bürger und Adlige um die Wette zechen. Kein ungewöhnliches Ereignis, denn Ruppin erfreut sich gerade – wie man dort sagt – »stillerer Zeiten«. Das bedeutet, die schlimmsten Raubritter in der Nachbarschaft sind mit internen Fehden beschäftigt, die sie von der üblichen Wegelagerei auf den Zufahrtswegen abhalten.

Doch es ist oft nur ein Scheinfrieden, der am Schanktisch herrscht. Die bier- und weinselige Stimmung schlägt leicht um, wenn der eine oder andere Zecher an geplünderte Frachten oder eine erlittene Schlappe erinnert. Oft genügt ein unbedachtes Wort, eine verächtliche Gebärde. Wie an jenem denkwürdigen Tag, da bekannt wird, daß Kurfürst Friedrich II., genannt der Eiserne, gestorben ist ...

»Übel hat er uns mitgespielt, der Eisenzahn. Gott sei seiner Seele gnädig«, meint einer der Handwerksmeister. »Die verbrieften Rechte, das Stadtregiment, nahm er uns. Zu Berlin tat er's gar mit Gewalt. Wollt' selbst bestimmen, was recht ist in den Städten. Gäb Gott, der neue Herr hält's anders.«

»Der Eisenzahn hat gut daran getan, Gevatter«, fällt ihm ein Schnauzbärtiger im Rittergewand ins Wort. »Ihr Meister wollt hoch hinaus. Habt den Kopf im Nacken und kleidet Euch wie Leut' von Stand. Und bleibt am End' doch nur Kesselflicker und Zwirndreher.« Er nimmt einen kräftigen Schluck aus der Bierkanne, rülpst und höhnt: »Recht war's, Euch zu ducken. Auf Albrecht braucht Ihr nicht zu hoffen, der bestellt seine Sach' im Reich. Brandenburg gilt ihm nicht mehr als mein leerer Krug!«

»Was schwatzt Ihr da«, mischt sich sein Banknachbar ein. Den jungen Ratsschreiber Lambert ärgert so viel Rechthaberei. »Seit Jahresfrist schon regiert Albrecht für den kranken Eisenzahn. Mit milderer Hand, und wir halten es mit ihm.«

»Das tut nur, ihr Stadtherren. Aber bedenkt auch, die starke Hand im Lande sind wir, und euer Albrecht ist weit. Was Eisenzahn begonnen hat, wir werden's beenden und euren Krämertrotz zerbrechen, Bürschlein!«

Lambert springt auf. »Nehmt das Maul nicht so voll, Junker Kunz! Ihr könntet dran ersticken!«

»Potz Donner! Der Kerl will mir an die Ehr'!« brüllt der betrunkene Ritter und packt den jungen Mann bei der Schulter. »Ich will dich lehren, was das heißt!« Ein Dolch blitzt in seiner Hand auf. Und ehe jemand dem Wüterich in den Arm fallen kann, sticht er zu. Blutüberströmt stürzt Lambert zu Boden.

Der Lärm in der Schenke bricht ab. Fassungslos starren die eben noch fröhlich Zechenden auf den Ritter, der mit glasigen Augen auf die blutverschmierte Klinge stiert, die er noch immer umklammert. Seine Gefährten begreifen schneller. »Auf's Pferd, Kunz! Sie sind uns über!«

Da ermannen sich die Freunde des Niedergestochenen. »Nicht so eilig, Junker! Ihr bleibt!« Sie dringen auf ihn ein. Entwinden dem sich Wehrenden den Dolch. Andere wenden sich an seine Kumpane. »Auch ihr bleibt. Müßt Zeugnis ablegen, was geschah.« Doch ehe sie festgehalten werden können, sind die adligen Zechbrüder zur Tür hinaus, werfen sich auf die Pferde und jagen aus der Stadt. Dem Torwächter drohend: »Wir kommen zurück, ihr Stadthunde!«

In der Schenke ist inzwischen der Ritter überwältigt und gefesselt worden. Betroffen blicken alle auf den Wirt, der sich in dem Tumult um den reglos am Boden Liegenden bemüht. Jetzt richtet er sich auf. »Lambert ist tot«, sagt er tonlos. »Holt die Stadtknechte! Der Stecher muß vor den Rat!«

Die Nachricht von der Bluttat verbreitet sich in Windeseile in den Gassen. Ein Ritter hat's getan, geht es von Mund zu Mund. Gewiß einer aus der Sippe der Tacke de Wontz, Reinecke von Gartz, Wedego von Walsleben oder Hans von Lüddecke! Allesamt gefährliche Raubritter, die schon so manches Mal den Stadtfrieden brachen.

Drohende Fäuste recken sich gegen den hochmütig Dreinblickenden, den die Stadtknechte zum Rathaus führen. »Lambert läßt ein junges Weib und zwei unmündige Buben zurück! Stecht ihn ab, den Mörder«, schreit es aus dem Spalier aufgeregter Bürger. Die Stadtknechte haben Mühe, ihn davor zu bewahren. Der eilig zusammengerufene Rat hält kurzes Gericht. Der vor mehr als einem Dutzend Augenzeugen verübte heimtückische Mord ist klar erwiesen. Dafür gibt es nur eine Strafe: Tod durch das Schwert.

Der Ritter erbleicht, ruft trotzig aus: »Das wagt ihr nicht! Ich steh' nicht unter eurem Recht. Meine Sach' muß vor den Kurfürst.«

Der Bürgermeister sieht ihm ernst ins wutverzerrte Gesicht. »Wer den Stadtfrieden mit Blut bricht, er sei Bürgersmann oder von Adel, wird dem Henker übergeben. Das ist altes Recht zu Ruppin. Und so wird es auch geschehen.«

»Der Spruch soll euch noch bitter gereuen«, stößt der Todgeweihte hervor. »Den roten Hahn wird man euch aufs Dach setzen! Kein Stein wird in Ruppin auf dem anderen bleiben ...«

DER KOPFLOSE RITTER KUNZ

Das Urteil macht den »stilleren Zeiten« in der Grafschaft Ruppin ein jähes Ende. Freunde und Nachbarn des Todeskandidaten fallen immer wieder über die Planwagen der Kaufleute und Reisenden her, die durch ihr Gebiet von und nach Ruppin ziehen. Mehr können sie nicht tun. Tacke de Wontz der Jüngere wütete zwar bei einer Zusammenkunft: »Laßt uns Ruppin berennen und Freund Kunz befreien!« Doch die Besonneren rieten ab: »Wir holen uns nur blutige Köpfe, Ritter Tacke. Sie sind uns über, die Ruppiner ...«

Diese bittere Erfahrung hatte schließlich schon manch einer der fehdelustigen Burgherrn gemacht: »Alle Städte der Grafschaft, Ruppin, Gransee, Wusterhausen, Rheinsberg, waren außerordentlich fest. Was Ruppin angeht, so zogen sich dreifache Wälle ... um die hohe Mauer herum, die von 25 Wachthäusern besetzt war. An Gewappneten war kein Mangel. Die Stadt hatte acht Hauptleute und neben einer Art Miliz auch noch eine Anzahl berittener Knechte, die mit Handbüchsen, Panzern, Kasketts (Helmen) und Seitengewehren bewaffnet waren. Die Bürger waren durchgängig zum Kriegsdienst verpflichtet und mit Armbrüsten, Spießen und Lanzen bewaffnet ... Die Kriegsgerätschaften wurden ohne Ausnahme in Ruppin verfertigt. Die Stadt hatte ihren Schwertfeger oder ›Armbostyrer‹ (auch Harnswischer oder Harnsputzer genannt), ihren ›Pulvermeker‹, der das Büssen-Krut und Büssen-Lodt (Pulver und Blei) herzustellen hatte, endlich ihren Büchsenmeister, der die ›groten und kleinen Büssen‹ (Kanonen und Gewehre) gießen und instand halten mußte. Zu jedem der 25 Wachthäuser gehörte eine ›Büsse‹ oder auch zwei. Die Stadt konnte, nach einer mäßigen Berechnung, 500 Gewappnete ins Feld stellen.« (Fontane)

Da also ein offener Angriff auf die »wohlverwahrte Stadt« aussichtslos erscheint, kommt einem der auf Vergeltung Sinnenden der Gedanke: »Am Richttag halten sie die Tore weit auf, daß viel Volk Zulauf hat. Richtstätt' und Henker soll die Leut' schrecken ...«

»Hoho, dann kommen wir über das Krämergesindel«, nimmt der jüngere Tacke de Wontz den Faden auf. »Reiten nieder, was stört, und eh sie's sich versehen, die klugen Herren vom Rat, sind wir mit Freund Kunz auf und davon!« Der Plan ist angenommen.

In Siegesstimmung reitet die wilde Schar am Tag der Urteilsvollstreckung nach Ruppin. Und findet die äußeren Stadttore verschlossen. Dem Rat war zugetragen worden, was die Kumpane des zum Tode Verurteilten im Schilde führten.

So bietet sich Tacke de Wontz und seinen Gesellen das

Bild einer wehrhaften, gegen jede Überrumplung gesicherten Stadt: Auf den Wällen Stadtknechte und Bürgermiliz, Armbrüste und Gewehre im Anschlag. Aus den Wachthäusern zielen »grote Büssen« auf die unerwünschten Ankömmlinge.

Nun werden die in machtloser Wut ausharrenden Edelleute Ohrenzeugen der Hinrichtung eines der ihrigen. Der Rat hat die Vollstreckung auf dem Platz zwischen dem Außen- und Innentor angeordnet. »Nahe bei dem ersteren, damit die Ritter es hören könnten«, hieß es. Die vernehmen nun die Weisung des Gerichts: »Henker, waltet Eures Amtes«, und den darauf folgenden dumpfen Schlag des Richtschwertes. Ein Aufstöhnen geht durch die Schar. Flüche, aber auch Gebete werden laut.

Nach einer Weile öffnet sich knarrend das Außentor. Gibt den Blick frei auf den Richtblock, den kapuzenverhüllten Henker und den kopflosen Leichnam am Boden. Da wollen sie vorpreschen. Rache nehmen. Doch ein Wall stichbereiter Lanzen und Spieße und das singende Geräusch gespannter Armbrustsehnen halten sie zurück.

Umgeben von den Ratmannen tritt der Bürgermeister unter das Tor. »Nehmt diesen mit euch, ihr Herren. In Ruppin ist für fluchwürdige Mörder keine geweihte Erde.«

Unter den wachsamen Blicken der Bewaffneten heben Reisige, also Berittene, den Rumpf des Gerichteten auf und betten ihn zusammen mit dem abgeschlagenen Haupt auf den bereitstehenden Schinderkarren. Tacke de Wontz breitet seinen Mantel über die traurige Fuhre, die aus dem Ruppiner Tor holpert.

Der Ritter verharrt, bis der letzte Reiter an ihm vorbei ist. Nun reckt er sich im Sattel. Streift den gepanzerten Handschuh von der Rechten und schleudert ihn dem Bürgermeister vor die Füße. »Nehmet unsern Dank, ihr

Bürger von Ruppin. Und hütet euch wohl«, ruft er mit schneidender Stimme und sprengt dem Leichenzug nach.

Der Fehdeerklärung folgen Monate eines ständigen Kleinkriegs zwischen Ruppin und seinen feindlichen Nachbarn. Fast täglich wird vom Luginsland, dem vorgeschobenen Wachtturm auf den Kahlenbergen nördlich der Stadt, Alarm geschlagen. Dann greifen die Ruppiner zu den Waffen, um Streifscharen zu vertreiben, welche die Felder verwüsten oder Viehweiden berauben wollen.

Ihren »Dank« statten die Rachedurstigen auch in anderer Form ab: Unverhofft treffen Abgesandte des Kurfürsten Albrecht III. Achilles (1470-1486) in Ruppin ein. Die Edelleute der Grafschaft Ruppin, läßt der Landesherr kundtun, hätten Klage gegen die Stadt geführt, die wissentlich Unrecht gesprochen habe.

Wohl sei der Rat Gerichtsherr in Sachen seiner Bürger, der Casus eines Edelmanns aber gehöre unwiderlegbar vor den Richterstuhl des Kurfürsten. Ergo werde der Stadt Ruppin wegen der Widergesetzlichkeit Strafe auferlegt: Hinfort müsse sie für jedermann sichtbar in ihrem Wappen anstelle des »freien märkischen Adlers einen verkappten, mit einem eisernen Helm über den Kopf« führen. Als Ausdruck der Buße aber sei die Stelle zwischen den Toren, »wo die Stadt über ihr Recht hinaus, einen ihrem Gericht nicht unterstellten Adligen vom Leben zum Tode gebracht hatte« (Fontane), mit einem eisernen Sühnekreuz zu kennzeichnen.

Für Albrecht Achilles ist damit der Fall abgetan. Der Kurfürst, zugleich Markgraf von Ansbach, nimmt von derlei Querelen seiner brandenburgischen Untertanen nur ungern Notiz. Er muß sich im süddeutschen Stammland der Hohenzollern behaupten. Nach einem mehrere Jahre dauernden Regionalkrieg mit den fränkischen Städten ist er auch in Machtkämpfe mit benachbarten Fürsten verwickelt. Ein Ende scheint nicht abzusehen.

Das ganze Heilige Römische Reich Deutscher Nation, in dem die Mark Brandenburg nur als abgelegene »Streusandbüchse« gilt, ist dazumal eine »Stätte allgemeiner Anarchie, in der weder Ordnung noch Recht herrschen, sondern Willkür und Terror, Gewalt und Mord«, beschreibt der Historiker Helmut Diwald die Zustände gegen Ende des 15. Jahrhunderts. »Die Kriege innerhalb des Reiches rissen nicht ab.«

Enea Silvio Piccolomini, Ratgeber und Freund des Kaisers, bezichtigt damals die deutschen Fürsten: »Man gibt weder dem Papst, was des Papstes ist, noch dem Kaiser, was des Kaisers ist. Nirgends ist Ehrfurcht, nirgends Gehorsam.«

Aber von diesem Kaiser, dem Habsburger Friedrich III. (1415-1493), heißt es auch, er sei »ein tatenscheuer Herrscher, der auch dort den Kampf vermeidet, wo er überlegene Kräfte besäße, der sich am wohlsten fühlt bei seinen Sammlungen oder in seinen Gärten von Wiener Neustadt, der ungerne seine Hofburg verläßt und von den politischen Geschäften nur die diplomatische Unterhaltung schätzt« (Historiker Dr. Richard Suchenwirth).

»RASCHE JUSTIZ« AM DIEBISCHEN PFAFFEN

Die glimpfliche Bestrafung durch den fern von Brandenburg weilenden Landesherrn nahmen die Ruppiner gelassen hin. »Adler bleibt Adler, ob mit oder ohne Helm«, spotteten sie und fühlten sich hinter ihren festen Mauern sicherer denn je vor Fürstenmacht und Raubadel. Das Sühnekreuz sollte eher die feindlichen Nachbarn davor warnen, sich mit Ruppin anzulegen.

Doch dann trat ein Ereignis ein, das ihre Selbstzufriedenheit erschüttern sollte. In Ruppin und Umgebung häuften sich plötzlich rätselhafte Diebstähle und Einbrüche, die nicht die Handschrift von Raubrittern aufwiesen. Wohnhäuser und Lagerstätten, aber auch Kirchen und Kapellen wurden heimgesucht. Ein offenbar wahlloses Rauben war im Gange. Bei Kaufleuten die Geldtruhen, bei Tuchmachern Ballen kostbarer Stoffe, aus den Gotteshäusern goldenes und silbernes Altargerät.

Unsicherheit und Argwohn geisterten durch die Stadt. Nachbarn verdächtigten sich gegenseitig. Der Rat ging jeder glaubhaft klingenden Anschuldigung nach. Viele bisher unbescholtene Bürger kamen so in den Turm, bis die Untersuchung ihre Schuldlosigkeit ergab. Darüber zerbrach manche Freundschaft. Immer öfter mußten die Stadtknechte in den Schenken Prügeleien zwischen neuerdings Verfeindeten schlichten.

Da die Diebereien nicht aufhörten, das allgemeine Murren immer stärker wurde, entschloß sich der Rat zu einer Radikalkur: Schlagartige Durchsuchung aller Häuser in Ruppin. Trotz des Protestes der fünfzig ansässigen Geistlichen wurden ihre Quartiere davon nicht ausgenommen.

So mußte auch der Diakonus Jakob Schildicke den Beauftragten des Rates seine Tür öffnen. Die übertriebene Freundlichkeit, mit der er die peinliche Prozedur begleitete, ließ die Diebessucher stutzig werden. Es fiel ihnen auf, daß Schildicke sie nur einen flüchtigen Blick in seine Studierstube hatte werfen lassen. Die wurde nun gründlich in Augenschein genommen – und mit Erfolg: In einem geschickt hinter der Wand verborgenen Raum fand sich – säuberlich geordnet und aufgeschichtet – das Raubgut.

Schildicke spielte den Ahnungslosen. Das Versteck sei ihm unbekannt. Er könne sich auch nicht denken, wie das Diebesgut in sein Haus kommen konnte. Alles Drehen und Wenden half ihm nichts. Die Stadtknechte ergriffen den überführten Spitzbuben und führten ihn, wie er ging und stand, in seinem geistlichen Ornat zum Gefängnis.

Unterwegs hagelte es Pfiffe und Verwünschungen der inzwischen zusammengelaufenen Bürger. »Stellt ihn an den Pranger«, gellten Rufe. Auch: »Der Pfaff' soll hängen!« Die Stadtknechte mußten den Angstschlotternden vor der Volkswut schützen. Der Tumult vor dem Gefängnisturm dauerte an, bis das Horn des Nachtwächters Ruhe gebot.

Andertntags legte der Langfinger im Priesterrock vor den Ratmannen ein volles Geständnis ab. Er verwies auf Würde und Ansehen seines Standes und gab sich zerknirscht. Er habe nicht aus gemeiner Gier gehandelt, stand vielmehr unter einem krankhaften Zwang, dessen er sich von Kindesbeinen an nicht erwehren konnte. Und bat um Milde.

»Mit eurem Geständnis hierorts ist es nicht getan«, sagte der aus dem Kreis der Ratmannen gewählte Richter. »Ihr habt Unfrieden über die Stadt gebracht und euer geistlich' Amt mit einer gemeinen Tat befleckt. Über solch seltenen Frevel muß unter Gottes freiem Himmel ein ordentlich Gericht gehalten werden.«

Um die Mittagsstunde rief Glockengeläut von allen Türmen die Bürger vor die Stadttore zur Gerichtsstätte. Dorthin, wo schon mancher Missetäter sein Vergehen am Galgen oder auf dem Rad mit dem Leben bezahlte. Wut und Empörung der in Scharen herbeiströmenden Ruppiner kannten kaum noch Grenzen.

Als daher der Richter kundtat, daß nun Gericht »nach Recht und Gesetz« gehalten werden sollte, wurde er niedergeschrien. »Kein Larifari mit dem Schandbuben! An den Galgen! Hängt den diebischen Pfaff' allsogleich!«

tönte es ihm vielstimmig entgegen. Vergebens kreuzten die Stadtknechte Lanzen und Hellebarden, stemmten sich gegen die Herandrängenden. Sie wurden beiseite gestoßen und der jämmerlich um Erbarmen flehende Diakonus von vielen Fäusten gepackt ...

Was nun geschah, nannte man damals (und noch lange danach) »rasche Justiz«. Die Neuzeit spricht von Lynchjustiz. Es kommt auf dasselbe heraus: John Lynch, mehr Henker als Richter im nordamerikanischen Staat Carolina um das Jahr 1700, verfolgte und mordete flüchtige Sklaven mit beispielloser Grausamkeit. In diesem Sinne wird Lynchjustiz verübt, wenn eine aufgehetzte Menge einen Delinquenten brutal mißhandelt oder tötet. Genau das aber geschah zu Ruppin. Innerhalb von nur einer Stunde ...

Umsonst versuchten Richter und Ratmannen sich Gehör zu verschaffen und das aufgewiegelte Stadtvolk zu beruhigen. Jakob Schildicke wurde unter Schlägen und Püffen zum Galgen geschleppt. »Werft das Los, wer ihn hängen darf«, schrie es ringsum im Chor. Die Wahl fiel auf den Schmied Koppe Königsberg und den Gerber Heinrich Keller.

Der Aufruhr legte sich, als der Gerber dem unablässig um Gnade winselnden Todeskandidaten die Schlinge über den Kopf warf. »Gleich wirst du mit Seilers Tochter Hochzeit feiern, Pfaff'«, höhnte der Schmied. Ein kräftiger Ruck an dem Strang, und Jakob Schildicke baumelte leblos am Galgen.

Erst jetzt wurde einem Priester Platz gemacht, der vergeblich versucht hatte, dem unseligen Amtsbruder geistlichen Beistand zu leisten. Unter dem Galgenbaum ein Gebet murmelnd, blieb er allein zurück, während sich die von der »raschen Justiz« besänftigte Volksmenge verzog und in die Stadt zurückkehrte.

Die Ratmannen folgten in angemessener Entfernung.

Bedrückt sprach der Richter aus, was ihnen allen durch den Kopf ging: »Die Sach' ist bös' vertan, und Ruppin wird wohl schwer daran zu tragen haben.«

DER FLUCH DES PONTIFEX MAXIMUS

Zu Ruppin haben sie einen Priester gemordet! Dieses Gerücht pflanzte sich unter der Geistlichkeit bis in das entfernteste Kirchdorf der Mark Brandenburg fort. Das »fluchwürdige Verbrechen« verlange härteste Strafe, forderte der Klerus. Dessen Wortführer, die Bischöfe von Brandenburg und Havelberg, brachten den »Priestermord« unverzüglich vor den Papst. Und Sixtus IV., Pontifex Maximus der römisch-katholischen Kirche, zögerte nicht: Über die Stadt Ruppin und ihre Bürger wurde der Kirchenbann verhängt. Das Fluchwort des Papstes ertönte von allen Kanzeln. Exkommunikation – die Ausschließung aus der Kirchengemeinschaft – drohe auch allen, die »den Fuß in den abscheulichen, verdammenswerten Ort setzen, wo das Blut eines Dieners Gottes durch Mörderhand vergossen ward«. Das »Apage Satanas« (»Hebe dich hinweg, Satan«) der Priester mag den Gläubigen wie der Donner des Jüngsten Gerichtes geklungen haben, denn sie beugten sich.

Der Bannstrahl aus Rom bestätigte die düsteren Vorahnungen der Ratmannen: Ruppin wurde eine verfemte Stadt. Das Leben verödete. Bedrückt gingen die Bürger ihrem Tagwerk nach. Scheue Blicke streiften die verriegelten Pforten der Kirchen, deren Glocken stumm blieben. Es gab keine Beichte und Absolution, weder Taufe noch letzte Ölung oder ein anderes kirchliches Sakrament. Kein Priester begleitete einen verstorbenen Ruppiner auf seinem letzten Weg.

Bald lagen auch Handel und Wandel darnieder. Das

Markttreiben versandete, in den Herbergen gähnende Leere. Kaufleute und Reisende mieden die vom Papst verfluchte Stadt, als ginge in Ruppin der Schwarze Tod, die Pest, um.

Die Bürger machte der Bann zu Gefangenen in ihrer Stadt. Ohne Ansehen von Alter und Geschlecht waren sie für vogelfrei erklärt. Ein Ruppiner, der außerhalb der Stadtgrenzen angetroffen wurde, war des Todes, wenn er den überall lauernden Gefolgsleuten der feindseligen Ritterschaft in die Hände fiel.

Der Unmut der Ruppiner, die sich durch ihre »rasche Justiz« selber entrechtet und an den Bettelstab gebracht hatten, richtete sich am Ende gegen die Obrigkeit. Ein neuer Rat wurde eingesetzt. Mit dem Auftrag der Bürgerschaft, »in aller gebotenen Demut Vergebung« und damit Aufhebung des Kirchenbanns zu erwirken. Die Stadtväter unternahmen Bittgänge zu den Bischöfen von Brandenburg und Havelberg. Die aber forderten Demütigung anstelle von Demut. Zogen die Verhandlungen in die Länge und erzwangen damit Pfründe und andere Vorteile für den Klerus.

Sechs Jahre lastete der päpstliche Fluch auf Ruppin. Erst kurz vor seinem Tod erteilte Sixtus IV. der »zu Buß' und Reu' willfährigen Gemeinde« die Absolution. Unter dem Geläut aller Glocken, mit einem feierlichen Tedeum in der Pfarrkirche St. Marien wurde die Freisprechungsbulle verkündet, laut welcher Ruppin wieder »in den Schoß der Kirche Christi« zurückkehren durfte.

Die rachesüchtigen Nachbarn der Stadt nahmen freilich noch lange keine Notiz von dem »Fetzen Pergament aus Rom« (wie der Ritter de Wontz die Bulle verächtlich abtat). Nach wie vor überfielen sie nach Lust und Laune die Kaufmannszüge »im Dienste der Kirche«. Bis neue Zwietracht des Raubadels den Ruppinern wieder einmal »stillere Zeiten« bescherte ...

Reisetip:
Neuruppin, am Südrand der Ruppiner Schweiz, liegt sechs Kilometer von der A 24 (Ausfahrt Neuruppin) an der B 167. Im Zentrum das bronzene Fontane-Sitzbild (1907), ein Wahrzeichen der Stadt, und das Standbild Schinkels von 1883 (mit dem Plan des Berliner Schauspielhauses in der Rechten). Schmuckstück des barocken Tempelgartens (1736) ist der von Knobelsdorff für Kronprinz Friedrich geschaffene Apollo-Tempel.
Das Heimatmuseum gehört zu den sehenswertesten der Mark. Es gibt dort ständige Gedenkausstellungen für die beiden bedeutendsten Söhne der Stadt: Theodor Fontane, »Dichter der Mark Brandenburg«, und Baumeister-Genie Karl-Friedrich Schinkel. Eine weitere Besonderheit: »6000 Neuruppiner Bilderbogen« von Gustav Kühn aus dem 19. Jahrhundert; die erste »Illustrierte Zeitung« der Welt. (Museum: August-Bebel-Straße 14/15, Öffnungszeiten: Di bis Fr von 10 bis 17 Uhr, Sa/So von 10 bis 16 Uhr.)
In der Umgebung sehenswert: Waldmuseum Stendenitz am Westufer des Zermützelsees mit der Flora und Fauna der Ruppiner Schweiz. Denkmal der Schlacht bei Fehrbellin/Hakenberg (28.6.1675) 3 Kilometer von der Abfahrt »Fehrbellin« der A 24. Besichtigung täglich.
Von Neuruppin führt ein Promenadenweg am See entlang nach St. Hubertus und nach Alt-Ruppin am Einfluß des Rhins in den Ruppiner See. – Die Dorfkirche, ein frühgotischer Ziegelbau, hat die Zeitenstürme überdauert.

Speisetip:
Neuruppin: »Ruppiner Speisegaststätte«, August-Bebel-Str. 36/37, Tel. 03391/2944;
Spezialität: 78 Gerichte der deutschen Küche frisch gekocht.

Verschwörung in Sonnewalde

Georg von Blumenthal, Bischof von Lebus und Ratzeburg, ist mit seinen 38 Jahren ein ungestümer Herr. Der »stolze Bischof« nennt man den Ungeliebten im Lebuser Land. Streitbar und streng als Kirchenmann wie als Lehnsherr, duldet er keinen Widerspruch, geschweige denn Kritik. Beides aber spricht aus dem Pergament, das ein Bote soeben in der bischöflichen Residenz zu Fürstenwalde abgeliefert hat.

Absender ist der Edle Heinrich Tunkel von Bernitzko, Landvogt der Niederlausitz. Höflich in Wortwahl und Ton mahnt der Statthalter des Kurfürsten Joachim I. (1499-1535) den Bischof, »sich seines Vasallen, des v. Queiß, mit größerem Nachdruck annehmen zu wollen«.

Verächtlich wirft Georg von Blumenthal das Blatt auf den Tisch. Zorn verhärtet das fleischige Antlitz. Immer wieder der Queiß, fährt es ihm durch den Sinn. Ein Widerspenstling, aufbegehrend wie alle diese hoffärtigen Adelsherren im Lebuser und Lausitzer Land. Diese lutherischen Füchslein, die den Weinberg des Herrn unterwühlen und auch das niedere Volk zum Abfall vom wahren Christenglauben verführen. Sie hassen ihren geistlichen Oberhirten, führen ketzerische Schmähreden, die man ihm hinterbrachte: Behüt' uns Gott vor dem Papst und dem Bischof von Lebus! Es ist ein Teufel wie der andere!

Die leicht gekrümmte Gestalt in der Bischofssoutane reckt sich und ballt die Fäuste. Aber sie hängen dennoch an seiner Kette, diese Queiß, Minckwitz, Schlieben, Lossow und Röbel.

In den Truhen des Domkapitels liegen wohlverwahrt

die Schuldscheine und Verschreibungen der ständig von Geldnöten geplagten Schloß- und Gutsherren. Und Georg von Blumenthal ist ein unerbittlicher Gläubiger, der keine Schuld vergißt. Das soll der Queiß bald zu spüren bekommen. »Mich beim Landvogt anzuschwärzen, dafür werde ich ihn zu züchtigen wissen«, grollt Georg von Blumenthal. Und greift zu Feder und Pergament, um dem Edlen Tunkel von Bernitzko in schicklicher Weise zu antworten. Nämlich unverbindlich und ausweichend.

Die in das Jahr 1527 zurückreichenden Anfänge des Zerwürfnisses zwischen dem Lehnsherrn und seinem aufmüpfigen Untertan schilderte 1877 der Historienschreiber Oskar Schmebel aus Küstrin: »Eins der bischöflichen Vasallengüter im Amt Storkow war Plössin (= Blossin), – ein stilles, ruhiges Dorf weit ab von der Heerstraße, mitten zwischen Wald und (Wolziger) See. Ein Mann aus dem niederen lebuser Adel, Heinrich Queiß, saß darauf, ein 80jähriger Greis, aber noch wohl zu Pferd, daß er einen Ritt zu Hofe oder zur Jagd nicht zu scheuen brauchte. Aus unbekannten Gründen geriet der Gutsherr mit seinem Schäfer in Streit, – dieser vergriff sich thätlich an der Familie seines Erb- und Gerichtsherrn, und da er nun blutige Rache zu fürchten hatte, flüchtete der Übelthäter, predigte den Bauern in Friedersdorf und Dolgenbrodt den Aufruhr, machte mit bewaffneter Hand einen Einfall in Plössin und trieb seines Herrn Schafe fort. Der kleine ländliche Krieg spann sich nun in die Länge. – Heinrich Queiß hatte sich mehrfach an den storkower Amtshauptmann, Heinrich Luckow, gewandt, der Bischof selbst hatte diesem den Befehl gegeben, den Friedensbrecher unschädlich zu machen, – aber der Hauptmann ließ die Weisung unbefolgt.

Da brach in kurzer Zeit wiederholt auf den plössiner Gehöften Feuer aus; der Gutsherr mußte jetzt das Äußerste befürchten und da er bei dem Bischof keine

Hilfe sah, wendete er sich, um Schutz bittend, an den Landvogt der Niederlausitz ...«

Schutz wurde dem alten Queiß auch von der weltlichen Obrigkeit zugesichert. Doch der in seiner Eitelkeit tief getroffene Kirchenfürst tat das Gegenteil: »Während er früher den storkower Hauptmann zur Eile angetrieben hatte, suchte er jetzt aufs Eifrigste nach Vorwänden, die Sache hinzuziehen. Es scheint, daß der aufrührerische Schäfer sich offen unter den Schutz des Domkapitels zu Fürstenwalde stellen durfte, – eine Auslieferung an Heinrich Queiß erfolgte nicht, und als nun wiederum in der Nacht Brände am Gutshof zu Plössin angehängt wurden, beschloß der Bedrohte, sich selber Recht zu verschaffen.«

RITTER MINCKWITZ AUF DEM KRIEGSPFAD

An einem Frühlingstag Anno Domini 1528 macht sich Heinrich von Queiß auf den Weg in die Niederlausitz. Sein Ziel ist Schloß Baruth, Herrensitz seines guten Freundes Otto von Schlieben. Der fehdelustige, zudem beim Domkapitel hochverschuldete Edelmann erklärt sich ohne Umschweife bereit, dem gekränkten und hintergangenen Plössiner Genugtuung zu verschaffen.

»Dazu braucht es mehr als vier Hände«, erklärt er und weiß Rat. »Wir reiten nach Sonnewalde zu Nickel Minckwitz. Der schlägt auch eine gute Klinge. Ist ein Lutherischer wie wir.« Ein Hüne von Gestalt, nicht viel älter als Georg von Blumenthal, heißt die Herren willkommen: Nikolaus von Minckwitz, von dem es heißt, daß er »seiner Faust ein Held« ist. Sein Schloß Sonnewalde gleicht mit den starken Mauern und festen Türmen, mit dem breiten Graben und der darüber führenden Zugbrücke, eher der Burg eines Raubritters. Und als solche waren die Minckwitz auch gefürchtet, bevor Kurfürst Friedrich I. (1415-1440), vormals Burggraf zu Nürnberg, ihre Macht in der Mark Brandenburg brach.

In Nickel Minckwitz lebt zumindest die Aufsässigkeit der Vorfahren gegenüber der Obrigkeit fort. Und so ergreift er die Hand des alten Ritters und gelobt feierlich Beistand: »Edler Herr, Eure Sach' ist fortan die meine. Ihr kommt zu guter Stund'. Der Pfaff' in Fürstenwalde, dem die Weiber nicht unlieb sind, hat meine Base, ein tugendhaftes Fräulein, an der Ehr' gekränkt. Das will ich ihm schon lang' heimzahlen!« Er hebt den mit funkelndem Wein gefüllten Pokal. »Ihr Herrn, in'n Staub mit Bischof Georg und Papst Klemens!« Klirrend zerschellen die geleerten Pokale auf dem steinernen Estrich.

Reitende Boten werden ausgesandt. Bald sind in Sonnewalde weitere Bundesgenossen versammelt: »Evangelische Edelleute, denen es ein verdienstliches Werk dünkte, dem erzkatholischen Bischof einen Streich zu spielen, verschuldete Mitglieder des lausitzer Adels, die ihren Schuldbrief mit dem Schwert zerreißen wollten.« (Oskar Schmebel)

Für sie alle findet Nickel Minckwitz das richtige Wort. Er ruft den künftigen Streitern für die Sache des Heinrich von Queiß in Erinnerung, mit wem sie es zu tun bekommen: »Ein Dompfaff, ihr Herren, ist Georg von Blumenthal, ein Hergelaufener aus der Prignitz, wo Fuchs und Luchs sich gute Nacht sagen. Schon als Jüngelchen verkroch er sich in der Soutane, gelüstend nach fetten Pfründen. Ein einziger Bischofshut reicht ihm nicht. Er schröpft auch noch die Ratzeburger Ritterschaft. Predigt Wasser und säuft Wein, den wir zahlen müssen!«

In die lebhafte Zustimmung der Runde ruft Otto von Schlieben: »Es ist beschlossene Sach'! Wir werden dem Herrn Bischof zum Tanz aufspielen, den er nimmer vergessen wird.« Zu Heinrich von Queiß gewandt: »Eure Sach', edler Freund, ist in guten Händen. Reitet getrost heim und vertraut auf Euer ehrlich' Recht.«

Der von Minckwitz verabschiedet die Verschwörer: »Sonnewalde erwartet euch beim kommenden Neumond. Dann halten wir Rat, wie der Fuchs aus seinem Bau geholt wird. In Sonnewaldes tiefstem Kerker will ich ihn halten, bis er Gerechtigkeit schwört.«

EIN BISCHOF FLIEHT IM WEIBERROCK

In der Nacht zum 9. Juli 1528 braut sich in den dichten Wäldern südlich der Bischofsstadt Fürstenwalde Unheil zusammen. Den Anfang machen sechzig Reiter, die schweigend hinter Nickel von Minckwitz und Otto von Schlieben heranziehen. An Kreuzungen und Waldecken stoßen weitere Trupps zu der Schar. Sie kommen über die Rauenschen Berge, vom Scharmützelsee, vom Golm, geführt von Landadligen wie Kracht von Lindenberg und den Brüdern Löschebrand von Saarow und Pieskow. Vierhundert bewaffnete Reiter sind schließlich auf der Waldlichtung versammelt, die den Verschwörern als Treffpunkt benannt war.

Nickel von Minckwitz, den sie zum Anführer bestimmt haben, reitet voraus und hält Ausschau. Nichts rührt sich in der Stadt am gegenüberliegenden Spreeufer. Der Fluß schimmert im matten Mondlicht, das auch die Umrisse des bischöflichen Schlosses erhellt. Zufrieden wendet der Ritter das Pferd.

Den nun folgenden Handstreich schildert Theodor Fontane bildhaft: »Die Tore waren selbstverständlich geschlossen, und Minckwitz ersann eine List, um ohne Lärm und Gefahr in die Stadt hineinzukommen. Er hatte nämlich ausgekundschaftet, daß einige polnische

Frachtfuhrleute, die zu früher Morgenstunde weiter östlich auf Frankfurt und die Oder zu wollten, in einer Vorstadt-Ausspannung Quartier genommen hätten, und schickte deshalb den Herrmann Schnipperling, einen von Schliebenschen Dienern, in eben diese Vorstadts-Ausspannung ab, um sich den Fuhrleuten als einer der ihrigen anzuschließen. Es gelang auch über Erwarten, und der Schliebensche ... war mit unter den ersten, die bei Tagesanbruch in das eben geöffnete Tor einritten. Unmittelbar hinter dem Tore floß ein breiter und sumpfiger Spreegraben, und als der Schliebensche des hier seines Dienstes wartenden Torwächters ansichtig wurde, ritt er an diesen heran und bat ihn, ihm den Sattelgurt etwas fester zu schnallen. Der Torwächter war auch bereit, ehe er aber den Riemen fassen und scharf anziehen konnte, stieß ihn der böse Schnipperling ins Wasser und schoß im selben Augenblick ein Pistol ab. Das war das verabredete Zeichen für die bis dahin in einem Kusselbusch versteckt gehaltenen Reiter ...«

Unter wüstem Geschrei und mit donnernden Hufen sprengt die wilde Schar über die lange hölzerne Mühlenbrücke in die Stadt, hin zur spreenahen Bischofsresidenz. Doch Fürstenwaldes Bürger, von Sturmglocke und Feuerhorn auf die Gasse gerufen, stellen sich den Eindringlingen beherzt entgegen. Das Reitervolk bleibt im Kampfgetümmel stecken.

Kostbare Zeit geht verloren. Wütend schreit Minckwitz in die Menge: »Leute, es gilt dem Bischof – nicht euch!« Das hören die meisten nicht ungern und geben den Weg frei.

Die Schwerter gezückt, dringen Minckwitz und Schlieben an der Spitze der Rotte ins Schloß, dessen Wächter die Flucht ergreifen. Ein angstschlotternder Höfling weist den Rittern den Weg zu den Gemächern des Bischofs. Doch das Nest ist leer. Mit Fackeln in den

Fäusten durchstöbern sie das Schloß vom Keller bis zu den Zinnen. Zerren aus manchen Verstecken zahlreiche Hofleute, auch des Bischofs Bruder Matthias von Blumenthal. Doch das edelste Wild ist entwischt: Bischof Georg nutzte den Aufruhr in den Gassen zur Flucht. In Weiberkleidern.

Minckwitz lacht grimmig, als er davon erfährt: »Ein passend' Gewand für den Weiberknecht! Wohlan denn, wenn wir seiner nicht habhaft werden, laßt uns sein hinterlassen' Gut nehmen!«

Sie plündern das Schloß. Es wird geraubt, zerstampft, zerbrochen, was den Rittern und ihren Reisigen unter die Hände kommt. Danach sind Domherrenviertel und Dom an der Reihe. Altardecken und Meßgewänder, Prozessionsfahnen und Pergamentschriften werden zerfetzt. Heiligenstandbilder zertrümmert, Hostien im Staub zertreten.

»Das Zerstörungswerk geschah um so gründlicher und rücksichtsloser, als sich unter den Plünderern bereits sehr viele befanden, die Gegner und Verächter der katholischen Kirche waren. Im Kreise der Anführer aber richtete sich das Hauptaugenmerk auf ihre beim Domkapitel aufbewahrten Verschreibungen und Schuldscheine, die nun, soweit sie zur Stelle waren, entweder vernichtet oder mitgenommen wurden. Weniger glücklich war Minckwitz in Person, der den im Dom aufbewahrten Domschatz in seine Gewalt zu bringen hoffte. Die Sakristei, darin er ihn mutmaßte, wurde bis unter den Fußboden untersucht, aber ein Fleckchen übersah er: den durch die geöffnete Sakristeitür gebildeten Winkel. Und gerade hier stand der Kasten, der den Domschatz bewahrte.« (Fontane)

Die wütende Enttäuschung über den Fehlschlag des Entführungsplans erhält neue Nahrung, als im Kreis der Raubgesellen laut wird: »Die Sach' wär' gelungen, hätt' uns das Stadtvolk nicht den Weg verlegt!« Ein Signal, nun über die Fürstenwalder herzufallen.

Johlen und Angstgeschrei hallt durch die Gassen. Durch zersplitternde Türen brechen die Plünderer in die Häuser ein. Kostbares wird geraubt, weniger wertvolles Gut und Hausgerät fliegt zerbrochen auf die Gasse. Nur Vereinzelte raffen sich zum Widerstand auf. Einer wird dafür vor den Augen der Seinen niedergestochen. Mehr Glück hat ein Bierbrauer, der die Anstürmenden mit kochendheißer Malzbrühe vertreiben kann. Ein anderer Hausbesitzer kommt dank einer List davon: Ein aus dem Fenster gehängtes langes weißes Laken schreckt das Raubgesindel ab. Bedeutet es doch nach altem Brauch, daß ein Toter, womöglich von einer Seuche hingerafft, im Haus liegt.

Nachdem auch im Rathaus das Unterste zu oberst gekehrt ist, zieht der Reiterhaufen ab. Mit reicher Beute beladen. Eine gebrandschatzte Stadt zurücklassend, aus deren demolierten Häusern hier und da Flammen züngeln. Als Streiter für eine ehrliche Sache waren die Minckwitz und Schlieben aufgebrochen. Als gemeine Räuber kehren sie nun heim.

MORD VOR DER HERBERGE

Der seinen Häschern entkommene Bischof aber war unverzüglich zum Kurfürsten geeilt, den er in seinem Jagdschloß am uckermärkischen Grimnitzsee wußte. Georg von Blumenthal rechnete fest mit der Unterstützung des Landesherrn, dem er als einem Verteidiger der alten Kirche auch freundschaftlich verbunden war. Allerdings, Joachim I. dünkte ihm bisweilen ein zu duldsamer Verteidiger des wahren Glaubens. Ein Grund dafür mochte sein, daß Kurfürstin Elisabeth, eine dänische Prinzessin, den Lehren Luthers anhing. Der Bischof erinnerte sich ungern an den immerhin gemessenen Tadel eines seiner Vertrauten: »Unten im Reich und in des Kaisers Rat denken sie, es sei kein Ketzer mehr zwischen Elbe und Oder. Besieht man es aber recht, so steckt das ganze Land von ihnen voll. Auf den Schlössern und in den Städten predigen lutherische Prädikanten, und der Herr drückt ein Auge zu und will's nicht sehen, daß die Herzen seiner getreuen Untertanen geteilt sind und daß ein Riß durch sein Land geht, der Brandenburg wieder so elend machen kann wie ehedem, da noch Kaiser und Päpste kämpften ...«

Der Bischof wischte die düsteren Gedanken fort. In weltlichen Angelegenheiten kannte Joachim kein Zögern oder Schwanken, dessen sollten die Schandbuben, die über Fürstenwalde hergefallen waren, gewiß sein, sinnierte Georg von Blumenthal. Innerhalb von zwei Jahren hatte der Kurfürst nicht weniger als vierzig adlige Wegelagerer aufknüpfen oder köpfen lassen, darunter den anmaßenden Raubritter von Otterstedt. Ein Prahlhans, der es sogar gewagt hatte, eines Nachts an des Kurfürsten Schlafzimmertür die Drohung schreiben zu lassen: »Jochimke, Jochimke, hüte dy! Fangen wy dy, so hangen wy dy!« Der Kirchenfürst lachte böse. Nickel Minckwitz und seine Raubgesellen waren kein Deut besser und verdienten allesamt das gleiche Schicksal wie der Frechling Otterstedt. Der frevelhafte Anschlag des ketzerischen Adels sollte dem Landesherrn endlich die Augen öffnen, welche Gefahren auch der heiligen Kirche und ihren Dienern drohten.

Joachims strenge und ernste Miene verdüsterte sich noch mehr, als Bischof Georg seine Klage gegen die »verzweiffelte, erlose, verretrische Besewicht« vortrug. Nur einmal zuckte ein Lächeln um die schmalen Lippen, als jener seine Flucht in Weiberröcken erwähnte.

»Euch soll Genugtuung werden, hochwürdiger Freund«, versicherte der Fürst. Er gab sogleich Befehl, den Räubern und ihrer Beute nachzuspüren. Martin Böhme, einer seiner Vertrauten, nahm mit acht Reitern die Spur auf.

In den unwegsamen Wäldern um Sonnewalde entdeckten Späher der Verfolgten den kleinen Trupp. In der Nähe der Herberge, wo die Kurfürstlichen rasteten, wurde ein Hinterhalt vorbereitet. Als die Reisigen ihre Pferde besteigen wollten, brachen Schliebensche Reiter aus dem Dickicht hervor. Ehe Martin Böhme das Schwert ziehen konnte, jagte ihm Otto von Schlieben einen Dolch in die Brust. Die anderen acht Überlebenden wurden in die Kerker des Sonnewalder Schlosses geworfen. Sie kamen erst nach Jahresfrist frei. Die aus Fürstenwalde mitgeführten adligen Gefolgsleute des Bischofs, darunter sein Bruder, konnten nach Fürsprache von Nickels Bruder Georg von Minckwitz früher und – sogar ohne Lösegeld – heimkehren.

Der Überfall auf die Bischofsresidenz, die Plünderung der Stadt Fürstenwalde und die Ermordung eines kurfürstlichen Höflings erregten weit über die Grenzen Brandenburgs großes Aufsehen. Bischof Georg und sein Klerus taten alles, um die Untaten als direkte Auswirkung der »Ketzerei aus Wittenberg« hinzustellen.

Als diese Kunde Martin Luther (1483-1546) erreichte, schrieb der Reformator voller Zorn über die böswillige Verleumdung einem Freund: »Ich habe hier weiter nichts erfahren, als daß Nikolaus von Minckwitz mit einer zusammengebrachten Schar die Stadt Fürstenwalde, den Sitz des lebusischen Bischofs, überfallen hat. Ich weiß nicht, aus welchem Grunde und zu welchem Zweck. Es mißfällt mir aber außerordentlich, wenn es gleich heißt, daß alles ohne Mord und Brand geschehen und daß vielmehr nur geplündert worden sei. Wenn ich von Mißfallen spreche, so heg' ich ein solches nicht bloß darum, weil sich das Unternehmen gegen die staatliche Gewalt richtete, sondern namentlich deshalb, weil es das Evangelium mit einer neuen großen Gehässigkeit belastet. So zwingt man uns, die Unschuldigen, für die Freveltaten anderer büßen zu lassen. Gäbe doch Christus, daß dem ein Ende sei, vor allem aber, daß jener Minckwitz nicht noch Schlimmeres begehe. Was übrigens den Lebuser Bischof betrifft, so soll er in der ganzen Mark überall verhaßt sein.«

Der aber lag dem Kurfürsten so lange in den Ohren, bis Joachim im Spätsommer 1528 zu einer Strafexpedition rüstete. Die regionale Fehde eskalierte zur Staatsaktion: Joachim rief »das ganze märkische Land« auf, gegen den »Landfriedensstörer« Minckwitz und dessen Anhang ins Feld zu ziehen. Alsbald hatte er bei Berlin ein Heer von 600 Rittern und 40.000 Mann Fußvolk versammelt. Mit dieser Streitmacht gedachte er in die Lausitz zu ziehen und die Raubnester Sonnewalde und Baruth zu zerstören.

Leichter gesagt als getan: Nickel von Minckwitz hatte sein Schloß so gut befestigt, daß es allgemein als uneinnehmbar galt. Darauf vertrauend, trotzte er der kurfürstlichen Drohung, warb außerhalb der Landesgrenzen Söldner an und ließ Joachim wissen, er werde in Brandenburg einfallen, falls Sonnewalde und Baruth angegriffen würden.

Es war nicht dieses Risiko allein, das den Kurfürsten veranlaßte, sein Vorhaben aufzugeben. Einmal hatte das Heeresaufgebot schon vor Beginn des unsicheren Unternehmens 50.000 Taler aus Joachims Kasse verschlungen. Als den aber vermutlich ausschlaggebenden Unsicherheitsfaktor bezeichnete der Historiograph Schmebel: Joachim »scheint den Gesinnungen seines im Herzen durchweg der neuen Lehre (Luthers, d. V.) anhängenden Heeres nicht recht getraut und zum Mindesten dessen Eifer bezweifelt haben.« Das Ende vom Lied: Nach vierzehntägigem Biwak vor den Toren seiner Hauptstadt schickte der Kurfürst das Aufgebot unverrichteter Dinge wieder nach Hause. Minckwitz entließ seine Landsknechte Ende Oktober: »Offenbar reichten seine Mittel nicht aus, eine starke Truppenzahl im Frieden zu unterhalten, der Krieg freilich hätte dieselben von selbst genährt.« (Schmebel)

Ritter Nickel und seine Mitverschworenen feierten ihren vermeintlichen Triumph über den Kurfürsten. Ein Maulheld war er, der Jochimke! Ein Hasenfuß, der sich in seinem Schloß verkroch, statt den Fehdehandschuh aufzunehmen! Doch es sollte für sie ein böses Erwachen geben ...

REICHSACHT MACHT VOGELFREI

Joachim wählte einen weniger martialischen Weg, um den Anstifter des räuberischen Überfalls auf Bischof Georg und die Bürger von Fürstenwalde zur Verantwortung zu ziehen: Er erhob gegen Nickel von Minckwitz Klage beim Reichskammergericht in Wetzlar. Das höchste unabhängige Gericht des Heiligen Römischen Reiches Deutscher Nation verhängte umgehend über den »Landfriedensstörer« die Reichsacht. Mit dieser seit der Zeit Karls des Großen (747-814) im ganzen Reich gültigen Verurteilung wurde Nickel Minckwitz für vogelfrei erklärt. Die Reichsacht lieferte ihn der »für jedermann bußlosen Tödtung« aus.

Fortan lebte der Sonnewalder gefährlich. Fern von seinen Besitzungen, in deren Umgebung kurfürstliche und bischöfliche Häscher lauerten, irrte er heimatlos durch den Norden Deutschlands, angewiesen auf Gastfreundschaft und Schutz lutherisch gesinnter Standesgenossen. Darüber vergingen Jahre. Der alte Ritter Queiß starb, seine Händel mit Schäfer und Bischof gerieten in Vergessenheit. Minckwitz fand keine Ruhe.

1532 zog er durch Niedersachsen und Holstein, verbarg sich eine Zeitlang in Lübeck. Von dort vertrieb ihn Joachims an die Hansestadt gerichtete Mahnung, »einem bekannten Ächter keinen Aufenthalt gestatten zu wollen«. Im benachbarten Mecklenburg fand der Flüchtige Schutz bei Eggert von Quitzow auf Vogtshagen und bei den Parkenthinen zu Dassow. Deren von Sümpfen und Seen umgebene Burgen boten ihm nicht nur Sicherheit vor brandenburgischen Verfolgern. Von Vogtshagen aus konnte er nach Raubrittermanier in das angrenzende Ratzeburger Stiftsland seines Erzfeindes Georg von Blumenthal einfallen. Bei einem der Beutezüge entging der Strauchritter den bischöflichen Reitern nur um Haaresbreite. Die schleunigst aufgezogene Schloßbrücke von Vogtshagen war seine Rettung.

Der Zwischenfall machte auch diesen Schlupfwinkel bekannt. Bischof Georg, aufgestachelt durch die Ratzeburger Vorfälle, bedrängte wiederum den Kurfürsten, endlich des »ruchlosen Frevlers« habhaft zu werden. Joachim gab schließlich nach und ließ Anfang Oktober 1532 den Herzögen Albrecht und Heinrich von Mecklenburg eine diplomatisch formulierte Botschaft überbringen. Verlangt wurde jedoch von den Nachbarfürsten nicht Verhaftung und Auslieferung.

Wünschenswert wäre vielmehr ein herzoglicher Befehl an die Quitzow und Parkenthin, »den Geächteten nicht länger bei sich hausen zu lassen«. Am mecklenburgischen Hof aber war man nicht geneigt, dem katholischen Brandenburger diese Gefälligkeit zu erweisen. Joachims Abgesandte – die Hauptleute von Ruppin und Zehdenick, Matthias von Oppen und Hans von Hake und der kurfürstliche Rat Frans Neumann – wurden mit allerlei Ausreden hingehalten. Eines Tages teilte ihnen der Hofmarschall mit, die Herzöge hätten sich zur Jagd und »anderen Pflichten begeben«. Fern der Residenz. Eine Entscheidung über das Anliegen der brandenburgischen Herren sei also in Bälde nicht zu erwarten.

Das Scheitern der von ihm zuwege gebrachten Mission empfand der Bischof von Lebus und Ratzeburg als neuerliche Kränkung. In einem bitteren Klagebrief an Joachim forderte er »fernere und kräftigere Maßregeln in dieser Angelegenheit« zu ergreifen: »So nun Herzog Heinrich nicht begnügig Antwort gibt, so achten wir dafür, daß statt seiner wenigstens Herzog Albrecht etwas thu, auf das Eure churfürstliche Durchlaucht nicht in Schimpff besitzen pleibe und bei die Leut verachtet werd, dieweil der eine Parkenthin zu unserem Hauptmann gesagt hat: ›Er acht Eure churfürstliche Durchlaucht nicht besser als seine Bauern.‹« Georg von Blumenthal – mit Joachims Wesensart vertraut – spekulierte mit dieser Eröffnung auf den verletzlichen Stolz des Kurfürsten. Möglicherweise wäre die bischöfliche Rechnung auch aufgegangen, doch der Privatkrieg des Ritters Minckwitz nahm eine kaum noch erwartete Wende.

Fünf Jahre nach Verhängung der Reichsacht erhielt Kurfürst Joachim aus Wetzlar die Nachricht, daß der schwebende Prozeß gegen den »pro persona beklagten Nikolaus von Minckwitz mit entlichem Urtheil« entschieden werde. Über den Ausgang des Verfahrens gab es bei Freund und Feind keine Zweifel: Minckwitz würde sein Lehen und die damit verbundenen Ämter und Rechte verlieren und Schadenersatz leisten müssen. Seine Mitstreiter hatten ähnlich harte Strafen zu fürchten. So bestürmten sie den eigensinnigen Kämpen, die Fehde zu beenden und sich vor dem Kurfürsten zu demütigen. Nur so könnte das ihnen allesamt drohende Unheil abgewendet werden. Widerstrebend lenkte Minckwitz schließlich ein.

Im August 1534 nahmen unparteiische Vermittler, die Edelleute Andreas Pflug und Konrad von Metsch, Doktoren der Rechte aus Meißen, Verhandlungen mit dem brandenburgischen Hof auf. Joachim, des langen sinnlosen Streites müde, wohl auch zufrieden über einen halbwegs gütlichen Ausgang, zeigte sich großmütig.

FRIEDENSSCHLUSS MIT KNIEFALL

22. Oktober 1534. Im Rittersaal des Kurfürstenschlosses zu Cölln an der Spree harren die Vertreter der brandenburgischen Stände, Adel und Klerus, einer nicht alltäglichen Zeremonie. Begleitet von Bischof Georg und seinem Gefolge betritt der Kurfürst den Saal.

»Hoch Joachim! Hoch Brandenburg!« schallt es ihm entgegen. Der Fürst lüftet den breiten Hut mit den roten und weißen Federn. Nimmt auf dem erhöhten Sitz an der Stirnseite des Saales Platz. Atemlose Stille herrscht, als sich auf ein Handzeichen Joachims die Eingangspforte öffnet.

Geleitet von dumpfem Trommelschlag schreitet Nickel von Minckwitz, barhäuptig und unbewaffnet, gefolgt von seinen treuesten Bundesgenossen, vor den Richterstuhl seines Landesherrn. Das verschlossene Gesicht läßt nicht erkennen, was ihn bewegt. Ein Raunen geht durch die feierliche Versammlung, als der »Landfriedensstörer« tief das Haupt senkt und auf die Knie fällt. Nun doch von seinen Gefühlen übermannt, sagt er stockend: »Eure kurfürstliche Durchlaucht, ich komm' demütiglichste Abbitt' zu tun für Frevel und Friedensbruch wider Euch. Vergebet gnädigst einem, der das Recht eines Freundes zur eigenen Sach' gemacht und in Verirrungen kam ... Mein gnädigster Fürst, ich leg' mein Heil, das Heil meiner Freunde, dieser Herren, in Euer kurfürstliche Macht.« Bei diesen Worten folgen die hinter Minckwitz verharrenden Edelleute seinem Beispiel.

Joachim mustert die vor ihm Knienden strengen Blickes. »Ich hab' Eure Red' wohl vernommen, Ritter Nikolaus. Doch Eure Abbitt' nehm' ich nur an, wenn Ihr solches auch dem hochehrwürdigen Herrn Georg von Blumenthal und meinen märkischen Ständen tut.« Er winkt den Bischof an seine Seite. Hochmütig, mit kaum verhohlenem Triumph blickt der Kirchenfürst auf den knienden Feind. Lieber tät ich den mir angetanen Schimpf mit deinem Blut abwaschen, Nikolaus von Minckwitz, denkt er. Aber Joachim will es anders, und so muß ich dir in Christi Namen vergeben.

Auch den im Staub knienden Ritter bewegen unfromme Gedanken. Diese Stund' der Schmach ist dir unvergessen, Pfaffe ... »Es blieb dem stolzen Mann nicht erspart, auch den Abgeordneten der Mark und dem Bischof Georg ›demühtiglich und stattlich‹ Abbitte zu tun« (Chronist Schmebel).

Danach treten Freunde des bußfertigen »Landfriedensstörers« vor Joachim. Acht Ritter und fünfundzwanzig Edelleute, angeführt von den Grafen Mansfeld, Eberstein-Naugard, Schlick, Dohna auf Königsbrück und Schönburg zu Hoyerswerda. Sie verpflichten sich, so der Chronist, »dem Kurfürsten mit zweihundert wohlgerüsteten Pferden auf ihre Kosten und Gefahr vier Monate lang getreue Kriegsdienste leisten zu wollen, eine Verpflichtung, die durch Minckwitzens Tod nicht aufgehoben werden solle. Der Ritter Nikolaus von Minckwitz schwur darauf, sich an Niemand seiner Feinde mehr rächen und für ewig die Stadt Fürstenwalde meiden zu wollen.« Auch dafür verbürgen sich seine Freunde.

Nach einem Augenblick feierlichen Schweigens beendet Joachim die Zeremonie. »Erhebt euch, ihr Herren. Ihr habt nach schwerer Fehl wider euren Fürsten und euer Land Abbitt' getan und Buße gelobt. So will ich das Recht der Gnade, das mir allein zusteht, reichlich üben. Der Achtbrief über euch sei hiermit zerrissen. So seid nach Brandenburg zurückgerufen, Ritter Nikolaus von Minckwitz!«

Unter den Beifallsrufen der Versammelten bietet er dem Ritter seine Rechte. Und Bischof Georg bleibt keine andere Wahl.

Dem feierlichen Akt folgte ein fröhliches Gelage, an dessen Ende – wie es heißt – alles »umb und umb« betrunken war. Der wieder in Gnaden aufgenommene Nickel Minckwitz stand im Mittelpunkt der ausgelassenen Festlichkeit, was den Chronisten verwunderte: Der Kurfürst »scheint dem unternehmenden Mann überhaupt nicht abhold gewesen zu sein. Er zog ihn sofort zur Tafel und die nicht eben feine Sitte des damaligen brandenburger Hofes gestattete es der Gesellschaft, auf Kosten des anwesenden lebuser Bischofs höhnende Vermutungen darüber anzustellen, welch Schicksal Georg von Blumenthal gehabt hätte, wenn er in die Hände der Freibeuter gefallen wäre.«

Im Übermut, so ist überliefert, soll Minckwitz ausgerufen haben: »Si pervenisset in meam potestatem testiculos episcopales ipse amputassem!« Zu deutsch: »Wenn er in meine Gewalt gekommen wäre, hätte ich selbst ihm die bischöflichen Hoden abgeschnitten!« Laut Fontane ist dies »eine Antwort, die nach Sitte der Zeit, unter allgemeinem Ergötzen, und nicht zum wenigsten des Kurfürsten selbst, entgegengenommen wurde«. Bischof Georgs verständlicherweise bittere Reaktion ist nicht überliefert.

Auch die Nachwelt muß den landesweit verhaßten

Bischof nicht weiter der Erwähnung für würdig befunden haben. In einer brandenburgischen Chronik aus dem Jahre 1877 heißt es lapidar: »Das Grab Georgs von Blumenthal in der fürstenwalder Stiftskirche ist verschwunden; mit seinem gelehrten und staatsklugen Vorgänger Dietrich von Bülow schließen die Grabesplatten der Lebuser Bischöfe ab.« An Nickel Minckwitz erinnert man sich noch heute.

Reisetip:
Fürstenwalde an der A 12 Richtung Frankfurt/Oder – erlitt gegen Ende des zweiten Weltkrieges schwere Zerstörungen. Erhalten blieben Reste der umfangreichen Stadtbefestigungen aus dem 14. und 15. Jahrhundert mit dem Bullenturm. Wiederaufgebaut wurden in den sechziger Jahren die spätgotische Pfarrkirche St. Marien sowie Rathaus (1511), Gerichtslaube und mittelalterliche Verkaufshalle. – Fürstenwalde war von 1385 bis nach der Reformation Sitz der auch politisch ehrgeizigen Bischöfe von Lebus. 1576 fiel ihre Residenz einem Brand zum Opfer. In der Domkirche St. Marien wurde 1373 der Vertrag geschlossen und beeidet, durch den Markgraf Otto der Faule die Mark Brandenburg für ein hübsches Sümmchen an Kaiser Karl IV. verpfändete.
Stadt- und Kreismuseum in einem 300 Jahre alten Bürgerhaus (Domstraße 1) ist geöffnet: Di, Fr und So von 9 bis 12 und 13 bis 16 Uhr, Sa von 13 bis 17 Uhr.
Das Fürstenwalde benachbarte Wald- und Seengebiet zwischen Rauener Bergen und Scharmützelsee lädt dazu ein, auf den Spuren der Verschwörer um Nickel Minckwitz zu wandeln.
Das Minckwitz-Schloß (16. Jahrhundert) in Sonnenwalde brannte 1947 ab. Zeitzeugnis ist die spätgotische Stadtkirche. Der Ort an der B 96 Luckau-Finsterwalde ist über die A 13 (Abfahrt Duben) zu erreichen.

Speisetip:
Fürstenwalde: »Rathauskeller«, Rathausstraße, Tel. 03361/2750; Spezialität: mittelalterliche Speisen und Brandenburger Küche.

Das Massaker zu Legde

Goldene Herbstsonne über der Westprignitz, wo sich Havel und Elbe vermählen. Mündungsaufwärts, vom Elbstrom sanft umrundet, liegt das Dorf Rühstädt, Besitztum des Edlen Dietrich von Quitzow. Der Gutsherr ist an diesem 25.Oktober 1593 zur Jagd in den anderthalb Meilen entfernten Glöwener Forst geritten. Seine Pächter und Kossäten nutzen die Abwesenheit, ihrem Tagewerk die Zügel schießen zu lassen und einen friedvollen Tag zu genießen. Doch das soll ihnen nicht vergönnt sein.

Ein Hütejunge erspäht schon von weitem den wilden Haufen, der unter einer Staubwolke mit Trommelklang auf der Landstraße von Wilsnack heranzieht. Er rennt zum Dorf, wo Männlein und Weiblein unter der Linde fröhlichen Schwatz halten.

»Gartbrüder kommen, Leut'! Viele sind's. Mit Roß und Wagen«, keucht der Hirte außer Atem. Sein Schreckensruf löst Panik aus. Nach allen Seiten laufen die Dörfler auseinander. Zerren die Kinder von der Straße. Verschließen die Türen. Horchen angstvoll hinter den Fenstern. Bekreuzigen sich. Gartbrüder! Gott bewahre uns vor dieser Landplage! Zu recht sind sie verrufen und gefürchtet, die zusammengewürfelten Haufen herrenloser Landsknechte. Auf der Suche nach neuem Söldnerdienst ziehen sie mit ihren Waffen durchs Land. Gewalt und Plünderung säumen ihren Weg. Und auch Rühstädt hat von ihnen nichts Gutes zu erwarten.

Ein Chronist jener Zeit des Faustrechts hielt fest, wie die Brandschatzung eines Dorfes durch »Gartbrüder« oder Raubritter vor sich ging: »So mußten gewöhnlich erst einige Männer totgeschlagen oder furchterregend verwundet werden, um die Einwohnerschaft von weiterem Widerstande abzuschrecken. Dann nahm man den Dorfbewohnern, was sich fortbringen ließ, vornehmlich das Vieh, aber auch Betten, Kleidungsstücke sowie Kessel, Äxte und sonstige Geräte. Die Kleidungsstücke zog man in mehr als einem Falle den Frauen und Jungfrauen vom Leibe, besonders wenn sie kostbar waren. Schätzte doch die Tochter des Schulzen zu Hämerten bei Stendal, der man die Kleider nahm, nachdem man den Vater getötet und den Bruder schwer verwundet hatte, ihre Kleider auf drei Schock böhmische Groschen, eine damals beträchtliche Summe. Nicht einmal Klosterjungfrauen wurden verschont ...«

»Dies und das, Suff und Fraß, muß ein Landsknecht haben«, klingt es aus rauhen Kehlen, als die zerlumpte Schar hinter ihrer zerschlissenen Fahne in Rühstädt Einzug hält. Gefolgt von beutebeladenen Planwagen, aus denen betrunkenes Johlen und Gekreisch der Marketenderinnen dringt. Auf seinen Stab gestützt, tritt der Dorfschulze den Eindringlingen entgegen. »Rühstädt ist arm, Herr. Wir können euch nichts bieten«, redet er bescheiden den Reiter an, der den Haufen anführt.

»Halt's Maul, Bauer«, herrscht ihn der an der Feldbinde erkennbare Hauptmann an. Zieht aus der Satteltasche ein Pergament und hält es dem Gemeindevorsteher hin. »Wenn du lesen kannst, das ist ein Befehl des Herrn Kurfürsten an euch Sandfresser, uns, seinen treu gedienten Landsknechten ein Lager und Essen zu geben. Wollt ihr dem Gebot trotzen, geht's euch an den Kragen. Und wir holen uns, was uns zukommt!«

Er schwingt sich vom Pferd. »Schafft Wein und Bier her für mich und meine Leut'. Wir sind durstig, und ist noch ein langer Weg ins Halberstädtische. Und sag deinen Bauern, sie soll'n uns Tür und Tor öffnen zu guter Rast.«

»Und auch die Röcke ihrer Weiber«, grölt es aus der betrunkenen Schar, die sich um ihren Hauptmann lagert. Auf dessen Geheiß schwärmen die Kerle aus und dringen in die Häuser und Höfe ein. In den Planwagen, die unter der Dorflinde abgeschirrt sind, geht derweil das Saufen und Würfeln weiter. Rühstädt ist in der Gewalt der »Gartbrüder«.

In dem Getümmel nimmt der Dorfschulze den Hütejungen beiseite. »Eile nach Glöwen zum Herrn und vermelde ihm, was hier geschieht.« Eine Orgie der Gewalt hebt in Rühstädt an. Nichts und niemand ist vor den bis an die Zähne bewaffneten Landstreichern sicher. Etliche schleppen Biertonnen und Branntweinkrüge zur Linde. Andere machen Jagd auf Federvieh. Einer zerrt eine Kuh zu den Planwagen. Dort brät eines der Soldatenweiber Ferkel über einem offenen Feuer, das sie mit dem Holz von zerschlagenem Hausgestühl unterhält.

Eine andere Rotte treibt johlend drei Mägde, denen die Röcke über den Köpfen zusammengeschnürt sind, in eine Scheune. Burschen, die sich den Bezechten in den Weg stellen, werden niedergeschlagen. Machtlos muß auch der Dorfschulze mitansehen, wie zwei Halunken sein Eheweib an den Haaren zu einem Heuschober schleifen und über die sich verzweifelt Wehrende herfallen.

In höchster Not schickt er neue Boten aus. Der Gutsherr möge seinen Leuten in ihrer argen Bedrängnis zu Hilfe kommen, ehe die »Gartbrüder« auch noch brennen und morden in ihrer Trunkenheit.

Dietrich von Quitzow zögert nicht länger. Er bricht die Jagd ab. Macht sich mit seinem Lehnsmann, dem jungen Christoph von Restorf, und einem Diener auf den Weg in sein gebrandschatztes Dorf. Ein echter Quitzow, dem es weder an Mut noch Entschlossenheit mangelt. Und dennoch von anderem Schlage als viele seiner Ahnen ...

DIE QUITZOW-STORY

In altüberlieferten Chroniken der Mark werden die Quitzows erstmals 1295 erwähnt.

Als »hofliche Reuter«. Das änderte sich in der zweiten Hälfte des 14. Jahrhunderts. In einer Epoche, die nach dem Urteil des Historikers Leopold von Ranke (1795-1886), »dem Mittelalter seinen schlechten Ruf bereitet hat, wo jeder Ritter aus seinen Mauern ungestört hervorbrechen und die Vorüberreisenden berauben konnte, wo jeder Edelmann, der eine Burg besaß, unabhängig war«, mit anderen Worten: Ritter zu Räubern verkamen.

Nicht von ungefähr trugen die Quitzows den Vielfraß als Helmzier. Von ihren festen Burgen und Schlössern (um 1410 mehr als ein Dutzend) beherrschten sie, vornehmlich in der Prignitz und in der Mittelmark, wichtige Flußübergänge und Handelswege. Ihren Besitz mehrten sie ständig durch Raubzüge und Erpressung hoher Lösegelder reicher Gefangener.

Der damals in der Mark verbreitete Fluch »Daß dich die Quitz' hol!« bezog sich vor allem auf des Rühstädters Vorfahren, das Brüderpaar Dietrich und Johann von Quitzow. Sie führten sich als unumschränkte Herren der Mark auf. Trieben es toller denn je, seit »Sigismund, von Gottes Gnaden König von Ungarn, Markgraf von Brandenburg, des Heiligen Römischen Reiches Erzkämmerer« Brandenburg einem anderen Landfremden, seinem Vetter Jodocus von Mähren, verpfändet hatte. Somit gab es niemanden in der Mark, der es gewagt hätte, den Übermut der Quitzows einzudämmen.

Das sollten auch die Berliner erkennen, die sich 1404 vorsorglich unter den Schutz der Brüder gestellt hatten. »Ja, wie haben sie da die Quitzows hofiret und traktiret? Da hat man gesehen, wie sie diesen Dietrich von Quitzow zu glänzenden Banquetten geladen und ihm zu Ehren den Tisch mit schönen Frauen und Saitenspiel geziertet haben ... Item, es ist nicht genugsam zu sagen, wie man ihn ... mit Laternen, Fackeln und Freudengesängen zu seiner Herberge geführt und ihm einen Abendtanz mit schönen Jungfrauen und Weibern gehalten, desgleichen ihn mit welschem Wein verehret und beschenket hat.«

So spottete Zeitgenosse Wusterwitz, als die Zweckfreundschaft eines Tages in die Brüche ging: Am 3. September 1410 überfiel »Freund« Dietrich aus heiterem Himmel die vor den Stadttoren weidenden Herden der Berliner und ließ das Vieh in sein Schloß Bötzow (heute Oranienburg) treiben. Den Anführer der Verfolger nahm er gefangen und hielt ihn zwei Jahre auf Bötzow fest, bis die Stadtoberen das geforderte Lösegeld gezahlt hatten.

Johann stand dem Bruder nicht nach. Seine Burg Plaue, westlich der Stadt Brandenburg, war ein gefürchtetes Raubnest. Dazu Basis für Überfälle und Streifzüge bis weit ins Magdeburgische. Die Habgier des sich als Landeshauptmann der Mittelmark gebärdenden Raubritters bekamen auch die Mönche des nahegelegenen Klosters Lehnin zu spüren. Ultimativ wurde ihnen die Abtretung des Fischrechtes in der Plauener Havel nahegelegt. Es heiße doch »Burg Plaue an der Havel, item auch die Havel quitzowsch sei«. Mit der Lieferung kostbarer und köstlicher Weine aus dem Klosterkeller gelang es dem listigen Abt Heinrich Stich den Streitfall auf die lange Bank zu schieben ...

Im Januar 1411 starb Jodocus von Mähren, und das märkische Pfand fiel an Sigismund zurück. Der war ein Jahr zuvor zum Kaiser des Heiligen Römischen Reiches gewählt worden und längst der chaotischen Zustände im Innern der östlichen Grenzmark überdrüssig. So bestellte er seinen fähigsten politischen Berater zum Statthalter der Mark: Friedrich von Hohenzollern, Burggraf von Nürnberg.

»Dieser Burggraf Friedrich«, vermerkt der Historiograph Joachim von Kürenberg, »hatte es – geschäftig und schlau wie er war – verstanden, die Kurfürsten für die Kaiserwahl unter einen Hut zu bringen ..., nach geglückter Wahl hatte er obendrein dem Kaiser Sigismund, der nie Geld hatte, ein Darlehen gegen Verpfändung der Mark Brandenburg gegeben. Da Sigismund am festgesetzten Termin das Geld nicht zurückzahlen konnte, überdies dem Nürnberger wegen der Kaiserwahl sehr zu Dank verpflichtet war, so belieh er den Burggrafen endgültig mit der Mark.«

Im Juni 1412 zog Friedrich von Hohenzollern nach Brandenburg an der Havel, um die Huldigung der Vertreter des Adels und der Städte als Statthalter des Kaisers zu empfangen. Der neue Herr kam mit bewaffneter Macht. Er wußte, daß ihn der märkische Adel nicht mit offenen Armen willkommen heißen würde. Und Engelbert Wusterwitz konnte denn auch nach der feierlichen Zeremonie in Brandenburg festhalten: »Die meisten vom Adel und die von den Städten haben mit aufgehobenen Fingern ihre Huldigung geleistet. Einige aber von der Ritterschaft und besonders Kaspar Gans Edler Herr zu Putlitz, die Quitzows, Wichard von Rochow, Joachim von Bredow ... sind zurückgetreten und haben die Huldigung verweigert und haben dabei verächtlich gesprochen: ›Es ist ein Tand von Nürrenberg.‹« Die märkische Adelsfronde beließ es nicht bei Schmähungen und Gesten. Auf angestammte und angemaßte Rechte pochend, machten die Quitzows und deren Bundesgenossen dem neuen Gebieter die Macht auch mit Gewalt streitig. Scheuten nicht davor zurück, sich gelegentlich mit Feinden der Mark, den Herzögen von Pommern, zu verbünden.

Deren Angriff schlug Friedrich zwar zurück, doch im Lande ging es weiter drunter und drüber. Eine zeitgenössische Bänkelsänger-Ballade, verfaßt von dem Brandenburger Stadtbürger Nicolaus Uppschlacht, besang die Situation:

»Die Quitzowschen schwuren einen Eid:
›Wir machen ihm das Land zu leid.‹
Und dazu waren sie wohl bereit
Mit ihrem Ingesinde.
›Was soll der Nürrenberger Tand?
Ein Spielzeug nur in unsrer Hand,
Wir sind die Herren in diesem Land
und wollen es beweisen.‹«

Ein solcher Beweis war die Einäscherung der Stadt Nauen durch gedungene Helfershelfer.

Zu der geplanten Zerstörung weiterer Orte der Mark kam es nicht: Vier der Brandleger wurden gefaßt und zu Brandenburg aufs Rad geflochten. Eine mit Folterqualen verbundene Art der Hinrichtung.

Friedrich von Hohenzollern dachte jedoch nicht im entferntesten daran, die für 100.000 und mehr Goldgulden erworbenen Besitzrechte an der Mark den Rebellen zu überlassen. Nach dem Scheitern langwieriger und geduldiger Verhandlungen mit den Quitzows und deren Anhang erwirkte er im Januar 1414 vom Kaiser die Verhängung der Reichsacht über die Anführer der Landfriedensbrecher. Danach machte der Hohenzollern kurzen Prozeß. Innerhalb von drei Wochen eroberte er die Hauptburgen seiner Feinde: Friesack, das Dietrich von Quitzow verteidigte, fiel am 10. Februar 1414. Plaue, von seinem Bruder Johann gehalten, ergab sich »Montags nach Matthias Apostoli« (26. Februar). Dietrich gelang die Flucht, Johann geriet in Gefangenschaft.

Bei der Einnahme dieser und anderer Raubnester setzte der verspottete »Tand von Nürrenberg« eine neuartige Waffe ein, der die mittelalterlichen Burgen nicht mehr standhielten: Bombarden und Kartaunen, Vorläufer der modernen Artillerie. Das schwerste, von sechsunddreißig Pferden gezogene Belagerungsgeschütz legte mit dreißig Kilogramm wiegenden Steinkugeln die bis dato für unüberwindlich gehaltenen Mauern von Friesack und Plaue im Handumdrehen nieder. Diese »große Büchse« wurde als »faule Grete« in der ganzen Mark berühmt.

Theodor Fontane glaubte allerdings, daß es sich um die »faule Metze« handelte. Ein aus Braunschweig stammendes Geschütz, daß Friedrichs Verbündeter, der Erzbischof von Magdeburg, zuvor bei der Belagerung des Raubrittersitzes Harzburg einsetzte: »Metze (von Margarethe) und Grethe sind ohnehin dieselben Vornamen.«

Der Sieger zeigte sich den Unterlegenen gegenüber großmütig. Nur in wenigen Fällen ließ er sie einkerkern und ihre Besitzungen konfiszieren. Johann von Quitzow konnte nach zweijähriger Haft in die Prignitz heimkehren. Er unterwarf sich Friedrich und wurde mit dem alten Familienbesitz Lenzen, Quitzöbel und Kletzke neubelehnt. Johann starb 1437 im Alter von 67 Jahren.

Der landesflüchtige Dietrich aber gab keine Ruhe. Nahm Kriegsdienste bei verschiedenen feindlichen Nachbarn des 1415 zum Kurfürsten erhobenen Markgrafen Friedrich. Bei deren Fehden mit dem Brandenburger führte er stets ihre Heerhaufen an. Schließlich kränkelnd und vom Scheitern der ehrgeizigen Pläne enttäuscht, verlebte er seine letzten Tage bei seiner Schwester im Braunschweigischen: »Im Jahre 1417 ist Dietrich von Quitzow, so der Mark mancherlei Schaden zugefügt und sie heftig beleidigt hat, in dem der Familie von Veltheim zuständigen Schloß Harpke gestorben und zu Kloster Marienborn begraben worden.« (Engelbert Wusterwitz)

Anno 1404 hatte dieser Chronist bewegte Klage über die Quitzows geführt. »Es ist keine hoffnung gelassen, daß euch markgraf Jodocus von der unterdrückung und beschwerung der Quitzowen sollte erlösen. Für unsere augen ists mit menschlicher hülfe aus.« Zehn Jahre später konnte er hocherfreut feststellen: »Ist nicht mehr gehöret worden die stimme des betrübnis und geschreies, sondern das volk hat gesessen in herrlichkeit des friedens, in den tabernakeln der zuversicht und guter ruhe.«

Im Volksglauben aber lebte Dietrich von Quitzow als »wilder Jäger« fort, der in Sturmnächten bei der Ruine der Quitzow-Burg Kletzke, begleitet von Peitschenknall, Hundegebell und dem Schnauben der Pferde, die Wälder unsicher macht und keine Ruhe findet ...

Die Ordnung, die der »Tand von Nürrenberg« in der Mark hergestellt hatte, hielt nicht an. Seine Pflichten als Berater des Kaisers und die Sorge um seine fränkischen Besitzungen hielten Friedrich oft auf längere Zeit der Mark fern. Er konnte nicht verhindern, daß dort immer wieder Unruhen ausbrachen: »Die Adligen trugen nach altem Brauch untereinander blutige Fehden aus, und von neuem begannen die Überfälle ritterlicher Wegelagerer auf die Warentransporte der Kaufleute.« (Holmsten) Und auch mancher Quitzow machte dabei unrühmlich von sich reden

BLUTRACHE EINES SOLDATENWEIBES

Der Herr auf Rühstädt zählt nicht dazu. Dietrich von Quitzow ist weder machtgierig noch fehdelüstern. Ein Landedelmann, streng aber gerecht, der seinen Dörflern das sonntägliche Huhn im Topf gönnt. Er genießt ihr uneingeschränktes Vertrauen. Sporflt daher an diesem Oktobertag 1593 seine Begleiter zur Eile an. »Geb's Gott, wir kommen noch zu rechter Zeit.«

Die Hälfte des Weges ist zurückgelegt. Legde, ein reiches Dorf des Bistums Havelberg, kommt in Sicht. Schon von weitem hören die drei Reiter Lärm und vereinzelte Schüsse. Der Gutsherr gibt dem Pferd die Sporen. Am Dorfeingang tritt ihm ein junges Weib, zwei kleine Kinder an den Rockzipfeln, in den Weg. Sie fleht: »Helft, Herr, die ›Gartbrüder‹ sind über uns gekommen, fünfzig oder sechzig sind's!« Und flieht weiter, dem schützenden Wald zu. Quitzow winkt seinem Diener: »Gib ihnen Geleit bis zu sich'rer Hut.«

Die Reiter gelangen zur Dorflinde. Betrunkene Marodeure sind dabei, ihre Beute auf den Wagen zu verstauen. Aus ihrer Mitte löst sich eine Gestalt. Hager, eine Feldbinde über dem Lederkoller. Unter dem verwegen in die Stirn gezogenen Barett mustern argwöhnisch zusammengekniffene Augen die Ankömmlinge.

Quitzow reitet dicht an ihn heran. »Ihr seid der Anführer von diesen?! Gebietet sogleich Einhalt. Ich, Dietrich von Quitzow, Herr auf Rühstädt, befehl's Euch«, sagt er ruhig, aber energisch.

Der Angesprochene lüftet spöttisch sein Barett. »Hauptmann Jürgen Hanne. Euch stets zu Diensten, edler Herr. Nur, wir haben Permiß vom Herrn Kurfürsten, zu fordern, was uns zukommt.«

Dietrich von Quitzow wirft einen kurzen Blick auf das ihm gezeigte Pergament. »Steht nichts von Erlaubnis zu Plündern und Gewalttat darin, Hauptmann Hanne. Zieht mit Euren Leuten ab, und was Ihr zu Rühstädt angericht', wird Euch noch gereuen.«

Der Wortwechsel lockt die »Gartbrüder« an. Auf Spieße und Schwerter gestützt, scharen sie sich um den Anführer. Umzingeln Quitzow und den Junker. Finstere Blicke ruhen auf dem Herrn von Rühstädt, der furchtlos in ihrer Mitte hält.

Neben dem Hauptmann ist ein grellgekleidetes Weib mittleren Alters getreten. Das schwarze Haar ungebändigt, einen lasterhaften Zug im Gesicht. Wieselflinke Augen fixieren die beiden Reiter. Sie hält einen Becher in der mit Ringen überladenen Hand.

Der Hauptmann tut, als habe er Quitzows Aufforderung überhört. Lächelt schmierig. »Mein Weib Margarethe möcht' Euch wohl einen Willkommenstrunk reichen, edler Herr von Quitzow.« Dem schießt Zornesröte ins Gesicht. »Genug der Worte, Hauptmann Hanne! Verlasset mit eurem Gesindel auf der Stell' diesen Ort!« Das bringt die »Gartbrüder« in Wut. Sie drängen näher heran, mit erhobenen Spießen und Fäusten. Der Hauptmann gebietet Ruhe und wendet sich höhnisch an den Edelmann: »Eurer Gnaden können uns, mit Verlaub gesagt, einen Scheißdreck befehlen! Wir waren beim Herrn Kurfürsten im Wort, und er gab uns Dank dafür. Euer Wort, edler Herr, ist uns nur so viel wert.« Er speit vor Dietrich von Quitzow aus.

Ein Schuß übertönt das Beifallsgebrüll der Spießgesellen. Der Hauptmann tastet nach der Stirn und stürzt rücklings zu Boden. Quitzow fährt im Sattel herum. Neben ihm hält Christoph von Restorf die noch rauchende Pistole erhoben. Totenblaß murmelt er: »Ich konnt' die Schuftigkeit nicht mehr ertragen, Herr Dietrich!« Für Sekunden sind die »Gartbrüder« wie gelähmt. Die Schwarzhaarige hat sich mit einem Aufschrei über den leblos im Straßenstaub Liegenden geworfen. Nun rafft sie sich auf. Greift mit blutigen Fingern in die Zügel von Quitzows Pferd. Blanker Haß sprüht aus ihren Augen. »Verfluchte Mörder! Sein Blut komme über Euch!«

Nun packt es auch die Landsknechte. »Rache für den Hauptmann«, brüllt es aus vielen Kehlen. Von allen Seiten dringen die Mordgesellen auf den noch immer fassungslosen Gutsherrn ein, zerren ihn aus dem Sattel, ehe er das Schwert ziehen kann. Sie durchbohren den Wehrlosen mit Spieß und Dolchen.

Als er aus vielen Wunden blutend zusammenbricht, tritt das Hauptmannsweib heran. Ihren zehnjährigen Buben an der Hand. »Nimm das von mir«, ruft Margarethe Brandenburg voller Haß. Setzt dem Todwunden das Knie auf die Brust und schneidet ihm die Kehle durch. Drückt danach dem Jungen das Dolchmesser in die Hand. »Tu dergleichen! Er mordete den Vater dir!« Und das verängstigte Kind taucht zitternd die blutige Klinge in die Wunde ...

»Der junge von Restorf, auf den man ebenfalls eindrang, spornte sein Pferd an und suchte sich durch Flucht zu retten, aber er ward eingeholt und in gleicher Weise wie Dietrich von Quitzow ermordet.« (Fontane)

DAS SCHWERT DER VERGELTUNG

Die Kunde von dem Massaker zu Legde verbreitete sich mit Windeseile in der ganzen Prignitz. Die Freunde und Nachbarn der Ermordeten nahmen, unterstützt von Bewaffneten aus den umliegenden Städten, die Verfolgung des Mörderhaufens auf. Die »Gartbrüder« wurden eingeholt, umzingelt und gefangengenommen. Den auf Mord und Landfriedensbruch lautenden Prozeß beschlossen am 30. April 1594 Urteil und Befehl des Kurfürsten Johann Georg.

Er verhängte Todesurteile über die »Gartbrüder« Nickel Sasse aus Havelberg, Paul Hartke aus Güsten, Jakob Lautsch aus Kupferschmieden, Christoph Braun aus Frankenhausen, Peter Brunn und Botho Holzhausen aus Aschersleben sowie Margarethe Brandenburg aus Spandau.

Wörtlich lautete das kurfürstliche Gebot: »So wollt ihr denn obgedachte sechs Landsknechte, sowie des Führers Weib, in Gemäßheit gefällten Urteils mit dem

Schwert richten lassen und hernach verordnen, daß die Köpfe, Andern zum Abscheu und wegen der schrecklichen und unerhörten Mordthat, auf Stangen gesteckt werden.«

Die Exekutionen erfolgten in Rühstädt, woher das Unheil seinen Lauf genommen hatte. Dort wurde auch der glimpflicher davongekommene Rest der »Gartbrüder« gestäupt, also ausgepeitscht, und danach aus dem Lande getrieben.

Der Mord an zwei Edelleuten durch vagabundierende Landsknechte trug dazu bei, daß der Kurfürst 1597 die »Landreiterordnung« erließ. Diesen dem Landesherrn unmittelbar verantwortlichen Beamten oblagen »in erster Linie die gerichtliche Exekution sowie auch polizeiliche Funktionen« (Johannes Schulze) und damit auch die Überwachung »umblaufender landsknechte und gardenbruder«.

Auf den Jahrmärkten im Brandenburgischen verkündeten alsbald fahrende Bänkelsänger die Ballade vom »Schaurigen Blutmord zu Legde«. In bisweilen holprigen Reimen wie: »Eindringen die Knechte mit Spieß und Schwert und zerren den Junker herab vom Pferd. Und des Führers Weib (und der Bube mit), sie rauft ihn und mit den Schuhen ihn tritt ...«

Die schaurig-schöne Ballade wurde im Sandsteinsockel des Quitzow-Denkmals verewigt, das die Rühstädter an der Mordstelle zu Legde errichteten. Es zeigt den Gemeuchelten in ganzer Figur, geharnischt, den Helm zu Füßen.

Dietrich von Quitzow wurde – der Familientradition folgend – in der Kirche zu Rühstädt beigesetzt, in der von ältester Zeit an letzten Ruhestatt (daher auch Rühstädt) der Quitzow-Sippe.

Auf einem dort in Marmor und Alabaster ausgeführten zweiten Denkmal sind die blutigen Ereignisse in Prosa wiedergegeben: »Anno 1593 ist der edle gestrenge und ehrenfeste Dietrich von Quitzow auf Rühstädt erbsessen im Dorf Legde den 25. Oktober von einem Haufen trunkener Landsknechte unschuldigerweise erschlagen, folgenden Tages hierher zu Rühstädt gebracht und den 20. November in dieser Kirchen in volkreicher Versammlung ehrlicher und christlicherweise bestattet worden.«

Auf dem benachbarten Marmorgrabstein aber wird dem Mordopfer nur kurz und bündig bescheinigt, »in Gott selig entschlafen« zu sein: »Der verleihe ihm ein fröhliche Auferstehung.«

Reisetip:
Legde und Rühstädt liegen etwa zehn Kilometer von Bad Wilsnack, östlich der Elbe.
In Legde haben das Quitzow-Denkmal und die Dorfkirche (14. Jahrhundert) alle Zeitenstürme überdauert.
In Rühstädt ist nicht nur die Dorfkirche mit den Grabdenkmälern der Quitzows – die älteste Grabplatte stammt aus dem Jahre 1527 – sehenswert. (Die Kirche ist an Wochenenden geöffnet. Anmeldungen für Führungen – auch an Wochentagen – unter Tel. 038791/2775.)
Bis zu zwei Dutzend Storchenpaare, die alljährlich in der Elbgemeinde horsten, sind eine Augenweide für groß und klein und gewissermaßen ein heutiges Markenzeichen für Rühstedt.

Speisetip:
Legde: »Prignitzer Hof«, Tel. 038791/6242 und 2051; Spezialität: »Speisen wie zu Urzeiten«.

Die Räuberbraut
von Tangermünde

Über die Elbwiesen zieht herbstlicher Nebel. Feucht und kühl. Eine reglose Frauengestalt, halb im Buschwerk verborgen, starrt wie gebannt auf das schaurig-schöne Bild, das sich am jenseitigen Hochufer des Stromes bietet: Tangermünde wie im Feuerglanz. Von der scheidenden Sonne hervorgezaubert auf den Backsteinquadern der Stadtmauern und auf den Tortürmen, hinter denen trutzig die Stephanskirche thront.

Eine jähe Handbewegung. Der Frau gleitet das Kopftuch auf die Schultern. Sie ist jung. Dunkle Locken umranken das feingeschnittene Gesicht. Und sie ist schön. Doch aus den schwarzen Augen sprüht Zorn. Die junge Frau ballt die Fäuste und murmelt vor sich hin. Es ist wohl nichts Gutes, was Margarethe von Minden an diesem Herbsttag im Jahre 1617 der Stadt ihrer Väter wünscht.

Ein erbärmliches Leben ist der schönen Margarethe aufgezwungen worden. Samt und Seide stünden ihr zu und nicht der härene Kittel einer Landfahrerin. Denn die Minden-Sippe gehört zu den vornehmsten Familien in Tangermünde, ist seit hundert Jahren im Rathaus mit Sitz und Stimme vertreten. Doch Margarethe wird von der Verwandtschaft gemieden und gehaßt. Vom Onkel, dem hochfahrenden Ratsherrn Heinrich von Minden, gar als »Hurenkind« verachtet, dem man nichts schulde.

Die echten Beweggründe dieses Stadtpatriziers waren indessen alles andere als moralischer Natur. Das schwante schon seinem Zeitgenossen, dem Stadtchronisten und nachmaligen Bürgermeister Caspar Helmreich (1590-1665); das vermittelten Heimatforscher wie August Wilhelm Pohlmann (1828) und Ludolf Parisius (1878) und auch Hans Scholz, versierter und kritischer Fontane-Nachwanderer unserer Tage.

Fontane setzte zwar der Ausgestoßenen in seiner Erzählung »Grete Minde« (1880) ein literarisches Denkmal. Doch seine Heldin ist entgegen den Tatsachen »zur dämonisch Wahnsinnigen aus Rachebedürfnis hochstilisiert« (Scholz). Der Literaturkritiker Peter Demetz beschreibt die historische »Grete Minde« als »echten Pitavalcharakter, eine Täterin nicht aus Wahnsinn, sondern aus Trotz, Rachedurst und Kalkül«. Unbestritten ist nur, daß Margarethe (oder »Grete«) ein unstetes Leben führte und ein schlimmes Ende nahm.

Sie war die Tochter des Peter von Minden, Sohn eines Tangermünder Bürgermeisters. 1590 erschlug der jähzornige Junior einen Schankwirt und mußte vor dem Galgen das Weite suchen.

Peter tauchte als Soldat im kaiserlichen Heer unter. Ein »angeblich sittenloses Frauenzimmer« (Pohlmann), das er zum Eheweib nahm, brachte Margarethe zur Welt. Sie lag noch in den Windeln, als der Vater das Zeitliche segnete.

Aus dem Feldlager der Kaiserlichen gewiesen, machte sich die Soldatenwitwe nach dem fernen Tangermünde auf den Weg. Den Säugling schleppte sie mit. Ihre Absicht war, »das vermeinte väterliche Erbtheil ihres verstorbenen Gatten zu fordern« (Pohlmann). Da kam sie bei Schwager Heinrich, dem damaligen Haupt der Minden-Sippe, an die richtige Adresse. Der Bruder sei schon früher abgefunden worden, wies er barsch das Ansinnen zurück, zweifelte höhnisch eine legitime eheliche Bindung des Verstorbenen an und begehrte den Trauschein zu sehen.

Behauptung stand gegen Behauptung: Die Soldatenwitwe konnte keinen Trauschein vorzeigen, Peters Bruder nicht die angebliche Abfindung beweisen. Mehr oder weniger aufrichtige Schlichtungsversuche der Ratmannen scheiterten am Starrsinn des Heinrich von Minden. Hans Scholz kombiniert: »Aller Wahrscheinlichkeit nach eben Muschelmuschel, Schmodder, Krähensolidarität.« Darauf deutet auch ein Zitat aus der Tangermünder Reimchronik des Caspar Helmreich hin:
»Endlich von einem ehrbaren Rat
Die Sach also verglichen ward:
Daß Heinrich Minden vorgemeldt,
Sollt aus der Erbschaft zahlen Geld.
Ob er's aber hat deponiert
Oder davon sei recht quittiert:
Solches stell ich an seinen Ort
Und mache davon nicht viel Wort.
Wer dabei und drüber gewesen,
Mag Red und Antwort allstets geben.«
Erst zwei Jahrzehnte nach der ergebnislosen Anhörung im Rathaus kam ans Licht, daß die umstrittene Erbschaft vom Rat verwaltet wurde. Auch dem Zugriff des sich als Alleinerben aufspielenden Ratsherrn Heinrich unerreichbar. Er starb im Jahre 1616. Ohne zu ahnen, welches Unheil sein trotziger Dünkel über Tangermünde, aber auch über die verachtete Nichte heraufbeschwören sollte ...

Die um ihr vermeintliches Recht betrogene »Soldatenwittib ohne Trauschein, verließ unter Verwünschungen des Saal, das kann man ihr nicht verübeln. Sie stieg die Freitreppe zum Markt nieder. Man hat sie nie wieder gesehen.« (Scholz) Wie diese Frau ihre Tochter aufzog, den Haß der Betrogenen und Entrechteten nährend, läßt sich nur vermuten. Tatsächlich aber zog es die in der Fremde geborene Margarethe immer wieder nach Tangermünde, um ihre Erbansprüche geltend zu machen. Stets ohne Erfolg.

Die in ihrer Sippe Verstoßene wird in dieser Zeit als sittsames Ding geschildert, das sich als Magd verdingte. Zum Mißvergnügen der hochnäsigen Verwandtschaft. Die fand jedoch keine Handhabe, das »Hurenkind« des Schandflecks der Familie aus der Stadt zu vertreiben. Den Ackerbürgern von Tangermünde aber mag es eine Genugtuung gewesen sein, die »Kronzeugin ratsherrlicher Niedertracht: eines Bürgermeisters Enkelin nun eine der ihrigen!« (Scholz).

Doch das züchtige Leben der schönen Margarethe war nicht von Dauer.

EIN SCHUFT NAMENS TÖNNIES

An einem heißen Sommersonntag begleitet sie ihre Dienstherrschaft auf einem Ausflug in die Umgebung. Auf dem Heimweg kehrt die Gesellschaft in einer Schankwirtschaft der Vorstadt ein. Feuchtfröhlicher Lärm empfängt die nach einer Erfrischung Lechzenden. Der Wirt bringt Krüge mit schaumgekröntem »Kuhschwanz«, ein Lieblingsgetränk der Tangermünder.

Das weithin bekannte Bier ist zudem eine nie versiegende Quelle des Wohlstandes der Stadt.

Davon wollte auch einst der Landesherr profitieren. Er belegte den süffigen Gerstensaft mit einer Steuer, der »Bierziese«. Das paßte den Tangermündern nicht. Sie ließen ihn abblitzen. Kurfürst Johann Cicero (1486-1499) revanchierte sich mit der endgültigen Verlegung seiner Residenz von der Elbe an die Spree, nach Berlin ...

Auch an diesem Sonntag fließt in der Vorstadtwirtschaft der »Kuhschwanz«-Trunk in Strömen. Die ausgelassene Stimmung steigt noch, als fahrende Sänger mit

Fiedel und Klampfe zum Tanz aufspielen. Margarethe, losgelöst von Alltagsnöten, folgt nur zu gerne dem Burschen, der sie mit linkischem Kratzfuß zum Reigen holt.

Er gefällt ihr auf den ersten Blick, der blonde Antonius Meilahn, den sie auch Tönnies rufen. Was ihm an Körpergröße abgeht, macht sein Mundwerk wett. Er zeigt seiner Tänzerin schöne Augen und schwatzt drauflos. Hochherrschaftlicher Kutscher bei den Grafen Itzenplitz sei er gewesen. Nichts auf die Dauer für einen echten Kerl. Drum habe er sich der Fahne verschrieben. Ein Soldat wie mein Vater, denkt Margarethe, und schmiegt sich fester in seinen Arm.

Nach diesem Sonntag in der Schenke treffen sie sich immer häufiger. Ein Heuschober auf den Elbwiesen wird das erste Liebeslager. Es kommt schließlich der Tag, da Margarethe ihrer Herrschaft den Dienst aufkündigt: »Wir gehen nach Stendal, der Tönnies und ich. Wollen heiraten.«

Bald danach gibt es für Margarethe Meilahn, geborene von Minden, ein böses Erwachen. Ihr heißgeliebter Tönnies entpuppt sich als Liederjan und Taugenichts, der ehrliche Arbeit scheut.

Sein Sold zerrinnt bei Würfelspiel und Suff. Im Hause Meilahn wird Schmalhans Küchenmeister. Margarethe muß ihre wenigen Habseligkeiten zu Geld machen. Am Ende sogar die Betten.

In der allerärgsten Not versucht sie wieder ihr Glück im Tangermünder Rathaus. Und wiederum umsonst ...

Inzwischen mag der schlitzohrige Tönnies erkannt haben, daß er die Hoffnung auf eine reiche Erbschaft seines Eheweibes begraben kann. Er ging nun eigene Wege, hing den Soldatenrock an den Nagel und machte fortan an der Spitze eines Haufens Gleichgearteter Landstraßen und Bauernhöfe der Altmark unsicher. »Auf die

Gart« gehen, hieß das im Volksmund – und bedeutete organisiertes Stehlen, Plündern, Rauben, Morden. Ihrem Tönnies trotz allem hörig, begab sich Margarethe zeitweise in die Gesellschaft seiner Spießgesellen. Sie mögen sie als Räuberbraut akzeptiert haben. »Selbst Parisius (leidenschaftlicher Verfechter ihrer Schuldlosigkeit, d. V.) muß gestehen, daß Margarethe doch wenigstens bei einem der Raubüberfälle der Tönnies-Bande nachgewiesenermaßen zugegen gewesen ist.« (Scholz)

Die Geburt eines Sohnes kümmerte den nunmehrigen Straßenräuber herzlich wenig. Mit seiner Horde und einer Liebsten namens Liese zog er wochenlang auf Raub aus. Von der Beute fiel für Weib und Kind nur sehr selten etwas ab. Margarethe sank zur Bettlerin herab, wanderte mit dem Kind von Dorf zu Dorf, in der Hoffnung auf milde Gaben und ein Obdach. Doch sie zerbrach nicht an all dem Elend.

Widerstand mit der angeborenen Unbeugsamkeit der Minden-Sippe. Keinen Augenblick vergessend, daß an ihrem jämmerlichen Dasein Tönnies Meilahn nicht die Alleinschuld trug.

Im Flecken Apenburg (heute Großapenburg) fand sie beim Dorfkuhhirten endlich eine Bleibe für sich und das Kind. Nun besann sich die Tochter des vom Ratsherrn Heinrich verunglimpften »Soldatenmenschers« auf gewisse, von der Mutter erlernte Fähigkeiten: Wahrsagen und Handel mit selbstgebrauten »Liebestränken«. Dazu »zauberkräftige« Alraune und Galgenmännlein, die sie aus Wurzeln und getrockneten Fröschen herstellte. Bei dieser Arbeit half ihr gelegentlich ein Mitglied der Tönnies-Bande: Merten Emmert, ein Schlawiner wie der Bandenführer, mochte ein Auge auf die bei aller Armut propere Strohwitwe geworfen haben.

Merten war das schwarze Schaf einer wohlhabenden Familie im Magdeburgischen, die ihn längst aus dem

Gedächtnis getilgt hatte. Ihm war es also ähnlich ergangen wie Margarethe. Grund genug, sich näher zu kommen und anzuvertrauen. Auf diesem Wege mag sie von Merten erfahren haben, daß die Bande etwas gegen die Tangermünder Pfeffersäcke im Schilde führte, etlichen Stadtfräcken die Hölle heißmachen wollte. Ließ die Genugtuung darüber Margarethens schwelenden Haß entflammen? Rief sie sich das Bild der in der Abendsonne aufglühenden Stadt in Erinnerung. Das hat ihr wohl den wahnwitzigen Gedanken eingegeben: Brennen sollen sie! Alle! Eine möglicherweise von Emmert weitergereichte Botschaft, die dem Vorhaben der Banditen prinzipiell entsprach ...

TANGERMÜNDES LÄNGSTE NACHT

Nachtwind heult in heftigen Stößen um den Turm der Stephanskirche. Gähnend und fröstelnd blickt der Türmer auf die Dächer der schlafenden Stadt hinab. Die Dunkelheit verbirgt ihm Gestalten, die durch die engen Gassen mit den Häusern aus Holz und Lehm huschen. Er denkt an das warme Bett, das ihn bald drunten in der Kirchstraße erwartet. Die Turmglocke kündet die zweite Stunde des 13. September 1617 an. Nicht nur der Türmer wird sie sein Lebtag nicht mehr vergessen.

Aus der Finsternis, die auf dem Dächermeer lastet, lodert es plötzlich feurig zum Nachthimmel empor. An drei Stellen fast gleichzeitig. Der Wind erfaßt die stiebenden Funken, treibt sie vor sich her, wirft sie auf strohgedeckte und hölzerne Dächer.

Der Türmer schüttelt das Entsetzen ab und stürzt zum Seil der Feuerglocke. Ihr Gellen zerreißt die nächtliche Stille. »Feurio! Feurio!« Der Schreckensruf treibt die aus dem Schlaf Gerissenen aus den im Funkenflug auflodernden Behausungen. Unaufhaltsam frißt sich das Feuer durch die vom Flammenschein taghell erleuchteten Gassen. Und der Wind entfacht immer neue Brände. Er vereitelt die Löschversuche beherzter Bürger. Machtlos müssen die Tangermünder zuschauen, wie ihr Hab und Gut in Schutt und Asche fällt und ihre als »Zweites Nürnberg« gerühmte Heimatstadt in einem Flammenmeer untergeht.

Viele sinken auf die Knie und beten, als ein Mönch aus dem nahen Kloster eifert: »Erkennt die Zuchtrute des Herrn! Gerechte Strafe für die Gottlosen unter euch, die unsere heilige Kirche verrieten und dem Ketzer Luther folgten!« Merten Emmert, der sich rauchgeschwärzt gerade aus dem Stadttor stehlen will, lacht sich schadenfroh ins Fäustchen. Er weiß es besser ...

Tangermündes längste Nacht endet erst am anderen Mittag, als Regen die Brandwolken vertreibt.

Die Bilanz der Katastrophe ist niederschmetternd: Tote und Verletzte in noch unbekannter Zahl. 486 Häuser, nahezu der ganze Stadtkern, bis auf die Fundamente niedergebrannt. Dazu 53 randvoll gefüllte Scheunen. Verschont nur die Quartiere zwischen Rathaus und Neustadt.

Die Brandursache wird schnell ermittelt: Nicht göttlicher Zorn, sondern Menschenhand hatte das Feuer gelegt, mittels Lunten von stundenlanger Brenndauer. Unter den drei Brandherden befindet sich das Haus des Kantors der Stephanskirche. Wohnsitz einer dem Vater nachgeratenen Tochter des Ratsherrn Heinrich von Minden. Im Augenblick kein Grund, irgendeinen bestimmten Verdacht zu schöpfen.

Noch drücken die Tangermünder andere Sorgen: Hunderte vegetieren nach der Brandnacht auf den Feldern unter freiem Himmel, in Scheunen, Ställen, Kellern. Zur Linderung der größten Not spenden die Bürger von

Stendal der schwergeprüften Nachbarstadt Brot, Decken, Geld und – als tröstende Draufgabe – Bier. Als sich die Kunde von der Feuersbrunst weiter verbreitet, kommen Hilfe und Unterstützung auch aus entfernteren Städten. »De Tangermünder hebben den mot«, lautet ein althergebrachtes Bürgerwort. Diesem Leitspruch folgend, begann der Wiederaufbau der Stadt, der aber von unbekannter Hand immer wieder gestört und behindert wird.

Schon in der ersten Bauholzlieferung von tausend Eichenstämmen fand man – in einem hohlen Stamm versteckt – eine zur Explosion vorbereitete Pulverladung. Sie war zum Glück feucht geworden. Kaum aber standen die Baugerüste, gingen in der Stadt erneut Häuser in Flammen auf. Von den Brandstiftern fehlte wieder jede Spur.

In der Furcht vor einer Wiederholung der großen Feuersnot nahmen die Tangermünder Zuflucht zu öffentlichen Gebeten, »um vom Himmel die Entdeckung der Frevler zu erbitten« (Parisius). Die Ängste wurden überdies durch mysteriöse, mit Drohungen gespickte Flugzettel genährt, die vielerorts in der Stadt auftauchten. Namentlich bezeichnete Bürger und Stadtbeamte wie der Marktmeister (= Polizeiorgan) sollten schleunigst aus Tangermünde verschwinden, »or wi willen balle kommen« und auch die Neustadt, die bisher unbeschädigten Häuser und alle Neubauten einäschern.

»Die Schurken stellten also auch noch erpresserische Forderungen ... Es unterlag auch keinem Zweifel, daß die Brandstifter Helfershelfer in der Stadt selbst hatten. Sympathisanten. Wie sich nachher herausstellte, waren es just mit der Suche nach den Frevlern Beauftragte aus dem niederen Volk, die jenen, statt sie anzuzeigen, Winke gaben und halfen, die Zettel unter die Leute zu bringen ... Als Margarethe von Minden später vor ihrer Aburteilung stand, gab es Aufstände unter dem Stadtvolk, weil der

Rat durch Verweigerung der Auszahlung des deponierten Geldes den Racheakt veranlaßt habe. So urteilte der Mann auf der Straße, was allerdings zur Voraussetzung hatte, daß man von Margarethens Schuld allgemein überzeugt war. Das kann, aber muß nicht falsch sein.« (Scholz) Jedenfalls hielt sie sich an dem verhängnisvollen 13. September 1617 nicht in Tangermünde auf. Zeugen wollten sie an jenem Tag in Apenburg gesehen haben.

EIN STRASSENRÄUBER WIRD ENTLARVT

Das Jahr 1619 bricht an. In Tangermünde sind die Spuren des großen Feuers weitgehend getilgt. Höchstens beim abendlichen Umtrunk in den Schenken erinnert man sich der Erpresser-Drohungen, die letztendlich im Sande verliefen. In Hitze geraten die Zecher eher über böse Kunde aus dem Süden des Heiligen Römischen Reiches Deutscher Nation. In Böhmen und in der Pfalz haben im vorangegangenen Frühjahr katholische und protestantische Fürsten die Waffen gegeneinander erhoben, sich gar mit Feinden des Reiches verbündet. Ein großer Krieg droht. Er wird – was niemand auch nur annähernd ahnen kann – dreißig schreckliche Jahre dauern, in denen landfremde Eroberer Tangermünde siebenmal heimsuchen werden ...

Tönnies Meilahn ist inzwischen – wohl des zügellosen Lebens überdrüssig – zu Weib und Kind zurückgekehrt. In den ersten Januartagen läßt er sich mit ihnen in Tangermünde nieder. Kehrt der Verbrecher an den Tatort, der ihn magisch anzieht, zurück? Will er vielleicht seßhaft werden, nachdem die untereinander zerstrittene Bande auseinanderlief? Margarethe jedenfalls ist gekommen, vom Hohen Rat erneut ihr Recht und Erbe einzufordern, demütig, aber entschlossen.

Der nun amtierende Bürgermeister Caspar Helmreich weist der hartnäckigen Bittstellerin nicht sogleich die Tür. Er hat gegen den unseligen Erbschaftsstreit der Minden-Sippe von jeher Bedenken geäußert. Doch die von den Amtsvorgängern getroffene Entscheidung kann oder will er nicht rückgängig machen. Ganz ohne Trost aber will er die Unglückselige nicht ziehen lassen. Sie erhält also fünf Taler aus der Schatulle des Regierenden. Auch eine Bitte sei ihr erfüllt: Ihr Ehemann, der Antonius Meilahn, kann als bewaffneter Stadtknecht in die Dienste des Rates treten.

Der zukünftige Stadtbüttel schlägt sich vergnügt auf die Schenkel, als Margarethe ihm ausrichtet, er möge sich im Rathaus zur Anwerbung vorstellen. Potz Donner, der wilde Tönnies, der Schnapphahn und Wegelagerer, ein zahmer Stadtknecht?! Wenn das seine Gesellen aus »Gart«-Tagen wüßten.

Aber diese Vergangenheit kennt ja Bürgermeister Helmreich nicht. Noch nicht.

Vom Turm der Stephanskirche tönt die Glocke. Elf Uhr. Die Stunde, da sich die Ratmannen versammeln. Keck betritt Tönnies Meilahn das Rathaus. Es ist Markttag, und in der Vorhalle warten Bürger und Landleute, die Anliegen vorbringen wollen. Tönnies gesellt sich zu ihnen, in der Vorfreude auf das Handgeld, das ihm zu einem tüchtigen Schluck in der nächsten Schenke verhelfen soll ...

Da fühlt er sich am Wams gepackt. Eine Frau steht vor ihm. Schreckensbleich, das Gesicht verzerrt, schreit sie: »Helft, Leute, faßt diesen da! Ein Straßenräuber, ein Totschläger! Mit anderen Kerlen hat er mich auf der Landstraß' angefallen. Mein bißchen Geld genommen, was ich auf dem Markt verdient'.«

Tönnies erschrickt. Doch frech schüttelt er die Hand der Bauersfrau ab.

»Du bist rasend, Weib. Ich hab' dich noch nie gesehen. Laß mich in Frieden.«

»Du bist es! Hab' dein Gesicht nicht vergessen, als ihr mich geschlagen und getreten habt. Du warst der Schlimmste von allen!«

»Führt ihn vor den Rat. Er soll Red' und Antwort stehen«, ruft es aus der Menge, die sich um die Streitenden schart. Ein paar Männer drängen heran, den Beschuldigten zu ergreifen.

Doch Tönnies reißt sich los, durchbricht den Kreis und springt die breite Freitreppe hinunter. Vom Marktgewimmel gedeckt, gelingt ihm die Flucht aus der Stadt.

Er kommt nicht weit. Auf den Elbwiesen holen ihn die vom Rat ausgeschickten berittenen Stadtknechte ein. Der entlarvte Straßenbandit findet sich hinter den meterdicken Mauern des Gefängnisturms hoch über der Elbe wieder. Und bald wird Margarethe sein Schicksal teilen.

FOLTER UND FEUER

Vor den Hohen Rat gebracht, gab Tönnies Meilahn bald das Leugnen auf. Der Anblick vorgezeigter Folterwerkzeuge löste ihm die Zunge. Wohl auch die vage Hoffnung auf mildere Bestrafung. Der Überfall auf die Bauersfrau war nur eine von vielen Untaten, die er bereitwillig eingestand, zur großen Verwunderung der Gestrengen. Geschwätzig nannte er auch die Schlupfwinkel seiner einstigen Bande in Brandenburg und Calbe. Belastete den Spießgesellen Merten Emmert als alleinschuldigen Brandstifter. Der hätte vor zwei Jahren mit selbst hergestellten Lunten das Feuer in Tangermünde gelegt. Seine persönliche Verantwortung verkleinerte Tönnies. Er leugnete dreist. Als die vernehmenden Richter das

Verhör auf die »Mordbrennerei« konzentrierten, geriet der Redestrom ins Stocken, und so blieb ihm die »peinliche Befragung« trotz aller Geschwätzigkeit nicht erspart: Streckbank und Daumenschrauben, Zwangsmittel einer zweifelhaften Wahrheitsfindung.

Das Protokoll der hochnotpeinlichen Befragung füllte sich alsbald mit weiteren Details der »Mordbrennerei«. Und es fiel Margarethens Name. Die verhörenden Richter stutzten. Das Minden-Menscher, Tochter eines stadtflüchtigen Totschlägers, die frech ihr vermeintliches Recht forderte. Oft schon hitzig und unbeherrscht. War sie etwa die Urheberin gewesen? Hatte sie das Feuer legen lassen, um Rache zu nehmen? Und ging nicht von einem Minden-Haus die Feuersbrunst aus? Fester die Daumenschrauben angezogen. Die Glieder gestreckt, bis die Gelenke knacken. Die Wahrheit, Meilahn, die volle Wahrheit. Stöhnend sagte der Gefolterte aus, was sie hören wollten, die Gestrengen vom Hohen Rat. Was für eine Wahrheit war das, die er von sich gab, der Schurke und Feigling. Ein Lumpenhund, der das eigene Weib dem Henker preisgab, immer noch im Glauben, damit seine Haut retten zu können.

Jawohl, ihr Herren, die Grete war es. Sie hatte ihn, den Merten Emmert und die anderen dazu gebracht. Es war ihr Plan. Rächen wollte sie sich, an der Minden-Verwandtschaft, am Rat, an der ganzen Stadt. Auch früher hatte sie sich als Anführerin aufgespielt, ohne sich selber die feinen Finger schmutzig zu machen. War ja auch in Apenburg, als in Tangermünde gezündelt wurde.

Es gab auch andere, den ungeheuerlichen Behauptungen widersprechende Aussagen. »Die Frage, was denn eine ganze rauhbeinige Bande von Gartbrüdern veranlaßt haben könnte, sich für eine fremde und ungewisse Angelegenheit so stark zu machen, daß sie alle miteinander ein todeswürdiges Verbrechen auf sich luden, diese Frage steht doch zur Beantwortung noch aus.« (Scholz)

Margarethens Richter hielten sie für beantwortet. Vermutlich, weil die einflußreichen Erbschleicher insgeheim ihre Macht nutzten, die lästige, dem Ansehen der Minden-Sippe schadende Mahnerin endgültig mundtot zu machen.

So halfen Margarethe weder entlastende Zeugenaussagen noch die eigene Beteuerung ihrer Schuldlosigkeit. Das Recht des Stärkeren brach den Stab über die Unselige. Der Grundsatz »in dubio pro reo« (im Zweifel zugunsten des Angeklagten) galt noch lange nicht, vielmehr die 1532 erlassene »Halsnothpeinliche Gerichtsordnung« Kaiser Karls V. (1500-1588). Das Urteil gegen die »Räuberbraut« wurde nach Artikel 129 »Straf für Brenner« gefällt. Ein grausames, barbarisches Urteil, noch heute im Tangermünder Heimatmuseum nachzulesen: »So mag sie deswegen vor endlicher Tödtung Auff einem Wagen bis zur Richtstädt umbgeführt, ihre fünf Finger an der Rechten Hand, einer nach dem anderen mit glühenden Zangen abgezwacket, Nachmalen ihr Leib mitt vier glühenden Zangen, nemlich in der brust und Arm gegriffen, Folgig mit eisern Ketten uff einen erhabenen Pfahl angeschmiedet, lebendig geschmochet und also vom leben zum Tode verrichtet werden, von Rechts wegen.«

Margarethe von Minden starb, kaum dreißig Jahre alt, am 22. März 1619 zu Tangermünde auf dem Scheiterhaufen. Mit ihr der schurkische Tönnies Meilahn und Merten Emmert, der Feuerleger.

Es war – so ein später dem Urteilstext hinzugefügter Kommentar – im Fall der Margarethe von Minden ein »Justizmord aus Habgier«. Stichhaltige Beweise dafür existieren nicht. Der Leumund der »von Rechts wegen« zu Tode Gemarterten ist denn auch heute noch in

Tangermünde umstritten. Das brachte Hans Scholz in einer Unterhaltung mit Museumsangestellten in Erfahrung: »Brandstifterin, nein! Aber getaugt hat sie auch nichts und ist von Hause weg und mit einem Schausteller oder was über Land gezogen. Von dem hat sie ein Kind gehabt. Jaja, sie stammte aus einer Ratsfamilie, und der Großvater hat ihr auch 100 Taler ausgezahlt, als sie das Mindesche Haus verlassen hat. Aber der Kerl, der Schausteller oder was, hat erst recht nichts getaugt und das Geld, das wohl ein Pflichtteil gewesen sein muß, verpraßt und verjubelt. Versoffen, auf deutsch gesagt. Und sie hat auch getrunken und war eben verkommen.«

Also doch der zur Last gelegten Verbrechen fähig gewesen? Wohl kaum. Immerhin gibt zu denken, daß bald nach der Urteilsvollstreckung eine Untersuchungskommission aus Berlin in Tangermünde eintraf. Mit einer Order des Kurfürsten Georg Wilhelm (1616-1640), dem unmündigen Sohn der Margarethe von Minden im dortigen Paulinerkloster eine »ordentliche Erziehung« angedeihen zu lassen. Auf Kosten des Hohen Rates von Tangermünde. Der aber dürfte wohl auf das in der Ratsschatulle verwahrte Erbe der armen Räuberbraut zurückgegriffen haben.

Reisetip:
Tangermünde (jetzt in Sachsen-Anhalt) liegt auf dem linken Elbufer, erreichbar über B 107 (Genthin-Havelberg) oder B 188 (Rathenow-Stendal).
In der Altstadt Fachwerkbauten aus dem späten 17. Jahrhundert, Stephanskirche und spätgotischer Backsteinbau des Rathauses. Das Stadtbild wird durch den Kranz mittelalterlicher Wehrmauern und Tortürme bestimmt, über dem das Burgplateau mit Resten der Tangermünder Burg aus dem 14.

Jahrhundert thront. Das Rathaus am Markt, einer der großartigsten Bürgerbauten norddeutscher Backsteingotik (15. Jahrhundert), beherbergt das Heimatmuseum (Öffnungszeiten: Di bis So von 10 bis 12 Uhr und von 14 bis 17 Uhr). Stadtführungen Sa/So 14 Uhr ab Rathaus.
Das »zweite Venedig« oder »märkische Rothenburg« wirkt am eindrucksvollsten vom jenseitigen Elbufer im sommerlichen Abendlicht. Dann scheinen die roten Ziegelmauern auf dem Ufer aufzuglühen.
Lohnende Abstecher in die nähere Umgebung führen zu Klosterkirche und -museum Jerichow am Ufer eines Altarms der Elbe (geöffnet: Mo bis Fr 14 Uhr, Sa/So 11 und 14 Uhr, Museum Di bis So 10 bis 12 Uhr und 13 bis 16 Uhr) sowie auf dem rechten Elbufer zum Geburtsort Otto von Bismarcks, dem Dorf Schönhausen. In der spätromanischen Dorfkirche von 1212 zahlreiche Grabdenkmäler der Familie von Bismarck.

Speisetip:
Tangermünde: »Elbpark«, Hünerdorfer Str. 45, Tel. 039322/3698; Spezialität: Bauernfrühstück nach altmärkischer Rezeptur.

Tödliches Tabakskollegium zu Königs Wusterhausen

Das letzte Halali ist verklungen, die Jagdsaison in den Wäldern um Königs Wusterhausen beendet. Auf dem Hof der Jagdresidenz ist Rot- und Schwarzwild aufgeschichtet. Die Strecke fiel an diesem 3. November 1722, dem Hubertustag, besonders reichlich aus. Zur vollen Zufriedenheit des Jagdherrn. Der ist nicht nur ein leidenschaftlicher Nimrod: König Friedrich Wilhelm I. (1688-1740) denkt angesichts des erlegten Wildbrets auch kommerziell.

Deshalb sind vor dem Hintergrund des Jagdschlosses Königs Wusterhausen neben Waidgefährten und Treibern auch Handelsleute aus Berlin und Umgebung versammelt. Diesen offeriert der königliche Kaufmann in einer launigen Ansprache die Hirsche, Sauen und Keiler, weil »das Wildfleisch Kraft gibt«. Außerdem sei der von ihm verlangte Preis »niedriger als das weichliche Kalb«.

Für ein Wildschwein veranschlagt Seine Majestät vier bis fünf Taler, läßt aber auch mit sich handeln. Um Abnehmer ist dem König nicht bange. Was nicht in die Schloßküche wandert oder auf dem Vorplatz veräußert werden kann, wird per Order den höheren Staatsdienern zugeteilt. Selbstverständlich nicht umsonst.

Der königliche Wildbrethandel muß ein gutes Geschäft gewesen sein. Erfährt man doch aus überlieferten Jagdberichten, daß Friedrich Wilhelm zwischen 1717 und 1738 »allein eigenhändig« mehr als 25.000 Rebhühner, fast 1.500 Fasane und ebensoviele Hasen sowie einige tausend Sauen und Keiler schoß. Jagen war eben im Brandenburgischen schon immer das Hobby großer Herren, bis in die Neuzeit.

Von Ende August bis Anfang November jeden Jahres hallten Wald und Feldmark um Königs Wusterhausen vom Kläffen der Hundemeute und den Hörnern der Piköre wider. Fröhliche und unbeschwerte Wochen waren's für den Herrscher, im Kreise trinkfester Jagdgenossen.

Seine Familie, von der er auch in Königs Wusterhausen unbedingten Gehorsam forderte, mag freilich die Jagdsaison als Alptraum erlebt haben. Besonders Prinzessin Wilhelmine, die Lieblingsschwester Friedrichs des Großen und spätere Markgräfin von Bayreuth, litt darunter. In ihren Memoiren beschrieb sie das spartanische Leben in der Jagdresidenz, deren Turm an einen »einstigen Diebswinkel, von einer Bande Räuber erbaut« erinnerte: »Am Eingang in den Schloßhof hielten zwei Bären Wacht, böse Tiere, die auf ihren Hintertatzen herumspazierten, weil man ihnen die vorderen abgeschnitten hatte (tatsächlich waren sie den Tieren im Genick zusammengebunden, um durch den damit erzwungenen aufrechten Gang erschreckender zu wirken, d. V) ... Meine Schwester Charlotte und ich, hatten für uns und unser ganzes Gefolge nur zwei Zimmer oder vielmehr zwei Dachstübchen. Wie auch das Wetter sein mochte, wir aßen zu Mittag immer nur im Freien unter einem Zelte, das unter einer Linde aufgeschlagen war. Bei starkem Regen saßen wir bis an die Waden im Wasser, da der Platz vertieft war ... In Berlin hatte ich das Fegefeuer, in Wusterhausen aber die Hölle zu erdulden.«

Wilhelmine und Friedrich haßten den Ort, an dem auch willkürlich über ihr persönliches Schicksal entschieden wurde, was zwei unglückliche Ehen zur Folge hatte. Und das vom Vater bevorzugte und gepflegte Tabakkollegium, eine ausschließliche Männerrunde, verurteilten beide als »roh und gemein«. Dabei waren diese Herrengesellschaften stammtischähnlicher Natur keine Erfindung des »Soldatenkönigs«. Schon sein Urgroßvater, Kurfürst Georg Wilhelm, von dem es hieß, er konnte »humpenweise Bier und Wein hinter den Spitzenkragen gießen«, ebenso Großvater und Vater, der Große Kurfürst und König Friedrich I., hatten ihre Tabakkollegien. Friedrich Wilhelm I. dürfte die dabei geltenden Regeln lediglich seinen eigenen Vorstellungen angepaßt haben.

»Das Tabakkollegium«, konstatierte Theodor Fontane, »war nach einer bestimmten Seite hin nichts anderes als eine Wiederbelebung des Hofnarrentums einer früheren Epoche.« Eingebettet in ein höfisches Treiben, dem damals ein Bürgerlexikon die kritische Betrachtung widmete: »Das Hofleben ist zu allen Zeiten einesteils wegen der unbeständigen Herrengunst, wegen derer vielen Neider, heimlichen Verleumder und offenbaren Feinde als etwas Gefährliches, andernteils, wegen des Müßiggangs, Wollust und Üppigkeit, so zum öfteren daselbst betrieben wird, als etwas Laster-Tadelhaftes beschrieben worden. Es haben aber zu allen Zeiten sich auch Hofleute gefunden, die durch ihre Klugheit die gefährlichen Steine des Anstoßes vermieden ... Gleichwohl wird nicht vergeblich gesagt, daß nahe bei Hofe, sei nahe bei der Hölle.« So verhielt es sich auch mit dem Tabakkollegium ...

Die Schloßuhr der Jagdresidenz zeigt die fünfte Nachmittagsstunde an. Im Kamin des Speisesaals im Erdgeschoß prasselt ein wärmendes Feuer. Um den wuchtigen Tisch in der Mitte sitzen lesend, rauchend, debattierend oder mit Brettspiel beschäftigt, ranghohe Offiziere und Beamte des Hofes. Über ihren Köpfen verbreitet sich eine mit dem Qualm holländischen Tabaks vermischte Wolke aus Bier- und Weindunst. Das Tabakkollegium in Erwartung seines Präses.

Ein vierschrötiger, zur Korpulenz neigender Mittdreißiger in der schmucklosen Uniform eines preußischen Obristen betritt den kleinen Saal. Leicht auf einen Krückstock gestützt, überfliegt ein forschender Blick aus stahlblauen Augen die Runde. Sein Begleiter, der Kammerdiener Abt, rückt ihm den Schemel zurecht.

Friedrich Wilhelm macht es sich bequem. Stopft eine der auf dem Tisch ausliegenden kurzen Tonpfeifen, pafft genüßlich und läßt sich einen gefüllten Bierkrug reichen. Mustert nun leutselig die Tischgenossen. Zwanzig und mehr sind es heute. Meist Kampfgefährten aus früheren Kriegstagen an der Seite des Prinzen Eugen dem Türkenbezwinger. Er nickt dem Fürsten Leopold von Anhalt-Dessau zu, den sie den »Alten Dessauer« nennen, grüßt den narbenbedeckten Generalleutnant von Pannewitz. Er sieht Friedrich Wilhelm von Grumbkow, seinen Ersten Minister, im vertraulichen Gespräch mit dem kaiserlichen Gesandten Graf Seckendorff. Lächelt, da dieser als passionierter Nichtraucher mit einer kalten Tabakspfeife spielt. Denn es herrscht an dieser Tafel Pfeifenzwang, und der König, der auf einer Sitzung bis zu dreißig Pfeifen raucht, achtet streng auf die Einhaltung der ungeschriebenen Regeln des Kollegiums.

Danach durfte auch niemand Notiz von seinem Eintreten in den Saal nehmen. »Es mußte weitergespielt und -gelesen werden«, beschrieb Joachim von Kürenberg das Zeremoniell.

»Stets lagen hier fünf Zeitungen auf: eine holländische, eine französische, ein Journal aus Wien, und zwei deutsche Blätter, nämlich je eines aus Frankfurt und Hamburg; Berliner Zeitungen waren verpönt, weil sie (nach Meinung Friedrich Wilhelms, d. V.) aus anderen Blättern nur abschrieben. Standen Angriffe gegen den König, auf seine Politik oder gegen Maßnahmen im Lande, so wurden sie freimütig besprochen. Dabei beteiligten sich alle Anwesenden, meistens Offiziere und Herren vom Hof, aber auch Durchreisende, die der König mit Vorliebe, um Neues zu hören, heranzog. Gesprächsthemen über Literatur, Kunst oder Wissenschaft blieben aber unerwünscht, wurden sie aber angeschlagen, so verwies der König auf seinen Hofnarren, den Freiherrn Jakob Paul von Gundling, der die Antwort zu geben hatte.«

EIN NARR WIDER WILLEN

Das oft bis in den frühen Morgen tagende Tabakkollegium erschöpfte sich keineswegs in stundenlangen Disputen. Bei aller bis zur Knauserei reichenden Sparsamkeit war Friedrich Wilhelm kein Kostverächter. Bei passender Gelegenheit erzählte Minister Grumbkow dem Grafen Seckendorff: »Seine Majestät hat gestern wie ein Wolf bei mir zu Mittag gegessen und ebenfalls zu Abend, er besoff sich und ging um Mitternacht fort.«

Majestät ließ also auch die Herren seiner Tafelrunde nicht darben: »Zu trinken gab es Rhein-, auch Ungarnwein, der letztere meistens vom Kaiser von Österreich geschenkt; dann aber auch viel Bier, das in weißen Krügen auf den Tisch kam. Zu den beliebtesten Bieren zählte man den Duckstein aus Braunschweig, Schwedisches von Potsdam und Moll, woher nach Ansicht der Köpenicker, die dieses Bier brauten, der Ausdruck ›Molle‹ stammen soll.

Während des Trinkens wurden Platten mit gebackenen Fröschen in Baumöl gereicht, aber auch kaltes Fleisch, Käse und Zuckerbrot. Brettspiel und Puppentheater unterhielt die Gesellschaft oft bis zum frühen Morgen. Es kam aber auch vor, daß der König selbst Kunststücke vormachte, denn er war ein ganz ausgezeichneter Taschenspieler, der schon mehrere Wunderdoktoren entlarvt, dafür aber auch ihre Kniffe übernommen hatte.« (Kürenberg)

Mit vorrückender Stunde nahm auch die Ausgelassenheit der Bier- und Weinseligen zu. Man ergötzte sich an derben, oftmals rohen Späßen ...

Um den mit umgestürzten Humpen, glimmenden Pfeifenlunten, Asche- und Speiseresten bedeckten Tisch torkelt eine seltsame Gestalt. Kleinwüchsig, in einem altmodischen gestickten Prachtrock mit französischen Puffärmeln und bänderverzierten Kniehosen. Auf dem Kopf eine hochgetürmte Staatsperücke aus hundert Locken.

Aus glasig wirkenden Augen blinzelnd, versucht das Männchen mit fahrigen Handbewegungen den heißen Tabaksqualm zu vertreiben, den ihm die übermütigen Zechkumpane in die Haarpracht blasen. Es gelingt ihm nicht. So verwandeln sich die aus Ziegenhaar gedrehten fettigen Locken binnen kurzem in triefende Stränge. Sie fallen dem Gefoppten über das Gesicht und bis auf die Hüften.

Ein jämmerlicher Anblick, der die Runde köstlich amüsiert. Der König wischt sich Lachtränen aus den Augen. »Bleib Er nur so, Gundling. Ich mache ihn zur obersten Vogelscheuche in Preußen!« Benommen von der hemmungslosen Heiterkeit, läßt sich Friedrich Wilhelms Hofnarr mit dem einfältigen Lächeln der Trunkenheit auf einen Schemel sinken ...

Dabei war dieser Mann alles andere als ein Narr: Jakob Paul Freiherr von Gundling, Präsident der Königlichen Societät (= Akademie) der Wissenschaften, galt weithin als hochgebildeter und sprachenkundiger Gelehrter: Historiker, Jurist und Ökonom. Und ließ sich dennoch zum dummen August eines Königs deklassieren, dem nur Militärs etwas galten: »Die ganze Akademie kann der Teufel holen!« Deren Präsident gar war in Friedrich Wilhelms Augen ein Niemand. Ein Spielball seiner Launen. Ein Hanswurst von königlichen Gnaden.

Gundling unterwarf sich nicht aus freien Stücken. Dem 1673 geborenen Nürnberger Pastorensohn wurde der Regierungsantritt des »Soldatenkönigs« zum Verhängnis. Abgestoßen von der verschwenderischen, prunksüchtigen Lebens- und Hofhaltung König Friedrichs I., seines Vaters, führte der Sohn nach der Thronbesteigung (1713) ein auf äußerste Sparsamkeit gegründetes Regime ein. Dem fielen nicht nur kostbares Tafelgeschirr und Prunkkarossen zum Opfer. Auch nach des neuen Herrschers Meinung »überflüssige Hofschranzen und Aktenschmierer«.

Davon hatte es in der Regierungszeit Friedrichs I. geradezu gewimmelt. Der König »verfügte über einen Hofstaat von gewaltigen Ausmaßen: mit Schloßhauptmann, Hofmarschall, Oberschenk, sechzehn Kämmerern, zweiunddreißig Kammerjunkern, sieben Hofjunkern, vierundzwanzig Pagen und einer großen Anzahl von Hof-Kammer- und Hof-Staats-Bedienten bis hinunter zu den Heiducken, Kammerdienern und königlichen Stallbedienten, dem Hofküchenmeister mit einem Speisemeister, mit fünf Hof- und Reiseküchenschreibern, fünf Mundköchen, acht Meisterköchen, drei Brettmeistern, sieben Topfknechten, fünf Hof- und Reiseschlächtern, zwei Fischwärtern, einem Hühnermeister – in den oberen Chargen ein Apparat von Trägern größtenteils funktionsloser Ehrenämter wie an vielen Höfen deutscher Kleinfürsten« (Historiker Theodor Schieder). Der auf Sparsamkeit bedachte Thronfolger machte tabula rasa!

Auch Gundlings Professur an der Berliner Ritterakademie sowie seine Stelle als historischer Mitarbeiter am königlichen Oberheroldsamt wurden gestrichen.

Statt dessen berief Friedrich Wilhelm den vielseitigen Gelehrten zu seinem Zeitungsreferenten. Die 1718 erfolgte Ernennung zum Akademiepräsidenten und der sechs Jahre danach verliehene Adelstitel eines Freiherrn änderten nichts an der kläglichen Rolle, die Gundling am preußischen Hof zu spielen hatte. Denn der Zeitungsreferent Seiner Majestät war in erster Linie dazu da, die derb-dreiste Tafelrunde des Tabakkollegiums als »Lustiger Rat« zu unterhalten.

Anfangs fügte sich Gundling in die Rolle eines Hofnarren, um weiterhin in Berlin arbeiten zu können. Er schrieb unter anderem ein damals als »vortrefflich« beurteiltes Werk »Leben und Taten des Durchlauchtigsten Fürsten und Herrn Albrechten des Ersten, Markgrafen von Brandenburg«. (Friedrich Wilhelm hat es natürlich nie gelesen.)

Der »unglückliche Gelehrte am Hofe« – so nannte ihn sein Zeitgenosse Johann Michael von Loen, Verfasser der »Moralischen Schildereyen« – unternahm wohl auch einen mißlungenen Fluchtversuch. Später resignierte er. Ein Opfer seines zwiespältigen Charakters, »der Witz und Weisheit, Wein- und Wissensdurst, niedere Gesinnung und stupende Gelehrsamkeit in sich vereinigte« (Fontane).

Um der verordneten Narretei noch mehr Würze zu geben, befahl der König einen zweiten Gelehrten, den Theologieprofessor David Faßmann, an die Tafel des Tabakkollegiums. Einen geschworenen Feind Gundlings. Als Faßmann ein Buch mit dem Titel »Der Gelehrte Narr« veröffentlichte, ließ er auf dem Umschlag einen Affen abbilden, der ein Blatt aus einem Gundlingschen Werk zu einem unzweideutigen Zweck benutzte. Der Bloßgestellte geriet darüber so in Wut, daß er beim nächsten Tabakkollegium eine glühende Torfpfanne vom Tisch riß und in die Perücke des Widersachers warf. Solche

Auftritte und gegenseitigen Beschimpfungen seiner »Lustigen Räte« waren dem König hochwillkommen. Sie wurden öfters von ihm und seinen Mitzechern provoziert.

Verbittert von den Sticheleien und »Scherzen«, die er bei Hofe und im Tabakkollegium ertragen mußte, begann der alternde Gundling die Erniedrigungen in Wein zu ertränken. Seine Trunksucht wurde noch dadurch gefördert, daß Friedrich Wilhelm ihm den Schlüssel zum Weinkeller des Jagdschlosses anvertraute. Überdies ließ der von abwegigem Humor beflügelte Monarch seinem gelehrten Hofnarren schon zu Lebzeiten einen Sarg zimmern. In Gestalt eines Weinfasses! Zur Krönung eines Gelages mußte sich nun der Armselige bisweilen in den Totenschrein legen und von diesem Platz aus der angeheiterten Runde zutrinken.

Die zweifelhaften Scherze, die Friedrich Wilhelm sich mit seinen »Lustigen Räten« erlaubte, gerieten ihm nicht immer zum Vergnügen. So durfte der Name des Hofnarren Jäckel niemals mehr im Tabakkollegium erwähnt werden.

Es handelte sich um einen Quacksalber, der behauptet hatte, er könne den König von der Gicht heilen, die jenen seit langem plagte. Und zwar mittels einer ganz speziellen »Schreck«-Therapie. Bei einem gemeinsamen Spaziergang stieß Jäckel seinen königlichen Patienten plötzlich in einen Bach, der versprochenen Heilwirkung wegen. Die blieb zwar aus, doch der Schreck steckte Friedrich Wilhelm so in den Gliedern, daß er in Wut geriet. Die Roßkur vor den Augen seiner darob erheiterten Höflinge wollte der Durchnäßte dem »Arzt« mit gleicher Münze heimzahlen.

Auf der Stelle verurteilte er den Bestürzten zum Tode und ließ sogleich Vorbereitungen für die Hinrichtung treffen. Dem Delinquenten wurden die Augen verbunden.

Er mußte den Kopf auf den Richtblock legen und bekam das Schwert des Henkers zu spüren. Es war aber nur aus Holz. Als man nach dem »Todesstreich« Jäckel die Binde von den Augen nahm, blieb den belustigten Zeugen des makaberen Schauspiels das Lachen im Halse stecken: Jäckel lebte nicht mehr! Der Schreck hatte ihn getötet. Ein Ereignis, das Friedrich Wilhelm zeit seines Lebens nicht vergaß ...

HALB MENSCH, HALB SCHWEIN

Um die Osterzeit 1731 wurde Gundling von einem qualvollen Magenleiden befallen. Er fühlte sein Ende nahen. Der Potsdamer Geistliche Johann Heinrich Schubert berichtete später von einem Besuch bei dem Sterbenden. Gundling habe ihm »mit vielem Jammern und Seufzen erzählet, wie man ihn mißhandelt habe, und insonderheit erbärmlich darüber geklaget, daß er vor Unruhe, daß man ihn in einem Faß begraben wolle, nicht recht zu sich selber kommen könne«.

Am 11. April 1731 wurde der Hanswurst wider Willen von seinem elenden Leben erlöst. Er war 58 Jahre alt. Bei der Autopsie fanden die Ärzte in seinem Magen ein Loch.

Pastor Schubert hatte den König von Gundlings Kümmernis berichtet und um ein seriöses Begräbnis gebeten. Friedrich Wilhelm wies ihn ungnädig ab, versagte dem bedauernswerten Opfer des Tabakkollegiums noch im Tode menschliche Würde. Gundlings »Leichenbegängnis war äußerst lustig und seinem geführten Lebenswandel völlig angemessen«, verzeichnet eine Chronik aus jenen Tagen. Der tote Gundling wird zum öffentlichen Schauobjekt einer gaffenden Menge. »Besonders viele Fremde kamen nach Potsdam, um ihn zu sehen.«

Vor dem Potsdamer Schloß steht der zu einem monströsen Weinfaß gestaltete Sarg. Er ist geöffnet. Auf den an den Schrein gelehnten Deckel hat der König bar jeden Mitgefühls schreiben lassen: »Hierin liegt ein Wunderding, halb Mensch, halb Schwein, doch ohne Haut. In der Jugend sittlich, im Alter toll, des Morgens klug, des Abends voll. Bereits ruft Bacchus laut: Das teure Ding ist Gundeling.« Ein wahrhaft »königlicher« Nachruf.

Viele lesen ihn kopfschüttelnd und werfen einen mitleidigen Blick auf den noch im Tode Verspotteten. Zur letzten Ruhe ist er in der Tracht gebettet, die ihn im Leben der Lächerlichkeit preisgab: Rotsamtener, mit blauen Aufschlägen verzierter Prachtrock, Beinkleider aus Brokat, rote seidene Strümpfe und Schnallenschuhe. Auf dem Kopf die von den mitleidlosen Zechern so oft malträtierte Staatsperücke mit den Ziegenhaarlocken.

Der Verstorbene soll – auch dieses auf königliche Weisung – in der Kirche zu Bornstedt beigesetzt werden. Die vorausgehende Leichenfeier verläuft ebenfalls als Farce: Die lutherische und reformierte Geistlichkeit Potsdams verweigert ihre Teilnahme. Die Gestalt des Sarges »erlaube nicht, daß sie dabei ohne Anstoß erscheinen könne«. Nach vielem Hin und Her muß der Theologe und »Lustige Rat« Faßmann einspringen. Er hält dem verblichenen Erzfeind die letzte Predigt. Gallig und mit kaum verhohlener Bosheit.

»Nach Schluß derselben«, so der Chronist, »wurden Lieder gesungen und alle Glocken geläutet. Der bis dahin offengestandene Sarg ward zugemacht, ein Bahrtuch darüber geworfen, und so ging es in bester Ordnung und unter fortgesetztem Läuten bis vor den Schlagbaum von Potsdam hinaus ... Zur Leichenbegleitung wurden mehr als fünfzig Offiziere, Generale, Obersten und andere angesehene Kriegsbediente, die Potsdamer Schule, die Königlichen Kabinettssekretäre, Kammer-, Küchen- und

Kellereibediente eingeladen. Hinzu kam noch der Rat und die Bürgerschaft der Stadt, welche sich sämtlich, mit schwarzen Mänteln angetan, bei dieser Handlung einfinden mußten ...«

An der Stadtgrenze angekommen, setzen die zwölf Sargträger ihre Last ab. Die meisten des mehr oder weniger freiwillig erschienenen Trauergefolges kehren nach Potsdam zurück. Nur ein Häuflein Unentwegter und Neugieriger folgt dem auf einen Wagen geladenen Weinfaß-Sarg ins nahe Bornstedt.

Dort wird auch noch der letzte Akt einer menschlichen Tragödie ins Possenhafte verzerrt: Der unförmige Sarg mit Gundlings sterblichen Resten gleitet in die Kirchengruft. Unter dem Gesang eines geistlichen Liedes. Da werden bei der Textzeile »Er hat getragen sein Joch« Gelächter und Zwischenrufe laut: »Nein, das ist nicht wahr. Er hat getragen des Königs Joch!« Das Ende des »äußerst lustigen Leichenbegängnisses«.

Der Grabstein wird gesetzt. Er enthält neben der Aufzählung von einem Dutzend Titeln des Verstorbenen die Inschrift: »Allhier liegt begraben der weyland Hoch- und Wohlgeborene Herr, Herr Jakob Paul Freiherr von Gundling, Sr. K. Majestät in Preußen Hochbestallt gewesener Ober-Ceremonienmeister.«

Eine dezente Umschreibung des Begriffs Hofnarr. Doch das darunter angebrachte Wappen zeigt, wie Fontane kritisch feststellte, »daß des Königs Geneigtheit, an Gundling seinen Spott zu üben, auch nach dem Tod des letzteren fortdauerte. Hatte er schon früher durch die Erteilung eines freiherrlichen Wappens, auf dem die angebrachten drei Pfauenfedern die Eitelkeit des Freiherrn geißeln sollten, seinem Humor die Zügel schießen lassen, so ging er jetzt, wo es sich um die Ausmeißelung des Grabsteins für Gundling handelte, noch über den früheren Sarkasmus hinaus, und das Grabsteinwappen erhielt zwei neue Schildhalter: eine Minerva (Römische Göttin der Weisheit, d. V.) und einen aufrecht stehenden Hasen. Die Hieroglyphensprache des Grabsteins sollte ausdrücken: er war klug, eitel, feige.«

In einer dunklen Stunde seines traurigen Daseins vertraute der an Geist und Gemüt geschundene Gundling einem Freunde an: »Ich habe mir viel Mühe gegeben, um in der Welt mein Glück zu machen, und es ist mir herzlich sauer geworden, ein Stückchen Brot zu finden ... Daß ich so behandelt wurde, fällt auf den, der es tut.«

Reisetip:
Bornsted liegt am Nordhang des Höhenzuges, auf dem das Schloß Sanssouci errichtet wurde.
In der Kirche und auf dem Friedhof neben Gundling-Epitaph und -Gruft auch die Grabstätten des Gartenarchitekten Lenné (1768-1866) und weiterer bekannter Persönlichkeiten.
Führungen durch »Stattreisen Potsdam«, Telefon 0331/481030.
Königs Wusterhausen – im Wald- und Seengebiet südlich von Berlin – ist von da aus mit der S-Bahn zu erreichen.
Das Renaissance-Jagdschloß (1718), nach 1945 ausgeplündert und ausgebrannt, wurde Ende der sechziger Jahre restauriert. Von den Sendetürmen auf dem Funkerberg wurde am 22. Dezember 1920 die erste Rundfunksendung Deutschlands ausgestrahlt.

Speisetip:
Bornstedt: »Katharinenholz«, Tel. 0331/20233;
Spezialität: selbstgemachte Kohlroulade.

Ende einer preußischen Tragödie in Wust

Ein später Novembertag Anno 1730 zwischen Havel und Elbe. Kalter Nieselregen näßt die von Ebereschen gesäumte Landstraße, die das altmärkische Städtchen Jerichow mit dem Nachbarflecken Wust verbindet. Nur das Knarren eines von zwei dürren Gäulen gezogenen Leiterwagens belebt die triste Landschaft. Müde stapft der Fuhrmann nebenher.

Unter halblauten Verwünschungen weicht er den Wasserlachen aus. Manchmal streift er mit scheuem Blick die Fracht, die ihm auf dem Kutscherbock keinen Platz läßt. Es ist eine lange, schwarz gestrichene Holzkiste. Ein schmuckloser Sarg.

Um die fünfte Nachmittagsstunde hält die düstere Fuhre vor dem Wuster Herrenhaus. In der anbrechenden Dunkelheit wartet ein Grüppchen Dörfler und Tagelöhner. Unter bedrückendem Schweigen gibt der weißhaarige Küster Jerse zweien einen Wink, die Zügel der Pferde zu nehmen. Er entzündet eine Laterne, dann bewegt sich der armselige Trauerzug über die Dorfstraße auf den Friedhof, zu einem Backsteinanbau der Kirche, einer Gruft.

Jerse leuchtet in das weißgetünchte Grabgewölbe. Ein Steinsarkophag nimmt den meisten Platz ein. »Nu droagt em in«, sagt der alte Mann müde. Die beiden Tagelöhner suchen an dem Sarg nach Handgriffen. Es gibt keine. So ziehen sie den Sarg samt dem Brett, auf dem er ruht, vom Wagen. »Wo sall he hen«, fragt der vorderste Träger, die Beengtheit der Gruft abschätzend. Unschlüssig betrachtet der alte Küster den Sarkophag. »Et is ihr Söhn, Awer et jeiht nich. Stellt em in de Eck.«

Die Männer setzen ihre Last ab. Heben den dürftigen Totenschrein einen Augenblick an und ziehen das Wagenbrett fort. Jerse leuchtet ihnen zum Wagen zurück, der nun über den stockfinsteren Friedhof davonholpert.

Nun erst schließt der alte Mann die Flügeltür. Verharrt noch eine Weile vor der Gruft, als könne er das Geschehene nicht begreifen, und murmelt kopfschüttelnd: »Uns' armer Junker! Wat een Unjlick.« Endlich schlurft er gebeugten Hauptes davon, einen Spruch vor sich hinplappernd, den die Wuster Dorfjugend einst dem nun in der Gruft Ruhenden hinterher rief: »Wer Augenbrauen hat wie der Ritter Katt, kommt an den Galgen oder aufs Rad.«

Die Gruft versinkt im Dunkeln. Der Nachtwind streicht wie eine Totenklage um das Gemäuer: Hans Hermann von Katte, ältester Sohn eines preußischen Generals, ist heimgekehrt. Angelangt am Ziel seiner letzten Reise, auf die ihn die unerbittliche Härte seines Königs schickte ...

Der sechsundzwanzigjährige Katte war Leutnant im Regiment Gens d'Armes, der königlichen Leibgarde, gewesen. Und er war der engste Freund und Vertraute des acht Jahre jüngeren Kronprinzen Friedrich, mit dem ihn gemeinsame geistige und musische Interessen verbanden, dem er in bedingungsloser Treue ergeben war.

Nach dem Wunsch des Vaters sollte der am 21. Februar 1704 in Berlin geborene Sproß einer angesehenen Offiziers- und Beamtenfamilie die Justizlaufbahn einschlagen. Da aber des Königs »Gnade nur für die zu hoffen war, die Militärs wurden, so kam Hans Hermann von Katte schließlich zur Armee« (Fontane). Als Offizier der Königsgarde, die sich als »vornehmstes Regiment der Christenheit« verstand, gehörte er der Gesellschaft bei

Hofe an. Dort schätzten manche seine »weltmännische Gewandtheit und höflichen Manieren«. Sie priesen ihn als »warmherzig und begeisterungsfähig«.

Prinzessin Wilhelmine, die ältere Schwester des Kronprinzen, fand dagegen: »Sein Gesicht war mehr abstoßend als einnehmend; ein paar schwarze Augenbrauen hingen ihm fast über die Augen. Sein Blick hatte etwas Unheimliches, etwas, was ihm sein Schicksal prophezeite ... Er spielte den esprit fort (= Freigeist) und trieb die Liederlichkeit bis zum Exzeß.«

Auch der zeitgenössische Schriftsteller Karl Ludwig von Pöllnitz bezeugte wenig Sympathie für den jungen Gardeoffizier: »Er war klein und sonnenverbrannt und hatte von den Blattern außerordentlich gelitten ... Er besaß Geist, aber wenig Urteil und war ehrgeizig und dünkelhaft. Die Gunst des Kronprinzen verrückte ihm vollends den Kopf, und er betrug sich dabei wie ein indiskreter Liebhaber in Ansehung seiner Geliebten. Überall zeigte er die Briefe des Prinzen vor, erhob ihn bis in die Wolken und tadelte dagegen jegliches, was der König tat ...

Er war es hauptsächlich, der die Unzufriedenheit des Prinzen nährte, denn er ward von demselben in allen Stücken zu Rate gezogen. Nichts geschah, ohne daß Katte befragt worden wäre, und dabei war er klug genug, dem Prinzen immer nur das anzuraten, was dieser wünschte. Es wäre für beide gut gewesen, wenn sie einander nie kennengelernt hätten.«

»NUR EIN HUNDSFOTT DESERTIERT!«

Friedrich Wilhelm I. verfolgte die Entwicklung des Thronerben mit zorniger, oft gewalttätiger Ungeduld. Den »Soldatenkönig« erbitterte, daß der sensible, aber auch leichtsinnige und hochfahrende »Herr Sohn« sich mit »Firlefanz« abgab, lieber die Flöte spielte, als mit Soldaten zu exerzieren.

Mit einer von eisernem Drill geprägten Erziehung wollte er den »effiminierten (= weibischen) Kerl, der nicht reiten noch schießen kann, und seine Haare wie ein Narr sich frisiert und nicht verschneidet« zur Räson bringen. Nach dem Vorbild des Vaters sollte Friedrich ein »Amtmann Gottes« werden, ein »guter Wirt« und selbstverständlich »Soldat und General«. Und wenn er ihn dazu prügeln müßte!

Als Friedrich Wilhelm erfuhr, der Kronprinz habe den Soldatenrock einen »Sterbekittel« genannt, schlug und degradierte er ihn. Zwang den Sechzehnjährigen, ihm vor anwesenden Generalen und Ministern die Stiefel zu küssen. Friedrich reagierte auf solche sich häufenden Auftritte mit einer Mischung von Verstellung und Beharrlichkeit: Er tat, was der König befahl, setzte aber heimlich fort, was ihm lieb und teuer war.

Friedrich Wilhelm, in ständiger Sorge, der »Herr liederliche Sohn« werde dereinst Preußen ruinieren, ließ sich auf die Dauer nicht täuschen. Im Dezember 1729 schrieb Friedrich seiner Mutter, Königin Sophie Dorothea, in tiefer Verzweiflung: »Der König hat gänzlich vergessen, daß ich sein Sohn bin. Heute früh kam ich wie gewönlich in sein Zimmer; sowie er mich sah, erwischte er mich beim Kragen und schlug mich auf das grausamste mit seinem Stock. Vergebens suchte ich mich zu decken, seine Wut war so fürchterlich, daß er seiner nicht mächtig war, und nur seine Ermüdung bewirkte, daß er nachließ. Ich bin zum Äußersten getrieben. Ich habe zu viel Ehre in mir, um solche Behandlung zu ertragen, und ich bin entschlossen, auf die eine oder andere Art der Sache ein Ende zu machen.«

Seiner Lieblingsschwester Wilhelmine vertraute er um

die selbe Zeit an: »Wir erleben hier alle Tage die abscheulichsten Auftritte, ich bin dessen so müde, daß ich lieber um Brot betteln möchte, als in diesem Zustand weiterzuleben ...«

Der Sache ein Ende machen! Dem unerträglich gewordenen Zwang entfliehen, die Fesseln sturen Drills und stupiden Kadavergehorsams abstreifen! Dieser Gedanke beherrschte von nun an den blutjungen Prinzen. Er verdichtete sich zum Plan einer Flucht ins Ausland. Seine engsten Vertrauten von Katte und von Keith sollten ihn ins Exil begleiten.

Die Gelegenheit schien sich im Sommer 1730 zu bieten. Bei einer Reise Friedrich Wilhelms zu süd- und westdeutschen Fürstenhöfen. Der Kronprinz gehörte dem vierzigköpfigen Gefolge des Königs an. Am 4. August wurde auf dem Wege nach Mannheim in dem Dorf Steinsfurt, südöstlich von Heidelberg, übernachtet. Der »Soldaten-könig« verabscheute verräucherte Wirtshäuser. Die Feldbetten ließ er in Scheunen aufschlagen.

In der Morgendämmerung des 5. August verließ Friedrich in einem roten Reiserock heimlich sein Nachtquartier. Doch der Page, den er mit den Fluchtpferden vor die Scheune bestellt hatte, verspätete sich. Zudem waren Friedrichs leichtsinnige Fluchtvorbereitungen den zu seiner Beobachtung abkommandierten Offizieren nicht verborgen geblieben. Er wurde genötigt, in sein Quartier zurückzukehren und wieder Uniform anzulegen. Die Absicht des Prinzen, von Steinsfurt aus französisches Gebiet zu erreichen, war damit vereitelt. Der König, dem der Vorfall gemeldet wurde, nahm die »Flausen des Herrn Sohns« zunächst nicht sonderlich ernst.

Das änderte sich mit einem Schlag, als ihn zwei Tage später in Frankfurt am Main zwei unheilverheißende Nachrichten erreichten: Der Leutnant von Keith, vom mißtrauischen König nach Wesel strafversetzt, war in die Niederlande desertiert. Ein abgefangener Brief des Kronprinzen an den noch in Berlin verweilenden Katte versetzte den König vollends in Raserei. Aus dem Schreiben ging hervor, daß Friedrich beabsichtigte, nach Den Haag zu fliehen. Dort würde ihn der Freund verabredungsgemäß unter dem Namen eines Conte d' Alberville treffen. »Der Katte ist sofort zu verhaften«, befahl Friedrich Wilhelm grimmig.

Am anderen Morgen stürzte er sich auf den Kronprinzen, der ahnungslos das Flußboot betrat, das sie nach Wesel bringen sollte. Den begleitenden Offizieren gelang es mit Mühe, den Gezüchtigten auf ein anderes Schiff zu bringen. In Wesel wurde der nunmehrige Arrestant in die dortige Festung gebraucht.

Das erste Verhör führte der König selbst. In Anwesenheit des Festungskommandanten.

»Warum habt Ihr entweichen wollen?«

»Weil Sie mich nicht wie Ihren Sohn, sondern wie einen gemeinen Sklaven behandelt haben«, lautete die unerschrockene Antwort.

»Ihr seid nichts als ein feiger Deserteur, der keine Ehre hat!«

»Ich habe soviel Ehre wie Sie, und ich habe nichts getan, was Sie an meiner Stelle nicht auch getan hätten.«

»Nur ein Hundsfott desertiert«, schrie Friedrich Wilhelm hochrot vor Zorn. Zog den Degen und machte Miene, den Prinzen niederzustechen.

Der bestürzte Festungskommandant warf sich dazwischen. »Sire, durchbohren Sie mich, aber schonen Sie Ihren Sohn!«

Unter verschärften Sicherheitsvorkehrungen wurde Friedrich vom Rhein in die entlegene Oderfestung Küstrin geschafft. Der König, noch argwöhnend, hinter dem Fluchtversuch stünden fremde Mächte und innere

Feinde, gab für den Fall einer Befreiungsaktion die Order, dafür zu sorgen, »daß die andern ihn nicht anders als tot bekommen«. Am 5. September bezog Friedrich ein Arrestzimmer im zweiten Stock der Festung. Das Fenster gab den Blick frei auf einen Vorplatz der »Bastion Brandenburg«. Friedrich würde ihn bis an sein Lebensende nicht mehr vergessen.

»CABINETSORDRE« BRICHT RICHTERSPRUCH

Am 11. August ist man in Berlin und am Hofe noch ahnungslos, was sich in Steinsfurt und Wesel ereignet hat. Die Abwesenheit des musenfeindlichen Monarchen nutzend, erfreut sich die Hofgesellschaft an einem Konzert im Schloß Monbijou. Auch der mit den Fluchtvorbereitungen beschäftigte Katte ist zugegen. Es kommt zu einem Disput mit Friedrichs Schwester Wilhelmine. Sie wirft ihm vor, »die Pläne meines Bruders auszuschwatzen« und warnt: »Ich sehe Ihren Kopf schon zwischen den Schultern wackeln. Und wenn Sie nicht bald Ihr Benehmen ändern, so werd' ich ihn leicht vor Ihren Füßen sehen.«

Ein flüchtiges Lächeln begleitet die Antwort. »Eure Königliche Hoheit, wenn ich den Kopf verliere, so geschieht es um einer schönen Sache willen. Aber der Prinz wird mich nicht im Stich lassen.«

Vier Tage nach diesem Gespräch erhält Minister von Grumbkow, der die Regierungsgeschäfte führt, Nachricht von dem mißlungenen Fluchtversuch des Thronfolgers. Dazu den Befehl, »den Lieutenant von Katte vom Regiment Gensdarmes verhaften und auf die Wache seines Regiments abführen zu lassen«. Am 16. August ist der Kronprinzen-Eklat in ganz Berlin bekannt.

Noch hätte der von königlicher Rachsucht verfolgte

Katte Zeit gehabt, sich in Sicherheit zu bringen, vermerkt Fontane: »Alles befleißigte sich, ihn zu warnen ... Ja, man ging weiter und schob seine Verhaftung um mehrere Stunden hinaus.« Doch er nutzte die verbleibende Frist, um belastende Papiere zu verbrennen und die ihm vom Prinzen anvertrauten Fluchtgelder und Wertgegenstände zu verbergen. Kattes Regimentskommandeur verzögerte die Ausführung des Haftbefehls um mehr als drei Stunden »und war sehr böse, Katten noch vorzufinden« (Fontane).

Das Ausharren Kattes erklärte sich der Dichter so: Jener »war einfach mit Aufträgen und Verpflichtungen überbürdet, indem er ... nicht bloß an sich, sondern auch an den Kronprinzen, an die Königin und die Prinzessin Wilhelmine (die beide mit Friedrichs Plänen sympathisierten, d. V.) zu denken hatte. Und so glaubte ich ihm nur gerecht zu werden, wenn ich ihn als ein Opfer seiner ritterlichen Gesinnung hinstelle, der er denn auch, was im übrigen immer seine Fehler gewesen sein mögen, bis zum letzten Atemzuge treu geblieben ist.« (Fontane)

Am 27. August traf der König von Wesel her in der Hauptstadt ein. Zwei Stunden nach seiner Ankunft befahl er, ihm Katte herbeizuschaffen. Prinzessin Wilhelmine stand am Fenster, als der Arrestant über den Schloßhof geführt wurde: »Er war bleich und entstellt, nahm aber doch den Hut ab, um mich zu grüßen. Hinter ihm trug man die Koffer meines Bruders und die seinen, welche man weggenommen und versiegelt hatte. Gleich darauf erfuhr der König, dessen Empörung bis dahin sich gegen uns gerichtet hatte, daß Katte da sei. Und er verließ uns nun, um den Ausbrüchen seines Zornes ein neues Ziel zu geben.«

Vor dem Angesicht des Jähzornigen demütigt sich Katte. Wirft sich vor ihm zu Boden. Doch der König reißt ihm das Band des Johanniterkreuzes vom Hals. Er prügelt ihn mit dem Stock und tritt den stumm die Mißhandlungen Hinnehmenden mit Füßen.

Als die Wut verraucht ist, befiehlt er dem General-Militärrichter Mylius, Zeuge der unwürdigen Szene, mit dem Verhör zu beginnen. Katte hat sich inzwischen gefaßt. Aufrecht, in vorgeschriebener soldatischer Haltung, beantwortet er die Fragen. Verteidigt sich nicht, sucht den Freund zu entlasten. »Ich wußte um die Absichten Seiner Königlichen Hoheit, habe aber geglaubt, er werde dazu nicht kommen und auf eine Rückkehr von der Reise mit Eurer Majestät gehofft. Andernfalls war ich bereit, Seiner Königlichen Hoheit zu folgen.«

Die drängende Frage, an welchen Hof der Prinz sich habe begeben wollen, beantwortet er ausweichend, das wisse er nicht. Eingeweiht in die Familien- und Hofintrigen, ist ihm bekannt, daß der König ein erklärter Gegner Frankreichs ist, die Königin aber aus verwandschaftlichen Gründen unverhohlen mit England sympathisiert. So sollte der Kronprinz ursprünglich auch am Londoner Hof Zuflucht suchen. Aber die Engländer winkten ab, »wegen der möglichen internationalen Verwicklungen, die mit der Person des Thronfolgers bei einer fremden Macht unvermeidbar heraufziehen mußten« (Friedrich-Biograph Theodor Schieder).

Der König weiß längst aus den Verhören des Kronprinzen, daß dieser »an die retraite (= Zuflucht) von Engeland gedacht« hat, später sich aber wohl herausreden wollte, Frankreich als vorübergehende »retraite« erwogen zu haben. Er wäre dort nur so lange geblieben, »bis der König ihn anders tractiren würde«. Friedrich Wilhelm glaubt ihm kein Wort: Desertion, nicht »retraite« habe dem »Herrn Sohn« vorgeschwebt.

Katte aber bleibt bei seiner Aussage. Er »bewies eine Standhaftigkeit, die den König in Verwunderung setzte« (Fontane). Respekt zollt er der Freundestreue nicht.

In den folgenden Wochen ließ Friedrich Wilhelm einen kriegsgerichtlichen Prozeß vorbereiten.

Gegen »den in Cüstrin sitzenden Prinzen Friedrich ... die Lieutnante von Ingersleben und Spaen, den gewesenen Lieutnant von Katte und den desertierten Lieutnant von Keith«. Die Anklage lautete auf Desertion und Majestätsverbrechen.

Ein im Wappensaal von Schloß Köpenick zusammengerufenes Kriegsgericht soll mit den »Hochverrätern« abrechnen. Dem Tribunal gehören fünfzehn vom König bestimmte höhere Offiziere an. Den Vorsitz führt Generalleutnant Graf Achaz von der Schulenburg ...

Nach mehrtägigen Beratungen – in Abwesenheit der Angeklagten – legen die Richter am 28. Oktober 1730 dem »Soldatenkönig« ihren Spruch über die Hauptangeklagten Friedrich und von Katte vor: In die »Staats- und Familiensache zwischen einem großen König und dessen Sohn« könne das Gericht nicht eingreifen, »zumal die Majestät den Sohn väterlich und als König strafen könne«.

Im Fall Katte lautet die Sentenz auf »ewigen Vestungsarrest ... Allermaßen desselben sonst böser Rath und Anschläge, auch seine dem Cron-Prinzen zur Flucht so offt versprochene und abgeredete Hülffe dennoch zu keinem Effect und Würcklichkeit gelanget.«

Friedrich Wilhelm erwartete das Urteil in seinem Jagdschloß Königs Wusterhausen. Finster und mit Ungeduld. Nun überfliegt er es kurz und sendet es mit der schriftlichen Weisung nach Köpenick zurück: »Sie sollen Recht sprechen und nicht mit dem Flederwisch darüber gehen. Da es Katte also wohl getan, soll das Kriegsgericht wieder zusammenkommen und anders sprechen.«

Er akzeptiert zwar stillschweigend, daß ihm das endgültige Urteil über Friedrich vorbehalten bleibt. Aber:

»Sein Zorn, in dem sich Rachegefühle mit der Erbitterung gegen diejenigen mischte, die es ›mit der aufgehenden Sonne‹ (dem Kronprinzen, d. V.) hielten, richtete sich gegen den Leutnant von Katte.« (Schieder) Er forderte dessen Kopf!

Der König stößt jedoch auf den Widerspruch der von ihm selbst eingesetzten Richter. Sie halten an ihrem Spruch fest. Graf von der Schulenburg unterrichtet den König am 31. Oktober im Namen des Gerichtshofes: »Nachdem er nochmals reiflich erwogen und wohl überlegt, findet er sich in seinem Gewissen überzeuget, daß es dabei bleiben müsse, und solches zu ändern ohne Verletzung seines Gewissens nicht geschehen könne, noch in seinem Vermögen stehe.«

Mutige Worte gegenüber einem despotischen Monarchen. Er ignoriert sie und setzt kraft königlicher Autorität seinen barbarischen Willen durch, fixiert in der berühmt gewordenen »Cabinetsordre« vom 1. November 1730. Darin werden nur die Urteile gegen Ingersleben (6 Monate Festungshaft), Spaen (Verstoßung aus der Armee) und den flüchtigen von Keith (Tod durch den Strang »in effigie«, das heißt durch Anbringen seines Bildes an dem Galgen) bestätigt.

Den Spruch über Katte wandelt er eigenhändig in die Todesstrafe um. Eidbruch und Pflichtverletzung eines Offiziers der königlichen Garde, der im Komplott mit »fremden Ministern und Gesandten« den Kronprinzen zur Fahnenflucht anstiften wollte, ließen kein anderes Urteil zu, argumentiert der starrsinnige König. Anders werde er sich künftig »auf keinen Offizier und Diener, die in Eid und Pflicht stehen, verlassen können. Denn solche Sachen, die einmal in der Welt geschehen, können öfters geschehen. Es würden dann aber alle Täter den Prätext nehmen, wie es Katten wäre ergangen, und weil der so leicht und gut durchgekommen wäre, ihnen desgleichen geschehen müsse.« Jener aber habe »verdient, wegen des begangenen Crimen Lassae Majestatis (= Majestätsverbrechen) mit glühenden Zangen gerissen und aufgehenket zu werden. Er dennoch nur, in Consideration (= Rücksicht) seiner Familie, mit dem Schwert vom Leben zum Tode gebracht werden solle«.

Der Hinweis auf den brutalsten Vollzug einer Hinrichtung damaliger Zeit läßt die am Schluß der »Cabinetsordre« formulierte Abbitte, daß Recht vor Gnade gehen müsse, unglaubwürdig erscheinen: »Wenn das Kriegsrecht dem Katten die Sentence publicirt, soll ihm gesagt werden, daß es Sr. K. M. leid thäte, es wäre aber besser, daß er stürbe, als daß die Justiz aus der Welt käme.« Der König maßt sich selbstherrlich die Rolle des Richters an. Um der Staatsräson willen stellt er das Recht über die Gnade.

Friedrich Wilhelm, stets zwischen rohen Gemütsaufwallungen und weinerlicher Sentimentalität schwankend, verbirgt dahinter eine unumstößliche Absicht: »Sicher ist, daß er in erster Linie den Kronprinzen treffen wollte, Kattes Hinrichtung sollte ein furchtbares Mittel der Bestrafung Friedrichs werden. Dafür spricht der Ablauf der Ereignisse.« (Schieder)

DIE RACHE DES »SOLDATENKÖNIGS«

Am 2. November 1730 wird Katte das vom König über ihn verhängte Todesurteil übermittelt. Er nimmt es gefaßt auf. »Ich habe keine schlechte Handlung verübt und wenn ich sterbe, so ist es um einer guten Sache willen.« Ein Gnadengesuch und Fürbitten der Familie bleiben unbeantwortet.

Unter starker Bewachung wird der Delinquent nach Küstrin gebracht, wo er laut königlicher Order »vor den

Augen des Kronprinzen« enthauptet werden soll. Auch der Führer der Eskorte, Major von Schack, ein Regimentskamerad Kattes, habe der Exekution beizuwohnen: »Zweimal habe ich mich geweigert, aber ich habe zu gehorchen. Gott weiß es, was es mich kostet. Gebe der Himmel, daß das Herz des Königs sich noch wenden und ich in letzter Stunde noch die Freude haben möchte, Ihnen Ihre Begnadigung anzukündigen.«

»Sie sind zu gütig«, antwortet Katte, »aber ich bin mit meinem Schicksal zufrieden. Ich sterbe für einen Herrn, den ich liebe, und habe den Trost, ihm durch meinen Tod den stärksten Beweis der Anhänglichkeit zu geben.« Damit besteigt er den Wagen zu einer Reise ohne Wiederkehr ...

In Küstrin trifft Katte am Nachmittag des 5. November ein. Es bleiben ihm nur noch wenige Stunden. Die Hinrichtung ist auf den anderen Morgen festgesetzt. Die Nacht verbringt er in Gesellschaft Schacks und zweier Militärgeistlicher. Aus kurzem Schlaf geweckt, tritt er schließlich seinen letzten Weg an.

Bis zum vorbereiteten Richtplatz sind es ein paar hundert Schritte. »Er ging ganz frey und munter, den Hut unter dem Arm, nicht gezwungen noch affectirt, sondern ganz naturell«, heißt es in Schacks dienstlichem Rapport. Nur einmal stockt der Schritt des zum Tode Geführten. Aus einem Fenster im Seitenflügel der Festung beugt sich der Kronprinz. Das bleiche Gesicht schmerzverzerrt, wirft er dem Freund mit der Hand einen Kuß zu. »Mon cher Katte, je vous demande mille pardons.« (»Mein lieber Katte, ich bitte tausendmal um Vergebung.«)

Tief ergriffen erwidert Katte den Gruß. »Mon prince, je meure avec mille plaisirs pour Vous.« (»Mein Prinz, ich sterbe mit tausend Freuden für Sie.«)

Er erreicht den von hundertfünfzig Soldaten und

Offizieren der Küstriner Garnison gebildeten Kreis, in dessen Mittelpunkt ein Sandhügel aufgeschüttet ist. Nochmals wird das Todesurteil verlesen. Hans Hermann von Katte empfängt von den beiden Geistlichen Absolution und letzten Segen.

Danach – so der Augenzeugenbericht des Garnisonspredigers Besser – »entkleidete er sich selber bis auf's Hemd, entblößte sich den Hals, nahm seine Haartour (= Perücke) vom Haupte, bedeckte sich mit einer weißen Mütze ..., kniete nieder auf dem Sandhaufen und rief: ›Herr Jesu, nimm meinen Geist auf!‹ Und als er solcher Gestalt seine Seele in die Hände seines Vaters befohlen, ward das erlösete Haupt mit einem glücklich gerathenen Streich durch die Hand und das Schwert des Scharfrichters Coblentz vom Leibe abgesondert; ein viertel auf acht Uhr, den 6. November 1730.« Im selben Augenblick bricht der zum Zuschauen verurteilte Achtzehnjährige am Fenster seines Arrestzimmers ohnmächtig zusammen ....

Wenige Stunden nach der Exekution wurde der Leichnam auf einem Friedhof vor den Toren Küstrins bestattet. Die Umstände, die zu Kattes Hinrichtung geführt hatten wie auch Friedrichs erzwungene Teilnahme an dem grausamen Schauspiel lösten bei den Nachbarn Preußens Bestürzung und Empörung aus. Den König, der nach dem selbstgeprägten Motto lebte und regierte: »Die Seele ist für Gott, alles andere muß mein sein«, ließen die »verdrießlichen Diskurse« kalt. »Wann noch hunderttausend Kattes wehren, ich sie alle mit einander lassen Redern«, reagierte er auf kritische Stimmen in England.

»Der König hatte für den Sohn nur die Strenge des Gesetzes gehabt; anders für den Vater. Das Füllhorn seiner Gnade war über ihm. Er wußte wohl, was er dem Herzen und Namen desselben an Schmerz und Kränkung angetan hatte und alle seine Bemühungen ... gingen zehn Jahre lang unausgesetzt dahin, das Geschehene vergessen zu machen oder wenigstens nach Kräften auszugleichen.« (Fontane)

Hans Heinrich von Katte avancierte durch solche »Gnadenakte« bis zum Feldmarschall. Den Tod seines Ältesten konnte er dennoch nicht verwinden. »Ich möchte vor Trauer vergehen, wenn ich an meinen Sohn gedenke«, schrieb er seiner Schwägerin. »Mein Sohn hat es vergeben, ich muß es auch thun ... Mein Sohn stehet vor dem gerechten Richter, und tröstet mich sein schönes Ende. Aber Morgens und Abends quält mich sein Tod. Des Königs gnädige Briefe können ihn mir nicht wiedergeben.«

Aus dem königlichen »Füllhorn« stammte auch dieser »Gnadenerweis«: Das Opfer »blinder Konsequenz militärstaatlichen Denkens« (Schieder) durfte von dem Küstriner Vorstadtfriedhof in die Wuster Familiengruft heimgeführt werden. Unauffällig bei Nacht und Nebel ...

WUST WURDE ZUR WÜSTE

Das »Schreckensschauspiel«, wie Fontane die Katte-Tragödie nannte, setzte sich in Wust fort.

Nicht mehr blutig, aber nicht weniger roh und schändlich. Der märkische Dichter schrieb nach seinem Besuch der Katte-Grabstätte Mitte des 19. Jahrhunderts: »Ein blauer Seidenmantel umhüllt den Körper. Da wo dieser Mantel nach oben aufhört, liegt der Schädel, neben dem Schädel eine blaue, kunstvoll zurechtgemachte, mit Spitzenüberresten geschmückte Schleife, die früher das schöne Haar des Toten zusammenhielt. Noch in den zwanziger Jahren dieses Jahrhunderts war der Schädel wohlerhalten, seitdem aber, weil niemand lebte, der die

Gruft und speziell diesen Sarg vor Unbill geschützt hätte, trat der Verfall ein, der sich jetzt zeigt ... Frivole Neugier, renommistischer Hang und Kuriositätenkrämerei führten zu offenbarer Entweihung.

Über einzelnes wird berichtet. Ein junger Ökonom im Dorf wettete in heiterer Mädchengesellschaft gegen einen Kuß, er wolle den Katteschen Schädel um Mitternacht herbeiholen und wieder an seine Stelle tragen. Er gewann auch die Wette, bestand aber nicht auf Zahlung und erklärte hinterher: nie wieder.

Etwa um dieselbe Zeit, oder schon etwas früher, erschien ein Engländer in Wust ... Er war offenbar ein Kenner, suchte unter den Halswirbeln herum, fand endlich den, den das Richtschwert durchschnitten hatte, und führte ihn im Triumphe weg. Andere nahmen die Zähne des Enthaupteten als Erinnerungsstücke mit, so daß, als Anfang der fünfziger Jahre das traurige Administrations-Interregnum endlich sein Ende erreichte, der neue Besitzer ein wüstes Durcheinander vorfand. Die Pietät kam zu spät.«

Der fortgesetzten Grabschändung war der Niedergang der Katte-Sippe vorausgegangen. Um 1748 starb die Wuster Linie aus. Der Besitz fiel an den Bruder des Feldmarschalls, den Kammerpräsidenten von Katte in Magdeburg. Dessen Nachkommen zeigten kein Interesse für die schmucklose Ruhestätte eines der ihren: »Leid war in Freude verkehrt und man gedachte nicht mehr des Novembers 1730. Das Füllhorn königlicher Gnade (Friedrichs II., d.V.) war über alles ausgeschüttet, was v. Katte hieß, und man freute sich dieser Gnade und ließ die Toten ruhn.« (Fontane)

Herr auf Wust war Anfang des 19. Jahrhunderts ein Hermann von Katte, vergnügungssüchtig und verschwenderisch wie seine Eltern. Der Adel in der Nachbarschaft mied den »Spieler«, der über seine Verhältnisse in Saus und Braus lebte und den Besitz herunterwirtschaftete. So fuhr er einmal mit der Equipage vierspännig nach Leipzig, verspielte ein Vermögen, am Ende auch die Karosse, und kehrte mit der Postkutsche nach Wust zurück. Als Bankrotteur endete der »Spieler« in Schuldhaft auf der Festung Stettin.

Erbe wurde sein jüngerer Bruder Ferdinand, als »Stiefel-Katte« verschrien. »Völlig geistesgestört, war er nur von einer einzigen Leidenschaft besessen ... so viele Stiefel wie möglich zu besitzen, große und kleine, alte und neue ... Stiefel zum Fahren, zum Gehen, zum Reiten, Jagdstiefel und Tanzstiefel, alle von den verschiedensten Formen und Farben und von jeglicher Art von Leder.« (Fontane) Er wurde schließlich entmündigt, Wust sich selbst überlassen. Über den verwaisten Herrensitz fielen die Dorfbewohner her und schleppten hinaus, was nicht niet- und nagelfest war. Die zertrümmerten Marmorstatuen im Park lieferten ihnen Material für die Fundamente ihrer Häuser. Akten und Briefschaften von unschätzbarem historischen Wert dienten zum Heizen und Gänsesengen. Zerstörung und Plünderung endeten erst, als Wust zur Wüste geworden war.

Eine gruselige Erinnerung an jenen 6. November 1730 entging der Vernichtung und dem Vergessen – das Richtschwert des Henkers Coblentz. Es war dem Scharfrichter für fünzig Reichstaler abgekauft worden und befand sich lange Zeit im Katte-Stammsitz Vieritz, eine Meile von Wust entfernt. Die vierundachtzig Zentimeter lange Klinge trägt die Gravur »v. Katt« und zwei andere Namen der damit Gerichteten. Dazu steht auf einer Seite der ominöse Spruch: »Wenn ich das Schwert thue aufheben, wünsch ich dem Sünder das Ewig Leben.«

Heute wird dieses Katte-Schwert im Stadtmuseum Brandenburg aufbewahrt. Ein zweites zeigt man im Märkischen Museum zu Berlin. Ein Streit der Experten um die jeweilige Echtheit ist aber nicht ausgebrochen. Henkerschwert bleibt Henkerschwert, ob mit oder ohne Katte-Zertifikat.

In Brandenburg sind überdies Dokumente preußisch-peinlicher Akribie zu besichtigen: Scharfrichter Coblentz erhielt für den »glücklich gerathenen Streich« nach heutigem Geld zehn Mark.

Kattes Sarg inklusive Beschläge kostete siebzehn Mark. Die Gesamtkosten der Urteilsvollstreckung sind mit 40,29 Mark verzeichnet. Für einen einzigen seiner »langen Kerls« gab der »Soldatenkönig« ein Vielfaches aus ...

Fazit: Der blutjunge Kronprinz Friedrich zerbrach nicht an der unmenschlichen Härte seines Vaters. Der Tod des Freundes führte ihn letztlich auf den Weg, den er einmal als Friedrich der Große beschließen sollte.

Der 6. November 1730, so Fontanes Schlußfolgerung, »veranschaulicht in erschütternder Weise jene moralische Kraft, aus der dieses Land, dieses gleich sehr zu hassende und zu liebende Preußen, erwuchs ... Und doch ist der Mittelpunkt der Tragödie nicht Friedrich, sondern Katte. Er ist der Held, und er bezahlt die Schuld.«

Reisetip:
Das Rittergut <u>Wust</u> liegt an der B 188 (Rathenow-Tangermünde). Herrenhaus und Katte-Gruft (an der Ostseite der Dorfkirche) sind erhalten.
<u>Brandenburg</u> ist über die A 2 (Ausfahrt Brandenburg) zu erreichen. In der vermutlich ältesten und ersten Stadt der Mark bieten die Museen im Frey-Haus (Hauptstraße 96) und im Steintorturm (Steinstraße) einen umfassenden Überblick über die Geschichte der Stadt und des Havellandes. Öffnungszeiten des Museums: Di bis Fr von 9 bis 17 Uhr, Sa/So 10 bis 17 Uhr. Die Öffnungszeiten im Steintor müssen im Frey-Haus erfragt

werden; Tel. 03381/522048. Das Dommuseum (Burghof 11) mit Exponaten aus mehr als fünf Jahrhunderten ist geöffnet: Di, Mi, Do, Sa 10.30 Uhr bis 14.30 Uhr, So nur 14.30 Uhr Führungen; Tel. 03381/24390.
Der romanische Dom St. Peter und Paul (Baubeginn 1165) ist das älteste erhaltene Bauwerk der Mark.

Speisetip:
Brandenburg: »Kartoffelkäfer«, Steinstr. 56, Tel. 03381/36990; Spezialität: Kartoffelgerichte.

Die Krebsmüller-Affäre von Züllichau

Der Mühlbach rauscht mit kraftvollem Schwung über das Wehr. Das Mahlwerk rumpelt und poltert ohne Rast. »Erbmüller« Christian Arnold ist an diesem Spätsommermorgen 1770 mit sich und der Welt zufrieden. Wie auch nicht? Seine Mühle am neumärkischen Krebsbach bei Züllichau ist schon eine Goldgrube. Versteht es doch die Müllerin Rosina, geborene Schulze, mit den Bauern um den Preis für jeden Scheffel Korn zu feilschen. Ihre spitze Zunge ist in der Ortschaft Pommerzig ebenso berüchtigt wie ihre Habgier. Doch in diesem Punkt sind sie sich gleich, der Müller und sein Weib.

Arnold, ein kräftiger Endvierziger, sitzt auf der hölzernen Bank vor der Mühle. Überschlägt in Gedanken, was die Ernte einbringen wird. Ganz gewiß ein nettes Sümmchen, ist sie doch gut ausgefallen in diesem Jahr. Wird nicht nur den Bauern die Taschen füllen.

Verschmitzt lacht er in sich hinein, als eben einer dieser »Furchentreter« aus der Mühle kommt.

Hochrot im Gesicht. Verfolgt von Frau Rosinas Gezeter.

»Hat sie Euch einen guten Preis gemacht, Johann«, empfängt der Müller hinterhältig den finster dreinblickenden Bauern.

»Ihr seid Halsabschneider, Krebsmüller«, macht der seinem Ärger Luft. »Unsereins rackert sich das Jahr über auf dem Feld ab – und ihr könnt den lieben langen Tag zusehen, wie der Bach eure Arbeit besorgt.« Er lacht böse auf. »Aber könnt' wohl sein, daß Ihr Euch bald einen anderen Platz suchen müßt ...«

»Papperlapapp, was redet Ihr da«, fällt ihm Arnold unwirsch ins Wort. »Meine Familie hält den Krebsbach schon länger als hundert Jahre, das wißt Ihr. Und so wird's auch bleiben, basta!«

»Wenn Ihr Euch nur nicht irrt, Krebsmüller«, erwidert der Bauer gelassen. »Euer Nachbar am Oberlauf will einen neuen Karpfenteich anlegen. Da sollt' Euch das Wasser bald knapp werden ...«

»Leeres Geschwätz! Ich weiß von keinem neuen Karpfenteich, Johann. Und wenn solches geschieht, hab' ich wohl auch noch ein Wörtchen mitzureden«, brummt Arnold verdrießlich und geht ins Haus.

Natürlich hat man im Dorfkrug davon gesprochen, daß sein Nachbar, der Landrat von Gersdorff, etwas Ähnliches im Schilde führen soll. Geschehen war bisher nichts dergleichen. Doch man sollte besser auf der Hut sein.

Von Stund an kontrollierte Christian Arnold jeden Morgen und jeden Abend den Pegelstand im Krebsbach. Und freute sich jedesmal über das emsige Klappern des Mühlrades, angetrieben von dem kräftig strömenden Wasserlauf. So blieb es bis zum Frühjahr 1771. Da, eines Morgens, stellte er zu seinem nicht geringen Ärger fest: Der Bach führte weniger Wasser als gewohnt, und das Mahlwerk arbeitete schwerfällig. Aber so leicht gab sich der Müller nicht geschlagen. Auf zum Landrat!

Georg Samuel von Gersdorff bestätigt dem ergrimmten Nachbar: »Es ist wahr, Krebsmüller. Ich habe den Bach durch den Park auf meinem Gebiet leiten lassen. Sein Wasser frischt mir den neuen Teich auf und fließt danach in das alte Bett zurück. Zu Eurer Mühle.«

»Das könnt Ihr nicht machen, Herr«, begehrt Arnold auf. »Ihr habt mir das Wasser genommen. Ich kann nur noch an wenigen Tagen im Jahr Korn mahlen, weil der Bach immer wieder gestaut werden muß. Ihr bringt mich an den Bettelstab!«

Der Landrat zuckt gleichmütig die Schultern. »Beruhigt euch, Krebsmüller. Alles ist vorher wohlbedacht worden. Eurer Mühle gereicht mein Teich nicht zum Schaden. Und es ist alles nach dem Gesetz. Ein Vertrag aus dem Jahre 1566 gestattet mir, am Krebsbach nach Gutdünken zu verfahren.«

Voll ohnmächtiger Wut kehrt der so Abgewiesene heim. Doch Rosina ist um Rat nicht verlegen. »Sei jetzt kein Duckmäuser, Christian Arnold. Der Landrat ist nicht der liebe Gott. Wenn wir es nur recht anpacken, muß er nachgeben – oder zahlen.«

Ihr hinterlistiger Plan gefällt dem Müller: Er wird ab sofort seinem Gutsherrn, dem Grafen Heinrich von Schmettau, den jährlichen Erbzins zehn Taler und drei Malter Korn einfach schuldig bleiben. Mit der Begründung, sein Nachbar Gersdorff zwinge ihn dazu. Der Landrat hätte willkürlich der Krebsmühle das Wasser entzogen. Damit bliebe auch der Geldbeutel des Müllers leer.

Um an seinen Pachtzins zu kommen, spann Rosina den Faden weiter, würde der Graf ganz gewiß den Landrat bedrängen. Der müßte dann den Krebsbach wieder in sein altes Bett leiten. Und wenn nicht, würden sie jedenfalls zunächst um die Zahlung des Pachtzinses herumkommen.

Doch darin irrten die sich so schlau dünkenden Müllersleute. Graf Schmettau äußerte lediglich Verständnis für Arnolds finanzielle Bedrängnis. Was der Landrat tat, interessierte ihn nicht. Er schlug dem hartnäckig den Zins verweigernden Erbpächter mehrmals einen Vergleich vor. Der aber lehnte jeden Kompromißvorschlag ab und beharrte auf Zahlungsunfähigkeit.

So trafen sich die Kontrahenten schließlich vor Gericht. Der Graf machte gegen den säumigen Schuldner geltend, der Mühlenbetrieb habe zu keiner Zeit eingestellt werden müssen, also auch Gewinn abgeworfen. Arnold widersprach dem und begründete seine Weigerung nun auch noch damit, der Grundherr hätte ihn nicht genügend gegen die Willkür des Nachbarn Gersdorff geschützt.

Behauptung stand gegen Behauptung. So zog sich der Rechtsstreit über sieben Jahre hin. Erbittert und unnachgiebig, bisweilen tumultartig. Die Müllersfrau »Rosina scheint übrigens der treibende Keil gewesen zu sein. Vor Gericht führte sie sich oft so ungebärdig auf, daß sie ins Haftlokal gesteckt werden mußte.« (Brandenburg-Historiograph Hans Scholz)

1778 war Justitias Geduld am Ende: Das Landgericht Küstrin verurteilte den bockbeinigen Müller zur Begleichung der bis zu diesem Zeitpunkt fälligen Pachtschuld. Da Arnold nicht zahlen konnte (oder wollte!) kam die Mühle unter den Hammer. Sie wurde von einer verwitweten Gutsherrin ersteigert.

KÖNIG CONTRA »CANAILLEN«

»Die hohen Herren in den Ämtern und auf den Gütern stecken alle unter einer Decke«, tobte der Krebsmüller, als die neumärkische Regierung seine Beschwerde gegen die Gerichtsentscheidung als unbegründet zurückwies.

In dieser Meinung von Rosina bestärkt, richtete er an den König eine Bittschrift, sich seiner Angelegenheit gnädig anzunehmen. Friedrich II. bereiste gerade die Neumark; er erhielt viele solcher Petitionen, und wohl nur die wenigsten kamen ihm unter die Augen. Jedenfalls erhielt Arnold keine Antwort.

Der eigensinnige Müller vermutete eine weitere Intrige der »hohen Herren«. Wandte sich nun mit einer

Immediatsbeschwerde (= direkte Eingabe an den Landesherrn) nach Sanssouci.

»Friedrich II. war vom ersten Augenblick an absolut sicher, daß hier einem braven Mann durch feudale Willkür schwerstes Unrecht zugefügt worden war. Der Müller war arm, folglich mußten die Gerichte zugunsten des Adelsherrn eine Rechtsbeugung begangen haben.« (Historiker Helmut Diwald) Also befahl der »Alte Fritz« den neumärkischen Landesbehörden unverzüglich den Fall unter Berücksichtigung der Arnoldschen Argumente »unparteiisch« zu untersuchen.

Die auf allerhöchste Weisung gebildete Kommission bestand aus dem Regierungskommissar Johann Ernst Neumann und einem Oberst von Heucking vom Regiment Natalis in Züllichau.

Nochmals wurden die Prozeßgegner angehört, Sachverständige konsultiert, Gerichtsakten gewälzt. Doch alle Bemühungen waren umsonst. Die Herren konnten sich nicht einigen: Der Jurist Neumann hielt an dem Küstriner Spruch fest, der Arnold in Sachen seiner Mühle Lug und Trug bescheinigte. Der Militär Heucking aber, beeinflußt vom Winkeladvokaten des Müllers, gab jenem recht. Dem zivilen Untersuchungsbeamten Neumann warf er einseitige Parteinahme vor.

»So war es dem König, der verbissen mißtrauisch gegen jede Art von Zivilisten geworden war und in seinem Greisenstarrsinn nur das Urteil des Obristen gelten lassen wollte, gerade recht.« (Scholz) Heuckings Gutachten bestärkte ihn in dem Argwohn, der Müller könne bei der »korrupten Justiz« kein Recht finden. Friedrich ignorierte auch – so Scholz weiter – »ein Gutachten der Küstriner Regierung ..., das auf seine allerhöchste Weisung der Regierungspräsident Graf Finckenstein veranlaßt und an dessen Abfassung auch eigens noch der sachverständige Deichinspektor Schade mitgewirkt hatte.«

Unzufrieden mit dem Ergebnis übertrug der »Alte Fritz« den Fall Arnold dem preußischen Kammergericht zu Berlin. Doch auch Preußens oberste Juristen konnten nach eingehender Prüfung die gegen Arnold ergangenen Urteile nur ausdrücklich bestätigen. Das geschah am 8. Dezember 1779.

»Der Widerstand, der ihm von den Gerichten geboten wurde, konnte ihn zur Raserei bringen«, urteilte der angelsächsische Historiker Thomas Babington Macaulay 1842 über den großen Friedrich. So auch im Rechtsstreit des Krebsmüllers Christian Arnold.

Drei Tage nach dem Kammergerichtsurteil zitierte der aufgebrachte König seinen für die Justiz verantwortlichen Großkanzler Karl Joseph Freiherr von Fürst sowie die an dem Urteil beteiligten Kammergerichtsräte Friedel, Graun und Ransleben ins Berliner Schloß.

Den zur Audienz Befohlenen schwante nichts Gutes. Erst am 22. November hatte Friedrich dem Großkanzler wegen der Verschleppung eines Prozesses in Kleve seine »höchste Unzufriedenheit« ausgesprochen: »Ihr werdet Händel mit mir kriegen!«

Nun war es soweit. Der aufs höchste erzürnte König enthob den Kanzler auf der Stelle seines Amtes. Den zutiefst erschrockenen Gerichtsräten hielt er im rüdesten Ton eine Standpauke über die »Canaillen in den Amtsstuben« und ließ sie in Arrest abführen.

Einmal in Rage, diktierte Friedrich einen geharnischten Brief an die Richter des Kammergerichtes, in dem es hieß: »Sie müssen wissen, daß der geringste Bauer, ja, der Bettler ebensowohl ein Mensch ist, wie Seine Majestät sind, und dem alle Justiz muß widerfahren werden. Indem vor der Justiz alle Leute gleich sind, es mag sein ein Prinz, der wider einen Bauern klagt, oder auch umgekehrt, so ist der Prinz vor der Justiz dem Bauern gleich; und bei solchen Gelegenheiten muß pur nach der

Gerechtigkeit verfahren werden, ohne Ansehen der Person.

Danach mögen sich die Justiz-Collegia in allen Provinzen nur zu richten haben, und wo sie nicht mit der Justiz ohne alles Ansehen der Person und des Standes gerade durchgehen, sondern die natürliche Billigkeit beiseite lassen, so sollen sie es mit Seiner Königlichen Majestät zu tun kriegen.

Denn ein Justiz-Collegium, das Ungerechtigkeiten ausübt, ist gefährlicher und schlimmer als eine Diebesbande; vor der kann man sich schützen; aber vor Schelmen, die den Mantel der Justiz gebrauchen, um ihre Passiones auszuführen, vor denen kann sich kein Mensch hüten. Die sind ärger als die größten Spitzbuben, die in der Welt sind, und meritieren eine doppelte Bestrafung.« Diese erfolgte noch am selben Tage per Kabinettsorder: Der neumärkische Regierungspräsident Graf Finckenstein mußte seinen Hut nehmen. Landrat von Gersdorff wurde gefeuert und erhielt Befehl, den strittigen Karpfenteich unverzüglich zuschütten zu lassen. Die Kammergerichtsräte Friedel, Graun und Ransleben sowie mehrere am Fall Arnold beteiligte Küstriner Regierungsbeamte, darunter auch Neumann, sollten ein Jahr in der Festung Spandau einsitzen, bis sie den Müller, das Opfer der »korrupten Justiz«, auf Heller und Pfennig entschädigten.

Die Kabinettsorder kassierte gleichzeitig das Urteil des Kammergerichtes und verfügte die sofortige Rückgabe der Mühle an die Arnolds. Ihre Entschädigung durch die »Verursacher« wurde auf 1.358 Taler festgesetzt.

Die Höhe der Summe mag dem betrügerischen Müller und dessen habgierigem Weib nicht geheuer gewesen sein. Im Prinzip hatten sie sich ja nur um den Pachtzins drücken wollen. So gaben sie sich mit geheuchelter

Treuherzigkeit »in alleruntertänigster Demut« mit 984 Talern, 12 Groschen und 10 Pfennigen zufrieden. Und lachten sich über den gelungenen Streich ins Fäustchen. Vom angeblich ruinösen Niedrigwasser im Krebsbach war längst nicht mehr die Rede.

FETTLEBE IN SPANDAU

Friedrich der Große, der sich als »erster Diener des Staates« verstand, hatte seinen Willen durchgesetzt. Unter Verletzung eines Prinzips, das er höchstpersönlich am Beginn seiner Regierung aufgestellt hatte, »niemals in den Lauf des gerichtlichen Verfahrens einzugreifen, denn in den Gerichtshöfen sollen die Gesetze sprechen und der Herrscher soll schweigen«.

Nun aber belehrte der Souverän seinen Staatsminister von Zedlitz, der sich unter Berufung auf den »Codex Friedericianus« geweigert hatte, gegen die inkriminierten Juristen vorzugehen: »Hier ist ein Exempel nötig, weil die Canaillen enorm von meinem Namen Mißbrauch haben, um gewaltige und unerhörte Ungerechtigkeit auszuüben.«

Diesen Standpunkt vertrat er auch vor der Öffentlichkeit. Am 14. Dezember 1779 konnten »Dero Unterthanen« in den »Berlinischen Nachrichten von Staats- und gelehrten Sachen« über den Fall Krebsmüller contra »Canaillen« lesen: »Was tut die Küstrinsche Justiz! sie befiehlt, daß die Mühle verkauft werden soll, damit der Edelmann seine Pacht kriegt. Und hiesiges Kammergerichts-Tribunal approbiert solches. Das ist höchst ungerecht, und dieser Ausspruch Sr. Maj. landesväterlichen Intention ganz und gar entgegen. Höchstdieselben wollen vielmehr, daß jedermann, er sei vornehm oder gering, reich oder arm, eine prompte Justiz administriert und einem jeglichen Dero Unterthanen, ohne Ansehen der Person und des Standes durchgehends ein unparteiisches Recht widerfahren soll.«

Das Echo im In- und Ausland war zwiespältig. Vor dem Berliner Schloß veranstalteten Bauern aus naher und ferner Umgebung Sympathiekundgebungen für ihren König. Ließen den »Alten Fritz« hochleben, der ein »Herz für die Sorgen und Nöte der kleinen Leute« zeigte. Dagegen mokierten sich Bürger und Adel über die von »Greisenstarrsinn« diktierte »Anmaßung« des Herrschers. Schmähschriften machten die Runde, und Spottverse, wie dieser in Sachsen umlaufende: »In Sanssouci der alte Greis macht sich sein eigen Recht. Den argen Schelm, den wäscht er weiß, dem Richter geht es schlecht!« Der dubiose Rechtsstreit brachte den großen Friedrich gegen Ende seiner Regentschaft europaweit unrühmlich ins Gerede.

Davon profitierten die inzwischen in der Spandauer Zitadelle festgesetzten »Canaillen«, weiß Hans Scholz zu berichten: »Das mündige Bürgertum Berlins ... nahm unverhohlen, ja demonstrativ für die Gemaßregelten Partei. Oder war es etwa keine ganz offene Parteinahme, wenn die Spenden, die den Häftlingen zugingen, nicht mehr zu zählen waren, anonyme Spenden, meist aber solche, die namentlich zugesandt oder persönlich überreicht wurden, auch Geld, besonders aber Kulinarisches in Hülle und Fülle: Karpfen, Schnepfen, Gänse, Austern, Pasteten, Aale, Krebse und abermals Krebse aus Spandau, aus Küstrin, aus Sonnenburg, Bier, Ale, Rotwein, Rheinwein, Geräuchertes, Torten, Confituren. Da war also nicht mehr der mindeste Mangel, eher schon die wahre Fettlebe.«

Hinter den wuchtigen Festungswällen gab sich die hauptstädtische Hautevolee ein fröhliches Stelldichein: »Das schöne Geschlecht erschien mit Toback und

Zimtkuchen, Offiziere, Geistliche und hohe Juristen kamen auf Visite, auch jener Herr v. Gersdorff, der nun kein Landrat mehr war. Hofrat Heim sprach öfter vor, der berühmte und so populäre Arzt. Der Kaufmann Deravanne rückte mit 24 Flaschen Rotspon an. Nie fehlte es an Kaffee. Er wurde, wenn das Wetter es erlaubte, auf dem Wall genommen, wo die Herren sich einen Pavillon zu diesem Behufe gezimmert hatten. Da blühte ein anmutiger Ziergarten, denn auch mit Blumensamen und Knollen aller Art hatten die Berliner aufgewartet. Da wurde l'Hombre und Tarock gespielt, wurden Arien gesungen und wurde silhouettiert ... Am häufigsten erschien Friedrich Nicolai, der Vater der bürgerlichen Aufklärung in Berlin, entweder persönlich mit den entsprechenden Bouteillen Pontac oder als Übersender erlesenster Delikatessen.« All das mit Billigung des Festungskommandanten, der zudem des öfteren mit seinen populären Häftlingen tafelte oder mit ihnen gelegentliche Ausfahrten in die angrenzende Heide unternahm: »Kurz, ein erquicklicheres Gefängnis hat es kaum je gegeben«, stellt Scholz fest.

An König Friedrich werden die unerwarteten Folgen seines Exempels nicht spurlos vorübergegangen sein. Zumal er nach dem Zeugnis eines Kammerdieners bald zu der Einsicht kam, »der verfluchte Kerl, der Arnold« hätte ihn hinters Licht geführt. Dennoch: Der Spruch bleibe bestehen, »damit nicht die Unterdrückung noch ärger und die Sache nicht noch schlimmer werde«. Immerhin brauchten die »Canaillen« nicht ihre volle Strafe abzusitzen. Auf königliche Order wurden sie nach neun Monaten, am 5. September 1780, aus der fröhlichen Spandauer Haft entlassen. Allerdings ohne rehabilitiert zu werden. Das war nach Lage der Dinge auch nicht zu erwarten. Eine Rehabilitierung hätte Friedrichs Machtwort ad absurdum geführt, mit dem er, obwohl mit dem

Fall nur oberflächlich vertraut, das Faustrecht des Müllers gegenüber dessen Grundherrn billigte.

Dennoch findet man »in der Geschichte selten ein ähnlich funkelndes Zeugnis für den Willen eines Königs, Unrecht zu verhüten und den Ärmeren vor dem Zugriff eines Größeren zu bewahren«, bilanziert der Historiker Diwald die Krebsmüller-Affäre. »Doch ebenso selten findet sich ein bestürzenderes Beispiel für den mangelhaften Sinn eines Herrschers für Recht und Justiz unter Berufung auf Recht und Justiz. Denn der Müller befand sich völlig im Unrecht, wie sich Jahre später herausstellte; er war ein ortsbekannter Querulant und Lügner. In seiner eigenen rechtlichen Voreingenommenheit war der König einem Gauner aufgesessen und hatte wie jeder beliebige Diktator die Gesetze nach seinem eigenen Gutdünken zurechtgebogen.«

Den geschaßten Staatsdienern wurde erst volle Genugtuung zuteil, nachdem der »Alte von Sanssouci« 1786 die Augen geschlossen hatte. Sein Nachfolger Friedrich Wilhelm II., der ohnehin mit dem Verstorbenen nicht auf gutem Fuße gestanden hatte, machte bald nach seinem Regierungsantritt das Versäumte wett. Für das allzu gewiefte Müllerpaar Arnold aber brachen dunkle Tage an.

In einem neuen Verfahren wurde der aus königlicher Machtvollkommenheit sanktionierte Rechtstitel zugunsten Arnolds annulliert. Überdies wurde der Müller empfindlich zur Kasse gebeten. Das Gericht präsentierte ihm eine Forderung über 1.784 Taler. Zahlbar als Entschädigung an die gemaßregelten Beamten und Juristen oder deren Erben. Und an die Witwe, der die legal ersteigerte Mühle seinerzeit aberkannt worden war.

Für den wiederum Insolventen – er durfte die Mühle behalten sprang – schließlich die Staatskasse ein. In vollem Umfang. Wohl um den peinlichen Eindruck zu verwischen, daß ein kleiner Betrüger einen großen König hereingelegt hatte.

Reisetip:
Die <u>Spandauer</u> <u>Festung</u> (Zitadelle) mit Juliusturm (12. Jahrhundert), Hauptbau im 17. Jahrhundert erneuert, ist mit einer Fülle von Exponaten aus der brandenburgisch-preußischen Geschichte eines der sehenswertesten Museen Berlins.
<u>Züllichau</u> (polnisch: Sulechów) liegt an der E 14 (Swiebodzin-Zielona Góra). In der Ende des Zweiten Weltkrieges teilzerstörten Stadt existieren aus der Krebsmüller-Zeit Rathaus und Crossener Tor.

Speisetip:
Berlin-Spandau: »Marionette«, Eiswerder Str. 22,
Tel. 030/335 60 33;
Spezialität: Internationale Küche und gute Weine.

Der Messias von Biesenthal

Markttag in Bietikow, einem Flecken, hingetupft in die Landschaft ausgedehnter Wälder und einsamer Seen der Uckermark. Nur selten verirrt sich in diesem Kriegsjahr 1762 ein Reisender in das kleine Dorf am Fuße des Bullenbergs, südöstlich von Prenzlau. Wenig weiß man daher in Bietikow, was hinter dem Horizont geschieht. Vor allem, wie es um den Krieg steht, den König Friedrich II. nun bald sieben Jahre führt. Gegen Preußens mächtige Nachbarn Österreich, Rußland und Frankreich.

Da ist der Fremde hochwillkommen, der an diesem Markttag in der Schenke bereitwillig und gescheit Rede und Antwort steht. Ein Weitgereister und Weltgewandter ist er wohl, dieser Herr Philipp Rosenfeld, trotz seiner jugendlichen Erscheinung. Steht er doch in den Diensten des Durchlauchtigsten Herrn Markgrafen von Schwedt, für den er nach Prenzlau unterwegs ist. In diskreter Mission, wie man hört. Daher unauffällig zu Fuß, im schlichten grünen Jägerrock, mit geschultertem Felleisen.

Wie er zu solchen Ehren gekommen war? In der blutigen Schlacht bei Kunersdorf an der Oder im August 1759 (»Ihr Leute, hunderttausend Mann Preußen, Österreicher und Russen schlugen aufeinander!«) schleppte er den verwundeten Markgrafen auf seinen Schultern aus dem chaotischen Getümmel der preußischen Niederlage. Erlitt dabei selbst eine Blessur. Die hinderte ihn, weiter unter des Königs Fahnen zu fechten. Doch der dankbare Markgraf belohnte seinen Lebensretter mit einer Försterstelle. Zog ihn überdies zur Erledigung vertraulicher Aufträge heran.

Rosenfelds Zechgenossen loben den »edlen Sinn« des Markgrafen. Wollen mehr erfahren über das Schicksal des Mutigen, der den Fürsten vor dem Tod bewahrte, ohne das eigene Leben zu achten.

»Ich tat es für Gottes Lohn, Freunde«, sagt der Forstmann bescheiden. »Und bin mit dem Herrn, dem ich dienen darf, reich belohnt worden nach vieler Unbill, die mir geschah. Als Kind einfacher Bauersleute in Thüringen aufgewachsen, dürstete es mich immer nach Wissen. Beim Hüten des Viehs habe ich mir Lesen und Schreiben beigebracht, auch manch gottgefälliges Buch studiert. Als ich das achtzehnte Lebensjahr erreichte, konnte ich die Enge meines Dorfes nicht länger ertragen. Ich nahm Abschied von Eltern und Geschwistern und folgte der Werbetrommel. Unter den Augen unseres allergnädigen Königs kämpfte ich in mancher Bataille. Ich erlebte die Tragödie von Hochkirch, wo ich im letzten Augenblick die blutbefleckte Fahne meines Regiments vor den siegestrunkenen Kaiserlichen in Sicherheit bringen konnte. War auch dabei, als wir nach dem strahlenden Sieg auf dem Schlachtfeld von Leuthen den Choral sangen: ›Nun danket alle Gott.‹ So erging es mir also, bis mich bei Kunersdorf die heimtückische Kugel in die Schulter traf ...«

Das und noch vieles mehr erzählt Philipp Rosenfeld den Bauern und Kätnern Bietikows, die gebannt an seinen Lippen hängen. Ahnungslos, daß sie einen gerissenen Schelm vor sich haben. Einen notorischen Betrüger, der bald von sich reden machen wird.

An dem phantasievollen Lebensbericht des Einunddreißigjährigen stimmte nur, daß er geradewegs aus Schwedt kam. Davongejagt von seinem angeblichen Gönner: Der Markgraf von Schwedt war etlichen Betrügereien seines unredlichen Försters auf die Schliche gekommen! Bei zielloser Wanderung durch die

Uckermark stellte Rosenfeld fest, daß seine Zuhörer die Lügen und Prahlereien, die er ihnen auftischte, kritiklos für bare Münze nahmen. Weit mehr noch beeindruckte ihn die Resonanz, die »Wunderdoktoren« bei den Besuchern dörflicher Jahrmärkte fanden. Mit den Mixturen und Mittelchen der Quacksalber konnte er freilich nicht konkurrieren. Wohl aber, was Phantasie und Überredungskunst anging.

Ihm wurde klar: Scharlatane leben auf Kosten menschlicher Einfalt und Dummheit sorgenfrei! Es kommt dabei nur auf den richtigen Dreh an. Die Erleuchtung kam ihm eines Sonntags. Bei der Beobachtung frommer Kirchgänger in einem uckermärkischen Dorf. Wie sie sich um den Pfarrer drängten, bereitwillig ihr Scherflein spendeten. Allein durch die Macht des Wortes und des Glaubens. Das war es! Er müßte sich als neuer Prophet versuchen. Eine Religion verkünden, die dem einfachen Gemüt einleuchtete. Die dem irdischen Glück den Vorrang vor himmlischer Seligkeit einräumte.

Der Zeitpunkt war günstig gewählt, als Rosenfeld auszog, den Gedanken in die Tat umzusetzen: Preußen litt unter den Folgen des Siebenjährigen Krieges. 1763 war er siegreich beendet, aber teuer bezahlt worden. Mit dem Verlust von fast einer halben Million Menschen. Mit Verwüstung und Verelendung in einem ausgemergelten Land. Mit weitverbreiteter Hoffnungslosigkeit, die nach jedem Strohhalm griff und eine Wende zum Besseren vom Himmel erhoffte.

Darauf setzte der selbsternannte Prophet. Seine aus allerlei Mythen gebastelte »Heilslehre« fiel vor allem in den neuen Kolonistendörfern im weiteren Umland von Berlin bis über die Oder auf fruchtbaren Boden, bei den aus vieler Herren Länder herbeigeströmten Neusiedlern, deren Leben nur Mühe und Plage bedeutete.

Um das Jahr 1765 geisterte eine seltsame Kunde durch

die einsamen Dörfer des Barnim, der wald-, seen- und sumpfreichen Landschaft nördlich und nordöstlich von Berlin: »Der wahre Messias ist auf Erden erschienen!« Er prophezeit, ging es von Mund zu Mund, den »nahen Anbruch des in den heiligen Schriften verheißenen Tausendjährigen Gottesreiches auf Erden, in dem ewiger Frieden herrschen wird.« In Scharen strömten daraufhin Hoffnungsgläubige zu den Plätzen, an denen der »Messias« predigte und Opfergaben einsammelte ...

Eine Waldlichtung am Fuße des Wukuhlenberges in der Nähe der Gemeinde Biesenthal. Kopf an Kopf gedrängt, lauscht eine andächtige Menge den Worten des Mannes, der in ihrer Mitte auf einem Bauernkarren steht. Das ist nicht mehr der glattzüngige Prahlhans im grünen Rock, der zu Bietikow das Blaue vom Himmel schwindelte.

Ein härener Bettlerkittel umhüllt die hochgewachsene Gestalt. Das bis auf die Schulter wallende Haupthaar, der dichte lange Bart umrahmen das bleiche Antlitz eines Asketen. Philipp Rosenfeld hat gelernt, sich in Szene zu setzen.

»Meine Brüder und Schwestern, hört mich an«, ruft er beschwörend aus. »Der Herr Zebaoth, der Herr der himmlischen Heerscharen, hat mich ausgesandt, euch allen frohe Botschaft zu verkünden: Sein Reich auf Erden ist nahe! Und mich hat der Herr erwählt, ihm den Weg zu bereiten.«

Nachdem sich die Unruhe, die dieser Eröffnung folgt, gelegt hat, fährt der »Messias« salbungsvoll fort: »Wisset nun, wie alles kam. Ich stand einst bei einem mächtigen Fürsten im Dienst. Als mir der Sonntag heiliger war als der von ihm verlangte Frondienst in seinen Forsten, jagte er mich schmählich davon. Ohne Obdach und Nahrung wanderte ich durch die Lande. Angewiesen auf milde Gaben. Oftmals zweifelnd an der Gerechtigkeit Gottes.

Und sehet, eines Nachts, als ich auf einem kärglichen Lager aus Laub und Reisig mit meinen Gewissensqualen rang, erschien mir eine lichte Gestalt. Ein Engel des Herrn!« Mit verklärtem Blick streckt er die Arme himmelwärts, verharrt so für einen Augenblick, wohl bemerkend, daß viele Zuhörer verzückt zu ihm aufsehen. »Und also sprach die Lichtgestalt zu mir: Philipp Rosenfeld, Knecht Gottes! Du bist ausersehen, dem armen Volk neue Hoffnung in der Finsternis zu geben. Denn siehe, das Tausendjährige Gottesreich ist nahe, und du bist auserwählt, es im Namen des Allmächtigen als König der Könige zu regieren.

Ich erschrak und fragte: Wie soll ich, ein Sünder voller Einfalt und Kleinmut, solches Amt verwalten. Doch der Engel sprach: Fürchte dich nicht. Dir ist der Schlüssel zum Paradies anvertraut, mit dem du, wenn der Herr dich ruft, die sieben Siegel lösen wirst, mit denen das heilige Buch des Lebens verschlossen ist. Danach aber wird ewiger Frieden herrschen, und es wird allen Menschen wohlergehen, die guten Willens sind. So redete der Engel, und als ich von meinem Nachtlager aufschreckte, da sah ich eine silberne Wolke zum Himmel aufschweben ...« Wie erschöpft von der Vision läßt der »Messias« die Arme sinken. Neigt das Haupt wie von der Erinnerung überwältigt. Steht reglos auf dem Karren. Die Augen geschlossen. Die Hände vor der Brust zum Gebet gefaltet.

Da hält es die Zuhörer nicht länger. »Gelobt sei der Herr und sein Prophet«, jubelt die Menge. Viele drängen an den Karren, berühren den Saum des Bettlerkittels mit den Lippen. Legen Münzen und andere Gaben in die Schalen, die ihnen die Jünger des »Gottesgesandten« entgegenstrecken.

»Der Herr sei mit euch, ihr Brüder und Schwestern«, segnet Rosenfeld mit gespielter Ergriffenheit die neugewonnenen Anhänger. »Ich muß meines Weges weiterziehen. Es harren noch viele der frohen Botschaft, die mir aufgetragen ist. Doch bewahret in euren Herzen die Gewißheit, daß eure Gemeinde Biesenthal auserkoren ward, das Zentrum einer besseren Welt zu werden, daß ich immer zurückkehren werde, um mein müdes Haupt in eurer Mitte zu betten.«

SIEBEN JUNGFRAUEN FÜR DEN PROPHETEN

Seinen Hauptsitz hatte Rosenfeld mit Vorbedacht ausgewählt: Biesenthal war dank seiner Säge- und Getreidemühlen ein für damalige Verhältnisse wohlhabender Ort. Dazu war es zentral gelegen im Tätigkeitsfeld des Schwindlers, dem nun der Ruf des »Messias von Biesenthal« vorausging.

Seine gleisnerischen Predigten zeigten alsbald Wirkung. In den Ansiedlungen und Dörfern in der Uckermark wie auch zwischen dem Havelländischen Luch und dem Netze- und Warthebruch wuchs die Zahl der Heilsgläubigen rapide. Die meisten lockte weniger die verheißene »Unsterblichkeit«. Wohl aber die versprochene »Befreiung von der Knechtschaft der Arbeit« und der »Anbruch erfüllten Lebensglückes«. Darunter verstand der falsche Prophet auch Polygamie, die er als »natürlichste Form der Beziehungen zwischen Mann und Weib« pries.

Ein Gebot, das besonders seinen männlichen Gefolgsleuten einleuchtete.

Das Paradebeispiel lieferte Rosenfeld höchstpersönlich: Im »Besitz des Schlüssels zum Paradies« begehrte er von seinen Anhängern sieben Jungfrauen. Laut göttlicher Offenbarung würde er dereinst ihrer Hilfe bedürfen, um das mit »sieben Siegeln verschlossene Buch des

Lebens« zu öffnen. Bis dahin sollten sie dem »Messias« in seinem Biesenthaler Sitz als »gehorsame Gottesmägde« dienen.

Vergeblich beschworen die Dorfgeistlichen ihre Schäfchen, dem »leibhaftigen Antichrist« nicht zu folgen und von dem »ketzerischen Baalsdienst« abzulassen. Wo Rosenfeld predigte, leerten sich Kirchen und Gemeindesäle. Auch die Forderung der Geistlichkeit, dem »schamlosen Treiben« von Rechts wegen ein Ende zu machen, verhallte lange ungehört.

Die Obrigkeit schritt erst ein, als die Irrlehre alle Autorität in Frage stellte. Zuvor galt ihr ein Machtwort König Friedrichs: »Die Religionen müssen alle tolerieret werden, und muß der Fiskal nur ein Auge darauf haben, daß keiner der anderen Abbruch tue, denn hier muß ein jeder nach seiner Fasson selig werden.«

Die Grenzen solcher Toleranz wurden jedoch verletzt, als Rosenfelds Anhänger vielerorts die »Befreiung von der Knechtschaft der Arbeit« zu praktizieren anfingen. Den Gutsherren wurden Dienste, Abgaben und Pacht verweigert. Gemeindevorstehern, die den Verweigerern entgegentraten, zeigte man die Fäuste. Die ländliche Ordnung geriet ins Wanken.

Der »Prophet« goß noch Öl ins Feuer, als er das Jahr 1770 mit dem Anbruch des »Tausendjährigen Reiches« gleichsetzte. In einem offensichtlichen Anfall von Größenwahn verkündete er seinen Anhängern die Absicht, in jenem Jahr das Regime König Friedrichs zu beenden und von da an »mit vierundzwanzig auserwählten Ältesten den Erdkreis« zu regieren. Biesenthal werde das »neue Jerusalem« sein ...

Doch man forderte nicht ungestraft Preußens höchste Autorität in die Schranken: 1768 wurde der »Prophet« unsanft den Armen seiner sieben Jungfrauen entrissen und in Berlin festgesetzt. Der dortige Kriminalsenat verurteilte den aufmüpfigen »König der Könige« zu sechs Jahren Zuchthaus. Wegen »Verbrechens gegen die Würde des Staatsoberhauptes«.

Der Spruch bedurfte der Unterschrift des Königs. Doch Friedrich, der aufgeklärte Monarch, entschied anders als seine verknöcherten Richter. Er kassierte das Urteil: »Der Musjöh Rosenfeld ist ein Narr, und Narren gehören ins Narrenhaus.« Der Prophet eines von deutschem Boden ausgehenden »Tausendjährigen Reiches« landete also im Irrenhaus.

Den »Messias« in der Spandauer Klapsmühle umgab nun die Gloriole eines Märtyrers. »Der Meister ist in den Händen des Antichrist«, verbreitete sich die Kunde in den Dörfern des Barnim.

Erneut brachen Unruhen aus. Der Zorn der Fanatiker richtete sich vornehmlich gegen die örtliche Geistlichkeit. Sie wurde als Urheber und Drahtzieher der Verfolgung des »Gottesgesandten« angeprangert. Vor Pfarrhäusern und Kirchen kam es zu Zusammenrottungen. Mancherorts mußte Militär eingreifen, um die Geistlichen vor Handgreiflichkeiten zu schützen.

Während Rosenfeld in seinem Zwangsdomizil friedfertig Körbe flocht und im Spitalgarten Unkraut jätete, trugen seine streitbaren Jünger die »Heilsbotschaft« unermüdlich durchs Land. Sammelten Spenden für den Tag, an dem der »Messias von Biesenthal« wieder unter ihnen weilen würde.

1775 war es soweit. Philipp Rosenfeld wurde mit dem Zeugnis, sich »gut geführt« zu haben, aus dem Narrenhaus entlassen. Ob als geheilt, blieb dahingestellt. In Berlin hatte ihm die blindgläubige Gefolgschaft einen neuen Hauptsitz bereitet ...

BESTIMMT FÜR TISCH UND BETT

Es ist kein Prunkbau, in dem die »vierundzwanzig auserwählten Ältesten« der Rosenfeld-Sekte ihren »Meister« willkommen heißen. Das einstöckige Haus in einer Seitenstraße der Cöllnischen Vorstadt ist aus Spenden erworben und mit einfachen Mitteln eingerichtet.

Doch nach dem jahrelangen Aufenthalt in den öden Spandauer Räumlichkeiten gibt sich Rosenfeld damit zufrieden. Er fühlt sich erst einmal geborgen. Und auf die Männer, die in scheuer Verehrung zu ihm aufblicken, kann er sich gottlob verlassen.

Bisweilen hatten ihn Zweifel befallen, was er nach so langer Abwesenheit hier vorfinden würde. Womöglich war sein Nimbus längst verflogen? König Friedrich regierte nach wie vor, und die ihm zugetragene Hoffnung seiner Anhänger, himmlische Mächte würden ihn befreien, mochte nach Jahr und Tag geschwunden sein. Manche, die ihm blindlings gefolgt waren, hatten dafür Hofstelle und Lohn verloren. Würde man ihn dafür nicht verfluchen und von ihm Rechenschaft fordern? Nichts von alledem. Wohin er im Kreise blickt, findet er bedingungslose Ergebenheit. Und so tritt er in ihre Mitte wie einst unter dem Himmel des Barnim. Mehr als zehn Jahre sind seitdem vergangen. Das gestutzte Haupthaar, der geschorene Bart lassen ihn dennoch jünger erscheinen als damals. Unverändert aber ist der zwingende Blick unter den buschigen Brauen.

Mit segnender Gebärde breitet er die Arme aus. »Meine Brüder«, sagt er salbungsvoll. »Der Herr hat mich aus den Banden unserer Feinde erlöst. Es war sein Wille, mich zu prüfen, ob ich die Stärke besitze, meine und eure Arbeit im Weinberg des Herrn zu vollenden.

Er ließ mich spüren, daß ich töricht handelte, da ich selbstherrlich den Anbruch seines Reiches auf Erden bestimmte. Ich weiß nun, daß er mir verziehen hat. Harret denn also in Demut mit mir aus, meine Brüder, bis der Herr uns das Zeichen für die Stunde seiner Herrlichkeit sendet ...«

Nun umringen sie ihn frohlockend. Küssen den Saum des schwarzen Gewandes, das er schon lange mit dem Bettlerkittel vertauscht hat. Berühren seine Hände. Berichten eilfertig von den Erfolgen ihrer Mission im Lande. Milde lächelnd läßt sie der »Meister« gewähren. Und denkt dabei: Wenn ihr wüßtet, daß ihr närrischer seid als die Narren, die man zu Spandau verwahrt. Auch: Das Spiel kann also weitergehen. Dank euch, o menschliche Einfalt und Dummheit ...

»Wir haben alles recht bedacht, Meister«, unterbricht eine Stimme den unfrommen Gedankenfluß. Der weißbärtige Lukas, Senior der »Ältesten«, weist zur Tür. »Draußen harren Euer die Jungfrauen, deren Ihr zur Vollendung des heiligen Werkes bedürft.«

Nacheinander trippeln sieben blutjunge Mädchen, keines älter als siebzehn Jahre, in das Versammlungszimmer. Sittsam die Augen niedergeschlagen, die Hände gefaltet. Wohlgefällig gleitet der Blick des »Meisters« über die zierlichen Gestalten. Die dürre Zeit in Spandau war bitter für einen Mann in der Blüte der Jahre ...

»Lasset uns nun allein, liebe Brüder«, verabschiedet er huldvoll den Ältestenrat. »Ich will sogleich mit den Mägden des Herrn meditieren. Sie mit ihrem Dienst am gottgesegneten Werk vertraut machen. Ziehet hin in Frieden und verkündet den Gläubigen, daß der Rufer des Herrn auch fürderhin unverzagt und unerschrocken den Weg bereitet.«

Er geleitet die sich demütig Verneigenden zur Tür. Wendet sich nun an die verschüchterten Mädchen. Läßt sie auf den Schemeln Platz nehmen und ihre Namen nennen.

»Nun, meine lieben Kinder, gebt gut acht«, redet er sie mit sanfter Stimme an. »Ich bedarf eurer Dienste zu jeder Stunde des Tages und der Nacht. Nach dem Morgengebet werdet ihr die Hausarbeit verrichten, danach spinnen oder das Leinen auf dem Markt feilbieten. Am Nachmittag halten wir fromme Betrachtung und Einkehr. Nach dem Abendgebet wird eine um die andere von euch das Lager mit mir teilen. Denn wisset, der Herr allein bestimmt die Stunde, da ich mit eurer Hilfe die sieben Siegel des heiligen Lebensbuches lösen darf. Und so werdet ihr seines Segens teilhaftig bis in alle Ewigkeit.« Er beugt sich zu einer der Jungfrauen. Streicht ihr eine goldblonde Locke, die sich unter dem Häubchen hervorstiehlt, aus der Stirn. »Du, Lene, wirst heute mit mir die vom Herrn befohlene Nachtwache halten ...«

»HUREREI MIT HALBEN KINDERN«

Mehr als vier Jahre vergingen. Nach wie vor predigte Rosenfeld seinen Anhängern das tausendjährige Gottesreich, vorsichtshalber ohne Festlegung auf ein bestimmtes Datum. Dennoch flossen Spenden und Opfergaben ohne Unterlaß. Der Rosenfeld-Mythos vererbte sich in vielen Gemeinden vom Vater auf den Sohn, von der Mutter auf die Tochter.

Der Obrigkeit wurde der obstinante Sektenwahn immer mehr zum Ärgernis. Wo der »Messias« predigte, kam es hinterher oft zu Zusammenstößen zwischen Fanatikern und Kirchgängern.

Familienfehden brachen aus. Scheunen und Strohmieten gingen in Flammen auf. Doch dem »Propheten« war nicht nachzuweisen, daß er Aufruhr und Gewalt provoziert hätte. Er schien nun gegen den Zugriff irdischer Instanzen gefeit, was seinen Ruf als »Streiter Gottes« nur noch steigerte. Doch ausgerechnet eine seiner sieben Jungfrauen stieß ihn vom selbstherrlichen Postament.

Die Marktfrauen in der Cöllnischen Vorstadt stecken die Köpfe zusammen, wenn sie den schwarzen Leibrock Rosenfelds erspähen. »Der und Predijer«, meint eine dicke Fischhändlerin verächtlich. »Denn bin ick die Jungfrau Maria!«

Die Umstehenden lachen. Doch die Nachbarin vom Gemüsekarren ruft vorwurfsvoll herüber: »Jette, du mußt nich allet jlooben, wat de Meechens von Rosenfelden sajen.«

»Ick weeß, wat ick weeß«, trumpft Jette auf. »Mia jenücht, wat ick von Lene, det arme Ding, jehört habe. Die Kleene is ja so naiv und weeß janich, wat der Schweinkerl mit sie und die anderen Dinger anstellen tut.«

Das möchten nun auch alle anderen erfahren, und die Fischmadam gibt nur zu gerne ihr Wissen preis. Neulich hätte sie der Lene, die immer so blaß und bedrückt aussah, aus Mitleid ein Stück Leinen abgekauft. Dabei kamen sie ins Gespräch. »Det Meechen hat wohl jespürt, det ick es gut mit se meine, und mit eens jeplappert wie uffjezojen.«

So hörte die Marktfrau, daß der »Meister« die in seinem Haus dienenden Mädchen bei nur schmaler Kost zu harter Arbeit anhielt. »Na, und nächtens müssen se zu ihm ins Bette steijen. Weil er doch den Schlüssel zum Paradies parat hat, sajt er. Von wejen und so! Aber die dummen Dinger jlooben ihm den Quatsch, und er kann mit se machen, wat er will«, schließt Jette entrüstet. Und die Zuhörerinnen stimmen ihr zu.

Unbemerkt ist der Markvogt auf seinem Rundgang Zeuge von Jettes Bericht geworden. Er nimmt sie beiseite. »Frau, könnt Ihr das alles auf Ehr und Gewissen zu Protokoll geben?«

Die Fischfrau nickt resolut. »Wenn det for de Mechens jut is immer!«

1780 wird Philipp Rosenfeld erneut in Haft genommen. »Hurerei mit halben Kindern« wirft man ihm vor. Dazu »vorsätzlichen Betrug« und »arglistige Täuschung«. Auch wegen »fortgesetzter mittelbarer Anstiftung zum Landfriedensbruch« steht er nun vor Gericht. Dafür haben sich jetzt Zeugen gefunden. Frühere Anhänger Rosenfelds, die letztendlich den Betrüger durchschaut haben.

Rosenfeld verteidigt sich wortreich und geschickt. Beharrt auf seiner »göttlichen Sendung« als Religionsstifter, die ihn außerhalb jeder irdischen Gerichtsbarkeit stellen würde. Es nützt ihm nichts. Der Berliner Kriminalsenat verurteilt ihn zu »Staupenschlag« (= Auspeitschen) und lebenslanger Festungshaft. Für ihr Urteil nehmen die Richter ein Königswort in Anspruch: »Alle Religionen seind gleich und gut. Wenn nur die Leute, so sie professieren, ehrliche Leute seind ...« (Randbemerkung Friedrichs II. auf einer Eingabe)

Philipp Rosenfeld, der »Messias von Biesenthal«, ist das genaue Gegenteil. Er kann diesmal auf keine königliche Toleranz hoffen. Und so stirbt er acht Jahre nach seiner Aburteilung am 10. April 1788 in der Spandauer Zitadelle.

Die Nachricht vom Tode des Siebenundfünfzigjährigen stößt bei der fanatischen Anhängerschaft auf Unglauben. Hält man den »Meister« doch für unsterblich! Die Sektierer rotten sich vor der Spandauer Festung zusammen. Fordern lautstark die Freilassung ihres »Messias«. Sie lassen auch nicht davon ab, die »Heilslehre« vom tausendjährigen Gottesreich in alle Himmelsrichtungen auszuposaunen und warten hartnäckig auf den Tag, da der »König der Könige« Biesenthal zum neuen Jerusalem erheben und mit seinen Jungfrauen das Lebensbuch entsiegeln würde ...

Mit der Zeit gewann jedoch der gesunde Menschenverstand die Oberhand. Die Reihen der Rosenfeld-Mitläufer begannen sich zu lichten. Nur in weltabgeschiedenen Siedlungen des Netze- und Warthebruchs wucherte der Irrglauben ungehemmt bis ins 19. Jahrhundert. Um das Jahr 1816 zählte dort die Sekte noch etwa achtzig Mitglieder. Vollends verflüchtigte sich der Rosenfeld-Wahn erst um das Jahr 1826. Und da waren die blonde Lene und ihre sechs Mit-Jungfrauen lange schon reife Matronen.

Reisetip:
Biesenthal, in wald- und wasserreicher Umgebung, ist von der A 11 (Abfahrt Lanke) etwa 5 Kilometer abgelegen. Lohnend auch ein Besuch der Pfarrkirche aus dem 13. Jahrhundert, die nach einem Brand in der Rosenfeld-Ära (1767) wiederaufgebaut wurde.

Speisetip:
Biesenthal: »Zum Hähnchen«, August-Bebel-Str. 5, Tel. 03337/3100;
Spezialität: alles rund ums Hähnchen.

Rosenkreuzer-Spuk
auf Schloß Marquardt

Aus der Pforte des in nächtlicher Ruhe liegenden Herrenhauses Groß-Behnitz huscht eine zierliche, in Schleier gehüllte Gestalt. Eilt auf leisen Sohlen zum Parktor. Dort wartet eine Kutsche mit gelöschten Lampen. Die Verschleierte gleitet auf die Polster. Ihr Gesicht wird mit Küssen bedeckt. Dann verschwindet die Kutsche auf der Landstraße nach Nauen. Stürmischer Beginn einer Romanze des Gutsverwalters Johann Christoph Wöllner mit der Generalstochter Amalie Gräfin Itzenplitz. Die Liaison wird dem jungen Galan zu einer Karriere verhelfen, auf deren Höhepunkt man ihn den »kleinen König« nennt ...

Doch fragt man heute in dem Kirchdorf Groß-Rietz, an der Chaussee Beeskow-Fürstenwalde, nach ihm, kennt niemand mehr den »kleinen König«.

Dennoch, er war einst der einflußreiche Günstling Friedrich Wilhelms II., ein König von Geburt, auch wenn die Untertanen ihn als »dicken Willem« verspotteten. Auch Wöllners Apostrophierung drückte keine Ehrerbietung aus: Vielen im Lande war der »kleine König« als böser Geist des schwachen Herrschers verhaßt. Friedrich der Große urteilte einmal kraß: »Der Wöllner ist ein betriegerischer Intriganter Pfafe!«

Betrug, vor allem Intrigen – sie begleiteten den Lebensweg des 1732 geborenen Pastorensohns. Krankhaft ehrgeizig, büffelte er Ökonomie, Philosophie, Theologie. 1753 stellte ihn General Graf Itzenplitz, Herr auf Groß-Behnitz bei Nauen, als Hauslehrer an. Wöllner machte sich so beliebt, daß ihm nach zwei Jahren die vakante Pastorenstelle in Groß-Behnitz zufiel.

1759 starb sein Gönner. Flugs überließ der Jung-Pastor die Pfarre seinem Vater und folgte der Generalswitwe vermutlich nicht nur als Gutsverwalter ins Herrenhaus. Fontane umschrieb das offensichtliche Techtelmechtel diskret, die reife Dame sei dem vielseitigen jungen Mann »nicht unhold« gewesen.

Dieselben Empfindungen hegte wohl auch das Generalstöchterlein. Jedenfalls ließ sich Amalie Gräfin Itzenplitz willig bei Nacht und Nebel von dem jungen Heißsporn ent- und verführen.

Die gräfliche Mutter blieb dem Mädchenräuber dennoch »nicht unhold« und gab ihren Segen. 1766 wurde geheiratet. König Friedrich hatte vergeblich versucht, die Mesalliance der Tochter eines seiner Feldherrn mit dem »intriganten Pfafen« zu verhindern.

Die Einheirat in eine hochangesehene märkische Adelssippe öffnete dem sich geistreich und witzig gebärdenden Parvenu die Salons der Berliner und Potsdamer Hofgesellschaft.

Wöllner wirkte zu jener Zeit »anziehend bis zum Verführerischen« (Fontane). 1770 avancierte er zum Kammerrat der Krongutsverwaltung des Prinzen Heinrich, Bruder Friedrichs des Großen.

Sein ungehemmter Aufstieg war gesichert, als er sich das schrankenlose Vertrauen des Kronprinzen Friedrich Wilhelm erschleichen konnte.

KONJUNKTUR FÜR SCHARLATANE

Als zweiter besonders bevorzugter Günstling des Thronanwärters trat Hans Rudolf von Bischofswerder in Erscheinung. Acht Jahre jünger als Wöllner, umfassend gebildet, in allen Sätteln gerecht und ein Liebling des schwachen Geschlechts, war der Sproß einer sächsischen Offiziersfamilie eine schillernde Persönlichkeit. Nach mancherlei Kriegs- und Hofdiensten in deutschen Landen zog es ihn um 1780 nach Potsdam. In der Suite des Kronprinzen rückte der geschmeidige Höfling zum Generaladjutanten auf.

Bischofswerder war zuvor Kammerherr des sächsischen Prinzen Karl, Herzog von Kurland, gewesen. In dessen Palais gaben sich dem Zeitgeist folgend Wunderpropheten, Alchimisten und Scharlatane verwandter Art ein Stelldichein. An ihrer Spitze der Ex-Freimaurer Johann Georg Schrepfer (1730-1774). Der frühere Leipziger Schankwirt machte als angeblicher Geldzauberer und Geisterseher Furore. In Wahrheit ein Betrüger, von dem Hang zu Geheimbündelei, Alchimie und Geisterglauben profitierend, der in Fürsten- und Adelskreisen verbreitet war.

Schrepfer behauptete mit kaum zu überbietender Impertinenz, er könne wertlose Papierschnipsel in echte Banknoten verwandeln. Und zwar in einer von überirdischen Mächten noch zu bestimmenden »Nacht der Wunder«. Zur Einstimmung der auf diesen Schwindel Hereinfallenden hielt er im Leipziger Hotel de Pologne spiritistische Sitzungen ab. Vor den Augen seiner leichtgläubigen Zuschauer ließ das angebliche Oberhaupt einer weitverzweigten »Geheimen Bruderschaft der Allwissenden« Boten der Geisterwelt erscheinen: Schemenhafte Gestalten in einer Rauchwolke aus betäubend duftendem Kräuterwerk. Ihre hohlklingenden Laute konnte nur er, der »Auserwählte«, deuten. Den faulen Zauber bewerkstelligte der Gaukler mit Hilfe eines von ihm ausgetüftelten Hohlspiegel-Systems. Der Humbug verschaffte ihm nicht nur Zulauf aus allerhöchsten Kreisen, sondern auch eine volle Kasse.

Doch als Schrepfers überirdische Partner beharrlich schwiegen, verblaßte sein Nimbus. Die genasführte Klientel drohte mit Vergeltung. Ausweglos in die Enge getrieben, beging der »Schotte der Erkenntnis und Gewalt« (wie er seine Briefe unterschrieb) Selbstmord. Theatralisch bis zur letzten Minute: »Sie sollen einen Lebenden sehen, den Sie für tot halten«, rief er einem Häuflein unverdrossener Anhänger zu, in deren Beisein er sich an einem frühen Oktobermorgen des Jahres 1774 im Leipziger Rosenthal eine Kugel in den Kopf jagte ...

EINE SATIRE MACHT KARRIERE

Bischofswerder war einer der Augenzeugen des ungewöhnlichen Suizids. Unter dem Einfluß Schrepfers und anderer obskurer Schmarotzer am sächsischen Prinzenhof hatte er sich den irrationalen Ideen des »Antiquus Mysticus Ordo Rosae Crucis« verschrieben. Dieser »Alte mystische Orden vom Rosenkreuz« war ein Geheimbund. Gegründet auf religiöser Orthodoxie und der Lehre von der angeblichen Existenz übersinnlicher, der gewöhnlichen Erfahrung nicht zugänglicher Kräfte. Seine Entstehung verdankte er einer mißverstandenen Satire: Anfang des siebzehnten Jahrhunderts wandte sich der württembergische Theologe Johann Valentin Andreae (1585-1664) mit einer Spottschrift gegen die ausufernde Flut der Alchimisten- und Astrologen-Geheimbünde auf deutschem Boden. Für sein Pamphlet »Chymische Hochzeit des Christiani Rosenkreutz« erfand er die gleichnamige Figur eines »Künders aller Weisheit des Lebens«. Als Andreae feststellte, daß seine Persiflage für bare Münze genommen wurde, rief er »Rosenkreuzer«-Geheimbünde ins Leben. Zuerst in den Niederlanden verbreitetet, entwickelte sich die vermeintliche »Lebenslehre«, das Wissen um die »letzten Geheimnisse der Alten«, im Deutschland des achtzehnten Jahrhunderts zum Gegenpol fortschrittlichen Denkens.

Eine in jener Zeit verfaßte »Instruktion für die Oberen der unteren Klassen« manifestierte zum Beispiel: »Der Orden kettet den Himmel an die Erde und öffnet den versperrten Weg zum Paradies wiederum. Seine höchsten Vorsteher sind, im allergenauesten Verstande, Freunde Gottes, wahre Jünger Christi, weit über den Rest der Sterblichen erhaben, Meister über die ganze Natur.«

In der Praxis ging es den »höchsten Vorstehern« und ihren Gefolgsleuten um die Erringung und Behauptung von Einfluß und Macht. Ihr Ziel war nach dem Urteil zeitgenössischer Beobachter »eine öffentliche Revolution im Sinne des Rückschritts«. Als Mittel zum Zweck dienten den Dunkelmännern unterm Rosenkreuz auch Magie und Alchimie ...

Bischofswerder mag in dieser Hinsicht den praktischen Nutzen der Schrepferschen Spuk-Apparatur erkannt haben. Er brachte sie fortan ins Spiel. Im Bunde mit dem gleichgesinnten Wöllner, von dem es später hieß: »Im Jahre 1778 war er bereits so weit, daß er die geheime Lehre der rosenkreuzerischen Philosophie für das einzig wahre Wissen hielt, für ein Wissen, das bald ganz allgemein werden und alle andere Philosophie verdrängen würde.«

Christoph Friedrich Nicolai (1733-1811), Schriftsteller und Verfechter der literarischen Aufklärung in Berlin, verband diese Einschätzung mit der Feststellung: »Sehr bald nach dem Tode Friedrichs des Großen fanden bei seinem Nachfolger Männer Gehör, welche zu mehreren nachteiligen Maßregeln Anlaß gaben. Dieselben waren großenteils durch eine geheime Macht, durch den Gold- und Rosenkreuzerorden und durch den Einfluß der ›unbekannten Väter‹ geleitet, welche diesen Orden ... noch zu Lebzeiten des großen Königs, unglaublich weit in Deutschland auszubreiten wußten«.

Nicolais Anklage richtete sich vornehmlich gegen die seinerzeit nahezu allmächtigen Günstlinge Friedrich Wilhelms II.: Bischofswerder, vom Major zum Generaladjutanten aufgestiegen, und Wöllner, nun ausgezeichnet mit dem begehrten Adelstitel, den ihm der Vorgänger des neuen Königs barsch verweigert hatte.

Wenige Tage vor seinem Tode vertraute der »Alte von Sanssouci« dem Minister Graf Hoym seine größte Sorge an: »Ich werd' ihm sagen, wie es weitergeht! Mein Neffe wird verschwenden und die Armee ausarten lassen. Die Weiber werden regieren und mit dem Staat geht es bergab!«

In einem Punkt irrte der große Friedrich: Es waren nicht die »Weiber«, die den Zerfall und Zusammenbruch der friderizianischen Ordnung heraufbeschworen. Mit dem bei der Thronbesteigung 42jährigen »dicken Willem«, den der Chronist Karl Heineke, Pfarrer in Buch, einen »frühen Greis« nannte, trieben nicht nur sein »Kebsweib« – die Mätresse Wilhelmine Encke-Rietz alias Gräfin Lichtenau –, sondern »auch andere ein unwürdiges Gaukelspiel«.

Ein diabolisches Spiel mit verteilten Rollen. Der »betriegerische Intrigante Pfafe« Wöllner, Hauptberater des Königs in Zivil- und Finanzfragen, dazu Justizminister und Minister des Geistlichen Departments, bestimmte faktisch die Landespolitik. Bischofswerder – in Hofkreisen insgeheim »Günstling-General« tituliert – gängelte den wankelmütigen Monarchen in puncto Außenpolitik. Der eigene Nutzen kam dabei nicht zu kurz. Und auf dem Gipfel seiner Macht hatte Wöllner längst die ihm nachgesagte »anziehende und verführerische« Gloriole verloren. Er wirkte nun geltungsbegierig, kalt, »ohne Wohlwollen«.

Elf Jahre, von 1786 bis 1797, regierten die mit den höheren Weihen und Kompetenzen gerüsteten Rosenkreuzer als Graue Eminenzen nicht allein das Land, sondern auch den König.

Friedrich Wilhelm II. war das genaue Gegenteil seines großen Vorgängers. Dem klarblickenden, der Aufklärung verbundenen Fridericus Rex, in dessen Land »jeder nach seiner Façon selig werden« durfte, folgte ein willensschwacher, von dunklen Ängsten verfolgter Thronerbe, sinnlichen Genüssen verfallen, dem Okkultismus anhängend. Ein Lebemann, mit dem die Rosenkreuz-Geheimniskrämer leichtes Spiel hatten. Zwischen Servilität und Raffinesse geschickt balancierend, schrieben sie dem »dicken Willem« vor, wie er zu leben und zu regieren hatte. Ihm dabei die Überzeugung belassend, alleiniger Herr seiner Entscheidungen zu sein. Wenn er jemals zögerte, führten mystische Botschaften aus dem Jenseits zu dem von Wöllner und Bischofswerder anvisierten Ergebnis.

GEISTER IM SCHLOSS BELVEDERE?

Mitternacht im Belvedere, dem Charlottenburger Parkschlößchen. »Sire, die Séance kann beginnen, wie Majestät befohlen«, raunt Bischofswerder dem König ins Ohr. Zieht sich mit devoter Verneigung zurück. Friedrich Wilhelm II. bleibt allein in dem von Wandleuchtern nur dürftig erhellten Kabinett. Zwei halb zurückgeschlagene Portieren trennen es von dem angrenzenden Rundsaal, der im Dunkeln liegt. Es ist totenstill. Unruhig umkrampft der König die Lehnen des Armsessels. War es nicht vermessen, die Geister des römischen Kaisers Marc Aurel, des Großen Kurfürsten und des Philosophen Leibniz heraufzubeschwören?

Er schrickt zusammen. Ein langgezogener klagender Ton zittert durch das Kabinett. Zwischen den Portieren wallt schwachleuchtender Nebel auf. Formt sich zu einer Säule. Waberndes, unirdisch wirkendes grünliches Licht umhüllt eine schemenhafte, in den Konturen zerfließende Gestalt.

»Wer wagt es, unsere ewige Ruhe zu stören«, tönt es grabesdumpf in die Stille des Kabinetts.

Der »dicke Willem« – Schweißperlen auf der bleichen Stirn – ringt nach Atem. Möchte antworten, Rat und Beistand erbitten. Es gelingt ihm nicht. Die von fahlem Licht umflossene, gesichtslose Erscheinung versetzt ihn in Angst und Schrecken. Seine Stimme versagt.

Dafür sprechen die Geister. Streng und drohend. Einen »sittenlosen Erdenwurm« nennen sie den im Sessel Zusammengesunkenen. Der »tiefste und greulichste Höllenschlund« erwarte ihn, wenn er die Stimme des Gewissens mißachte. Bei den letzten Worten der Strafpredigt bewegt sich die nebelhafte Erscheinung, als wolle sie in das Kabinett fließen.

Der König springt entsetzt auf. »Bischofswerder«, krächzt er heiser. »Rasch! Löse er den Zauber! Ich bin erschöpft.« Mit geweiteten Augen starrt er auf die allmählich verblassenden Schemen. Ergreift haltsuchend den Arm des Günstlings und wankt aus dem Kabinett.

Der Schrepfersche Spuk-Apparat hatte wieder einmal seine Schuldigkeit getan. Doch fortan mied der König das für eine Geisterkomödie so ideal gelegene und geeignete Parkschloß. Andere Schauplätze für den Hokuspokus wurden gesucht – und gefunden. So Schloß Marquardt am Schlänitzsee, in der Nähe von Potsdam. Es gehörte Bischofswerder.

Hinter Buschwerk und Tannen verborgen, erhob sich im Schloßpark ein mit Akazien bepflanzter Hügel. Nur wenige Eingeweihte kannten sein Geheimnis: In der

Anhöhe befand sich eine künstliche Höhle, die »Blaue Grotte«. Tempel für Rituale der Rosenkreuzer und Bühne für den faulen Zauber ihrer schwarzen Magie.

Wenn der beleibte König sich schnaufend durch den niedrigen Eingang gezwängt hatte, betrat er ein mit lasurblauem Mosaik ausgelegtes Steingewölbe. Ein Kronleuchter verbreitete Dämmerlicht, das sich in den Wänden farbenprächtig widerspiegelte.

In der »Blauen Grotte« brauchte der Abergläubische keine Spukgestalten zu fürchten. Zwar wallte ihm Nebel, getränkt mit betäubenden Düften, entgegen, doch die beschworenen Gespenster blieben unsichtbar. Personifizierten sich nur durch geisterhaftes Flüstern, das aus den scheinbar undurchdringlichen Mauern drang. Dazwischen immer wieder leiser Gesang und vibrierende Harfentöne. Der König stellte die ihn bewegenden Fragen, und das Orakel der »Blauen Grotte« gab Antwort. Sie deckte sich stets mit den Einflüsterungen seiner beiden engsten Ratgeber.

Als Schloß Marquardt im neunzehnten Jahrhundert in andere Hände überging, ließ der Besitzer den ominösen Hügel öffnen. Es zeigte sich: Die »Blaue Grotte« besaß doppelte Wände mit einem dazwischen verlaufenden Gang. Platz für die flüsternden, singenden und harfezupfenden »Geister«. Der »dicke Willem« aber, so die Überlieferung, sei nach der Zwiesprache mit dem Jenseits »immer tief beeindruckt« gewesen. Und natürlich den Ratschlägen der Bischofswerder und Wöllner geneigter denn je.

Sie waren nicht die einzigen, die Nutzen aus dem königlichen Aberglauben zu ziehen wußten. Seine Gemahlin, die hessische Prinzessin Friederike Luise, erfüllte sich manchen kostspieligen Wunsch, indem sie von Zeit zu Zeit vorgab, Gespenster zu sehen. Eine angeblich unheilbare Krankheit. Des Königs langjährige Mätresse

Wilhelmine tat desgleichen. Anfangs mit den Rosenkreuzer-Höflingen spinnefeind, paktierte sie bald mit den ihren Einfluß gefährdenden Schatten-Regenten und verfuhr bei machem Tête-à-tête mit dem Geliebten nach deren Erfolgsrezept.

GEKNEBELTE AUFKLÄRUNG

»Der tollen Geisterseherei wurde nach und nach Tür und Tor geöffnet, damit der freie Gebrauch der Vernunft gehemmt und nach der Herrschsucht der Hierarchie und ihrer eigenen Herrschsucht ein ausgedehnterer Wirkungskreis bereitet würde«, verurteilte Nicolai das unheilvolle Wirken der Rosenkreuzer Bischofswerder und Wöllner.

In seinem Vorwort zum sechsundfünfzigsten Band der »Neuen Allgemeinen deutschen Bibliothek« heißt es weiter: »Dank sei es den menschenfreundlichen Privatgesinnungen König Friedrich Wilhelms II., daß die Absicht der Obskuranten, alle Aufklärung auszurotten, nicht bis zur Absetzung der Aufklärer von ihren Ämtern, bis zu ihrer Einschließung in Gefängnisse oder ihrer Verjagung aus dem Lande fortgesetzt ward. Es gab Leute, denen es an Willen hierzu nicht fehlte und noch weniger an Drohungen.«

Letztgenannter Vorwurf richtete sich gegen Wöllner, der 1788 – ein Jahr vor der französischen Revolution – das berüchtigte »Religions-Edict« erlassen konnte. (Es wurde erst 1797 vom Nachfolger Friedrich Wilhelms II. aufgehoben.) Das Edikt bestätigte zwar einerseits die unter Friedrich dem Großen geübte Religionsfreiheit, unterwarf aber zugleich die lutherische Kirche strengster Kontrolle und Zensur. Und zwar unter dem Deckmantel des Kampfes gegen »zügellose Freiheit, Glaubenslosigkeit und Sittenverderbnis« der Aufklärung. Die daraus resultierenden Repressalien veranlaßten Verfechter einer liberalen Geisteshaltung, dem in Orthodoxie verfallenden Preußen den Rücken zu kehren.

Der Bekämpfung freiheitlicher Regungen im Innern entsprach die von Bischofswerder maßgeblich initiierte Außenpolitik. So brachte er 1791 den König dazu, sich mit Österreich zu verbünden, um die absolute Herrschaft der französischen Monarchie zu retten. Entsprechende Drohgebärden des Hauses Habsburg beantwortete der Pariser Revolutions-Konvent mit der Kriegserklärung an Österreich.

Bündnisfolgsam (wie 122 Jahre danach beim Ausbruch des Ersten Weltkrieges das kaiserliche Deutschland) zogen 42 000 Preußen in der Armee der Verbündeten im August 1792 gegen das revolutionäre Frankreich ins Feld.

Ein blamabler Kriegszug. Das großmäulige Ultimatum des alliierten Oberkommandierenden, eines Herzogs von Braunschweig, er werde Paris völlig dem Erdboden gleichmachen, falls der königlichen Familie Schaden zugefügt werden sollte, verpuffte als leere Drohung. Der von dem Braunschweiger halbherzig und dilettantisch geführte Vorstoß auf das Zentrum der Revolution blieb am 20. September bei Valmy, zwischen Verdun und Reims, stecken.

Nach stundenlanger, nichts entscheidender Kanonade trat anderntags das von Krankheiten dezimierte und durch Nachschubmangel gehemmte Koalitionsheer den Rückzug an. Wechselndes Kriegsglück und leere Kassen veranlaßten Preußen, 1795 in Basel einen Sonderfrieden mit Frankreich zu schließen.

Der »dicke Willem« schied aus der Koalition aus, die nur die gemeinsame Furcht vor der Revolution zusammengehalten hatte. Bischofswerders Ambitionen aber brachten Preußen auf einen Weg, der 1806 auf dem Schlachtfeld von Jena und Auerstedt in die totale Katastrophe führte.

ABGANG MIT THEATERDONNER

Zum Zeitpunkt des Baseler Friedens war der Glücksstern der Wöllner und Bischofswerder schon im Sinken. Ihr königlicher Gönner siechte dahin. Eine Folge des ausschweifenden Lebens. Die Wassersucht schwemmte seinen Leib mehr und mehr auf. »Bald war es am Hof kein Geheimnis mehr, daß seine Lebenszeit kaum noch nach Jahren berechnet werden könne«, notierte der Historiker Streckfuß. Erst 53 Jahre alt, starb Friedrich Wilhelm II. am 16. November 1797 in seinem Potsdamer Palais. »Ein geistreicher, aber launischer, genußsüchtiger und liederlicher Despot, ohne Gefühl für Pflicht und Verantwortung«, urteilte der Geschichtsforscher Johannes Haller (1924).

Bischofswerder, die Todesstunde des Königs im Vorzimmer erwartend, handelte unverzüglich. Der »Günstling-General« ließ die Eingänge zum Neuen Garten und zum Marmorpalais schließen und durch Leibgardisten streng bewachen. Danach jagte er zu Pferde nach Berlin, um als erster dem Kronprinzen als dem künftigen König zu huldigen. Beflügelt wohl von der Erwartung, sich auch diesem Regenten unentbehrlich machen zu können.

Doch der Stern des Schwarzen Adlerordens, den er aus der Hand des neuen Herrschers empfing, war ein Abschieds-Souvenir.

Mit der Thronbesteigung Friedrich Wilhelms III. nahm die Rosenkreuzer-Vormundschaft ein jähes Ende. Der strenge Kritiker der »lüderlichen Mätressenwirtschaft«

seines Vaters verabschiedete den »betriegerischen Intriganten Pfafen« wie den »Günstling-General« in Ungnaden aus dem höfischen Dienst.

Beim Begräbnis ihres königlichen Mäzens inszenierte Bischofswerder seinen theatralischen Abgang. Im Berliner Dom war das offizielle Preußen versammelt, schildert Fontane das düstere Schauspiel: »Lichter brannten, Uniform an Uniform, nur vor dem Altar ein leerer Platz: auf der Versenkung, die in die Gruft führte, stand der Sarg. Jetzt wurde ein Zeichen gegeben. In demselben Augenblick trat Bischofswerder, eine Fackel in der Hand, neben den Sarg, und der Tote und der Lebende stiegen gleichzeitig in die Tiefe. Es machte auf alle, auch auf die Gegner des Mannes, einen mächtigen Eindruck. Es war das letzte Geleit. Zugleich symbolisch ausdrückend: ich lasse nun die Welt.«

Von der höfischen Gesellschaft gemieden, zogen sich die gestürzten heimlichen Herrscher Preußens auf ihre Besitzungen zurück. Wöllner starb 1800 in Groß-Rietz. Der »kleine König« fand auf dem Dorffriedhof neben seiner hochgeborenen Gemahlin die letzte Ruhestätte. Gedeckt von einem grauen Granit mit verwitterten, aber noch immer lesbaren Initialien. Bischofswerder folgte ihm drei Jahre später.

Bis zuletzt glaubte er an die mystischen Kräfte des täglich eingeflößten »Lebenselixiers« und des Rosenkreuzer-Amuletts, das er auf der Brust trug. Seinem letzten Willen folgend, wurde der »Günstling-General« in Marquardt zwischen dem Schloß und der »Blauen Grotte« beigesetzt. In einer namenlosen Gruft. Die preußische Episode des Rosenkreuzertums – so Fontanes Fazit – »ging mit ihnen zu Grabe«.

Reisetip:
In dem um 1800 erbauten Schloß von Groß-Behnitz (ca. 10 Kilometer westlich Nauen) tagte im März 1942 der antifaschistische »Kreisauer Kreis«. Vom 1945 zerstörten Schloß blieb nur das Parkportal mit Trophäenschmuck vom Oranienburger Tor in Berlin erhalten.
Schloß Groß-Rietz (erbaut 1685), nach Kriegsende 1945 ausgeplündert, zu DDR-Zeiten Krankenhaus, Kindergarten, Konsum-Lager. Die Dorfkirche stammt aus dem Jahre 1704.
Der Langhans-Bau Belvedere (1788) im Berlin-Charlottenburger Schloßpark brannte 1944 aus und wurde 1957 wiederhergestellt.
Schloß Marquardt (Neubau 20. Jahrhundert), in der DDR Sitz eines Instituts für Pflanzenzucht, liegt etwa 11 Kilometer westlich von Potsdam.

Speisetip:
Nauen: »Volksgarten«, Berliner Str. 1, Tel. 03321/32777; Spezialität: deutsche Küche – Küchenmeistertopf »Volksgarten«.

Verführte Julie, Königin zur Linken, aus Buch

»Niederschönhausen und Buch sind gewiß keine Plätze, die bei Betrachtung der Vergangenheit frohe Rückblicke gewähren.« Diese negative Einschätzung des märkischen Heimatforschers Joachim von Kürenberg aus den zwanziger Jahren war kein Pauschalurteil. Bezog sich vielmehr auf zwei Frauen, denen einst die reizvoll an der Panke gelegenen Orte zum Schicksal wurden: Elisabeth Christine (1715-1797), Königin von Preußen, und Elisabeth Amalia (»Julie«) von Voß (1766-1789), Edelfräulein aus Buch. Beider Wege kreuzten sich in Niederschönhausen ...

Am 31. Mai 1740 besteigt Friedrich II. als Nachfolger seines verstorbenen Vaters Friedrich Wilhelm I. den preußischen Königsthron. Und macht sofort wahr, was er acht Jahre zuvor dem Ersten Minister von Grumbkow ankündigte. Er, der Kronprinz, betrachte die vom Vater befohlene Ehe mit der Prinzessin Elisabeth Christine von Braunschweig-Bevern, einer Verwandten des österreichischen Kaiserhauses, nur als »Kaufpreis« für seine Entlassung aus der Küstriner Festungshaft. Das bedeute, »daß sie verstoßen werden wird, sobald ich Herr sein werde«. Der Unerbittliche weist nun der ungeliebten Gattin das Schloß Niederschönhausen bei dem Dorf Pankow als Wohnsitz zu. Sie darf den Ort nur zur befohlenen Teilnahme an den jährlich zweimal stattfindenden Berliner Hofbällen verlassen. Friedrich selbst setzt keinen Fuß in das Schloß an der Panke.

Es ähnelt mehr einem profanen Landsitz als der

Residenz einer regierenden Königin. Zwar gibt es einen durch zwei Stockwerke führenden marmorverkleideten Festsaal. Alle übrigen Räumlichkeiten, auch das Inventar, entbehren jedes höfischen Glanzes. Das Interieur befremdet manche ausländische Diplomaten, die Elisabeth Christine in Niederschönhausen empfängt. Empfangen muß! Denn Friedrich verlangt von jedem Gesandten, der in Sanssouci anreist, »sich im Anschluß daran auch nach Schönhausen zu begeben, um dort der residierenden Königin seine Ehrerbietung zu erweisen«. So will es nun mal die Etikette.

Friedrich bezeigt der verstoßenen Gemahlin die gleiche protokollarische Höflichkeit, »wenn er ... mit ihr auf den Hofbällen zusammentraf; ehrerbietig verneigte er sich, ergriff ihre Hand und führte sie dann in den Saal, vermied es aber, mit ihr zu sprechen« (Kürenberg). Doch wenn es um den Unterhalt der Verbannten geht, kehrt der große Friedrich nicht eben den Kavalier hervor. In den Briefen, die er von Sanssouci schreibt, nimmt die Kritik an Hofhaltung und Ausgaben der hohen Frau breiten Raum ein.

Mag sein, es verdroß den König, daß seine Gemahlin vom Hasard so besessen war wie die Königin Marie-Antoinette von Frankreich, ihre Zeitgenossin. Die Partien im Schloßsaal ziehen sich oft bis spät in den Abend hin, und wenn die Königin den Spieltisch verläßt, ist ihr Kleid oft dunkelfleckig von den Münzen, die sie in den Schoß zu werfen pflegte.

Im Prinzip ist Elisabeth Christine immer knapp bei Kasse: Bei der Bewilligung ihrer Apanage ist der König äußerst knauserig. Ihrem Kammerherrn Graf Lehndorff, zuständig für die Verwaltung der Finanzen, bereitet die standesgemäße Hofhaltung manches Kopfzerbrechen: »Oft mußte Graf Lehndorff nach Potsdam fahren, um wenigstens die Mittel für Kohle und Kerzen aufzutreiben.

Die Bitten der Königin, die sich weder mündlich noch schriftlich gut ausdrücken konnte, ihr doch die hunderttausend Taler zurückzugeben, die sie ihrem Gemahl als Kronprinz einst geliehen hatte, beantwortete der König ebensowenig wie die Bittbriefe seiner ehemaligen Freundin (aus Küstriner Tagen 1731/32, d. V.), der Frau v. Wreech in Tamsel« (Kürenberg).

In der Abgeschiedenheit von Schloß Niederschönhausen lebte die einsame Königin 57 Jahre. Vor ihrem Tode vertraute sie dem geistlichen Beistand an: »Ich habe wissentlich nie einem Menschen schaden wollen, keinen beleidigt und versucht, soviel Gutes zu tun, als nur in meinen Kräften stand.« Das lag auch in ihrer Absicht, als sie 1783 ihr Patenkind, die siebzehnjährige Elisabeth Amalia von Voß, als Hofdame zu sich nahm. Der Hofstaat nannte das junge Mädchen seiner anglophilen Neigungen wegen »Bethsy« und aus unbekannt gebliebenen Gründen – »Julie«. Unter diesem Namen lebt sie in der Erinnerung fort.

Die einzige Tochter des Erbherrn auf Buch und Karow, Hieronymus von Voß, war nach dem frühen Tod der Mutter (1767) als Halbwaise im Bucher Herrenhaus aufgewachsen. Ein Jahr nach Antritt des Hofdienstes in Niederschönhausen verlor sie auch den Vater. »So stand sie, ohne mütterliche Leitung und väterlichen Beistand, in einer Umgebung, in der man glückliches Ehe- und Familienleben nicht kannte – in einer Zeit der Erweichung der sittlichen Grundbegriffe in den führenden Kreisen –, der Versuchung gegenüber. Diese nahte ihr in der immer zudringlicher werdenden Zuneigung des Prinzen, der 1786 als Friedrich Wilhelm II. den preußischen Thron bestieg«, vermerkt die Bucher Ortschronik des Pfarrers Martin Pfannschmidt aus dem Jahre 1927.

Was dem hemmungslosen Schürzenjäger Friedrich Wilhelm das naive Landedelfräulein so begehrenswert machte, ist sein Geheimnis geblieben. Vielleicht reizte ihn Julies spröde Unschuld.

Bestimmt aber ihre äußere Erscheinung. Theodor Fontane beschrieb Julie von Voß als »eine Schönheit im Genre Tizians, schlank und voll zugleich, von schönen Formen und feinen Zügen, blendend, aber von einer marmorähnlichen Blässe, die noch durch ein überaus reiches rötlich blondes Haar gehoben wurde«. Manche ihrer Zeitgenossen rühmten zwar auch die »schneeweiße Haut« und die »gute Figur«, hielten das Hoffräulein von Voß aber für »strohig«, »linkisch« und »keineswegs intelligent«. Neid und Eifersucht mögen dabei eine Rolle gespielt haben. Widersprüchlich wie solche Einschätzungen verlief indessen auch das Leben der Julie von Voß. Es geriet aus der Bahn, als sie wenige Monate nach ihrem Erscheinen in Niederschönhausen dem Prinzen Friedrich Wilhelm begegnete ...

EINE »PREUSSISCHE POMPADOUR«

Der stattliche, ein wenig zur Fülle neigende Prinz genoß nicht gerade den besten Ruf. Vergeblich suchte Friedrich der Große den ausschweifenden Lebenswandel seines ungeliebten Neffen zu zügeln. Jener war schließlich zum Thronerben bestimmt. Friedrich Wilhelm (1744-1797) war nach unglücklicher Ehe mit Elisabeth von Braunschweig mit der hessischen Prinzessin Friederike Luise verheiratet worden. Kein Hinderungsgrund für ihn, sich weiterhin Mätressen zu halten und den Schönen des Landes nachzustellen. Nach willkommenem Vorbild französischer Könige.

Als bekannteste und ausdauerndste seiner Favoritinnen ging die Potsdamer Trompeterstochter Wilhelmine Encke (1753-1820) in die Geschichte ein. Eine schillernde Persönlichkeit, die als »schöne Wilhelmine« noch immer Literaten und Filmemacher fasziniert.

»Ihr Busen war voll und rund, seine Weiße übertraf italienischen Alabaster«, schwärmte ein Zeitgenosse. »Ihre Augen waren feurig blau, und ihr Wuchs war ganz und gar zur Lust geschaffen.« Selbst einer der ärgsten Feinde der Schönen, der Kriegsrat von Coelln, mußte zugeben: »Die Natur hatte ihr alle Reize verliehen, ihr Körper war wunderschön, ganz Ebenmaß und ohnegleichen. Es fehlte ihr nicht an Unterhaltungsgabe und gutem Geschmack. Ihr Tisch war der ausgesucht beste und ihre Zirkel die zwanglosesten und freudvollsten, die es gab. Sie war zur Mätresse geboren und erzogen.«

Letzteres hatte Friedrich Wilhelm höchstpersönlich in die Hand genommen. Schon seiner ersten, rein zufälligen Begegnung mit Wilhelmine haftete ein Hauch von Unmoral an. Die Dreizehnjährige hatte in Berlin ihre ältere Schwester besucht, in deren Salon, einem Treffpunkt der Lebewelt, sie galante Abenteuer suchte. Der Prinz nahm die kleine Schwester nur flüchtig wahr. Doch als ihm zwei Jahre später die inzwischen erregend schöne Fünfzehnjährige erneut begegnete, nahm er sie mit auf das Potsdamer Schloß. Beschäftigte sich fortan intensiv mit Wilhelmines Erziehung und Ausbildung.

Sein Schützling erwies sich als außergewöhnlich begabt. In jeglicher Hinsicht. Den prinzlichen Lehrer ergriff schließlich eine solche Leidenschaft für seine schöne Schülerin, daß er mit Blut einen schriftlichen Treueschwur leistete: »Bei meinem fürstlichen Ehrenwort, ich werde dich nie verlassen!« Wilhelmine unterzeichnete den ungewöhnlichen Liebesschwur auf gleiche Weise. Schnitt sich dabei so tief in den Daumen, daß sie eine Narbe als Erinnerung behielt.

Zeitgenossen apostrophierten die mit so vielen körperlichen und geistigen Vorzügen gesegnete Tochter eines

Waldhornisten des königlichen Hoforchesters als eine »Priesterin der Liebe«, auch als »preußische Pompadour«. Sie verstünde es meisterhaft, sich dem genußsüchtigen Prinzen in jeder Situation anzupassen. »Friedrich Wilhelm gab sich ihr vollkommen hin und verschwendete einen großen Teil seiner Einkünfte an ihr«, befand ein späterer Chronist. »Er tat alles, was sie von ihm verlangte und benützte seinen Einfluß als Thronfolger in ihrem eigenen Interesse.«

Ein ausgebufftes Luderchen war sie, die »schöne Wilhelmine«. Und ihres Liebhabers so sicher, daß sie seine in späteren Jahren häufig wechselnden Amouren mit Geduld ertrug, ihn aber mit raffiniertesten Methoden festzuhalten verstand.

»Sie liebte ihn, ja, sie war eifersüchtig, bis ihre Existenz von einer klügeren Einsicht abhing. Nun wurde sie die Kupplerin des Königs und unterrichtete die Schlachtopfer seiner Wollust, wie sie sich ihm gegenüber zu benehmen hätten. Sie hatte so genau des Königs Reizbarkeit studiert, daß sie, wenn er durch häufigen Wechsel abgestumpft war, für ihn noch Reizmittel im Rückhalt hatte. Dadurch vermochte sie ihn so zu fesseln, daß er infolgedessen immer zu ihr zurückkehrte.« (Kriegsrat von Coelln)

SCHÄFERSPIELE UND KURZE RÖCKCHEN

Friedrich der Große, der Mätressen- und Günstlingswirtschaft zutiefst verabscheute, wollte 1782 der skandalösen Mesalliance des Thronfolgers ein Ende bereiten. Mit gewohnter Strenge. Er befahl dem »lüderlichen Kujon«, die Mademoiselle Encke augenblicklich »unter die Haube« zu bringen.

Das geschah auch prompt. Nur anders, als es der König

vorbedacht hatte: Die »schöne Wilhelmine« ging eine Scheinehe mit Friedrich Wilhelms Vertrauten und Kammerdiener Rietz ein.

Ein Komplott, offenkundig weiblicher List entstammend. Es verhalf dem »Ehemann« zu der einflußreichen Position des prinzlichen Geheimkämmerers. Er hat diese denn auch oft zum eigenen Vorteil übel mißbraucht.

Die frischgebackene Madame Rietz erhielt von dem verliebten Prinzen als komfortables Hochzeitspräsent, ein Landschlößchen in Charlottenburg. Das verschwiegene Liebesnest stand ihm jederzeit offen. Hier regierten, um mit Fontane zu sprechen, »Sentimentalität und Sinnlichkeit, Schäferspiele und kurze Röckchen, Antonius und Cleopatra. Nur alles trivialisiert. Statt des Pharaonenkindes eine Stabstrompetertochter.«

Der ungehemmten Liaison entsprossen zwei Kinder: Alexander, Graf von der Mark, und Marianne, Gräfin von der Mark. Der Nutznießer der Scheinehe wußte eben, was sich schickt: Noblesse oblige, Adel verpflichtet. Doch 1783 zogen am ungetrübten Liebeshimmel der »schönen Wilhelmine« dunkle Wolken auf: Julie von Voß betrat die Szene ...

Madame Rietz vollendet das dritte Lebensjahrzehnt, als sich ihr neununddreißigjähriger Galan in die blutjunge Hofdame seiner königlichen Tante vergafft. In Charlottenburg ist er von nun an nur selten zu Gast. Dafür viele Stunden in Niederschönhausen. Jede Gelegenheit nutzend, die Angebetete aus der Hofgesellschaft in den schattigen Schloßpark zu entführen und sie am Ufer der Panke mit Anträgen zu bedrängen. Das Unschuldslamm vom Lande ist verwirrt. Läßt ihn abblitzen. Friedrich Wilhelms Amouren sind in Niederschönhausen kein Geheimnis.

Die Oberhofmeisterin Gräfin von Voß, Julies Tante, registriert das Geplänkel mit zunehmender Sorge. Ihr

Tagebuch gibt darüber Aufschluß. Voll dunkler Vorahnungen notiert sie bald nach den ersten Besuchen des zudringlichen Prinzen bei ihrer Nichte: »Julie gefällt dem Prinzen mehr als mir lieb ist ... Ich fürchte, sie ist nicht unempfindlich für seine Bewunderung, und sie wird sich durch ein solches Gefühl nur selbst unglücklich machen.«

Als der routinierte Schürzenjäger nicht locker läßt, sieht sie die Familienehre derer von Voß bedroht. Nimmt den Prinzen ernsthaft ins Gebet. Friedrich Wilhelm gibt sich zerknirscht und gelobt Zurückhaltung. Das Versprechen hält er nicht lange: »Der Prinz spricht wieder mehr mit Julie; das muß aufhören. Im Grunde fürcht' ich vor allem, daß sie selbst sich innerlich nicht recht von ihm freimachen kann«, klagt die Oberhofmeisterin. »Der Prinz kommt ewig zur alten Königin nach Schönhausen, und ich weiß, das alles geschieht doch nur wegen Julie ... Man müßte Julie durchaus vom Hof entfernen.«

Im Frühjahr 1786 erreicht die Besorgnis der Gräfin den Höhepunkt: »Es wird immer schlimmer mit ihm ... Mir scheint seine Leidenschaft täglich zu steigen. Er kommt jetzt oft für den ganzen Tag nach Schönhausen und hat nur das einzige im Kopf ...« So erwirkt sie bei der Königin einen dreimonatigen Urlaub für die Nichte. Julie gehorcht und begibt sich auf Reisen. Bleibt aber mit dem unermüdlichen Verehrer brieflich in Verbindung. Nach Ablauf des Urlaubs muß denn auch die Gräfin am 15. August 1786 resigniert festhalten: »Es ist alles beim alten ...« Zwei Tage nach der knappen Tagebucheintragung scheidet in Sanssouci Friedrich der Große aus der Welt. »La montagne est passée. Nous irons mieux«, sind seine letzten Worte. »Wir sind über den Berg. Von nun an wird es uns besser gehen.«

Friedrich Wilhelm, Prinz von Preußen, ist nun König.

Und setzt seine Bemühungen um die spröde Julie verstärkt fort. Die mit dem Regierungsantritt verbundenen Pflichten, Huldigungen und Feste halten ihn nicht davon ab, unentwegt nach Niederschönhausen zu eilen. Ein »unerlaubter und unverzeihlicher Zustand«, empört sich Gräfin Voß: »Die Königin (Friedrichs Witwe, d. V.) will gern in die Stadt zurück; der König will aber, sie soll in Schönhausen bleiben, bloß wegen seiner geliebten Spaziergänge mit Julie. Ich bin ganz ratlos und unglücklich über dies immer erneute Anknüpfen einer ganz unmöglichen Sache!« Um so mehr, als Julies Widerstand dahinschmilzt. »Ich sehe es jetzt deutlich, sie liebt den König trotz all ihres Leugnens; sie kann nicht mehr von ihm lassen und ist, was auch geschehen mag, nicht mehr von ihm loszureißen.«

Sorge und Bedenken der Oberhofmeisterin teilen auch andere. Julies »Bruder Otto, der spätere Staatsminister, soll ihr anfangs wohl ins Gewissen geredet haben. Auch sollen Propst Spalding und Hofprediger Sack, ihr Konfirmator, in ihren Predigten ernst bezug genommen haben auf das drohende Ärgerniß, wenn auch wohl taktvoll nur für die Eingeweihten verständlich« (Bucher, Chronist).

Doch das »drohende Ärgerniß« ist nicht mehr aufzuhalten. Im Dezember 1787 wirft sich Julie in die Arme ihrer Tante, »um mir zu sagen, daß ihr Schicksal entschieden sei; sie wolle dem König angehören, aus Pflicht für ihn und aus Liebe zu ihm ... Sie wird bald genug namenlos unglücklich sein, denn ihr Gewissen wird sie nie mehr Ruh' und Frieden finden lassen.«

Noch aber bewegen die preußische »Julia« Gefühle anderer Art. Ihr Potsdamer »Romeo«, berichtete Fontane, »spielte eine Zeitlang den Gleichgültigen, oder war es wirklich, und ein Eifersuchtsgefühl, das dadurch in des Fräuleins Seele geweckt wurde, beschleunigte den

Liebesroman. Sie zeigte sich von dieser Zeit an weniger ablehnend ...«

So kam es, wie es kommen mußte: »Meine Nichte vertraute mir heute an, sie habe sich dem König seit acht Tagen hingegeben, bat mich aber, nichts davon zu sagen ... Sie hat lange widerstanden, aber sie liebt den König leidenschaftlich, und nachdem sie ihm ihr Herz gegeben hatte, ließ sie sich vollends von ihm überreden«, schrieb eine fassungslose Oberhofmeisterin am 7. Juni 1787 in ihr Tagebuch.

EHEBUND À LA MELANCHTHON

Über die Form von Julies »Hingabe« ist viel gestritten worden. Manche Zeitgenossen und Memoirenschreiber gehen davon aus, sie wurde dem König zur linken Hand angetraut, also eine morganatische Ehe vollzogen. Sie stützen sich dabei auf eine Ausgabe der Voß-Tagebücher aus dem Jahre 1876. Titel: »69 Jahre am preußischen Hof«. Dort lautete der entscheidende Passus: »Meine Nichte sagte mir heute unter Tränen, sie sei seit 8 Tagen mit dem König heimlich getraut, bat mich aber, es zu verschweigen.«

Fontane wußte sogar über »Bedingungen« zu berichten, auf deren Erfüllung die Umworbene bestanden haben soll: »Diese Bedingungen waren: die regierende Königin gibt ihre schriftliche Einwilligung zu der Verbindung, zweitens Antrauung zur linken Hand, und drittens die Rietz samt ihren Kindern verläßt Berlin für immer. In die beiden ersten Punkte willigte der König sofort, aber den dritten Punkt wollt' er nicht zugestehn. Die Rietz blieb. Am 25. und 26. Mai 1787 erfolgte die Trauung zur linken Hand und wurde wahrscheinlich durch Johann Friedrich Zöllner, damals Diakonus an St.

Marien, in der Charlottenburger Schloßkapelle vorgenommen.«

Auch in zeitgenössischen Berichten ist davon die Rede. Nach erfolgter Zustimmung der rechtmäßigen Königin, »die dafür ihre Schulden bezahlt bekam«, heißt es verschiedentlich, habe »Hofprediger Zöllner das Verhältnis des Königs zur Julie von Voß im Mai 1787 kirchlich wie eine Ehe eingesegnet und das Oberkonsistorium (= Kirchenbehörde), unter Berufung auf das Verhalten der Reformatoren zur Doppelehe des Landgrafen Philipp von Hessen, seine Zustimmung gegeben ...«

Dieser Fall lag weit zurück. Anno 1540 hielt sich der Reformator und Humanist Philipp Melanchthon in Buch auf. An jenem Ort, der zweihundert Jahre später Geburts- und Begräbnisstätte der Julie von Voß werden sollte. Der Bucher Besitz gehörte damals Melanchthons Freund Joachim von Roebel, einem Förderer der Reformation in Brandenburg.

Von Buch aus erteilte der Mitstreiter Martin Luthers – mit dessen Billigung – dem heiratswütigen Hessen die Erlaubnis, sich das schöne Hoffräulein Margarethe von der Sale zur linken Hand antrauen zu lassen. Und eben auf dieses Zugeständnis, versichert Joachim von Kürenberg, »berief sich zweihundert Jahre später Friedrich Wilhelm II., der es unter Hinweis auf Melanchthon durchsetzte, mit Julie von Voß getraut zu werden«.

Dem wurde von den Kirchenoberen vehement und wortreich widersprochen. Das »Königliche Konsistorium« hätte einer solchen Verbindung schon aus Prinzip nicht zustimmen können. In der Chronik des Bucher Geistlichen Pfannschmidt liest man dafür die Begründung: »Luther hat das Mißverständnis seines seelsorgerischen Rates, den er dem Landgrafen Philipp einst gegeben, und der von diesem mißbraucht worden ist, tief bereut und die Zulässigkeit einer Doppelehe grundsätzlich ausgeschlossen. Als 1541 zwei Schriften zur Rechtfertigung jener Doppelehe erschienen und der Landgraf selbst sie verbreitete, erklärte Luther öffentlich: ›Wer diesem Buben und Buch folgt und darauf mehr denn eine Ehefrau nimmt und will, daß es ein Recht sein soll, dem gesegnet der Teufel das Bad im Abgrund der Hölle.‹«

Nach einem entsprechend formulierten Gutachten des Konsistoriums zur Doppelehe Friedrich Wilhelms ist in den Archiven vergeblich geforscht worden. Doch auch eine amtliche Beurkundung der Trauung des Königs mit Julie ist nie aufgetaucht. Stichhaltige dokumentarische Beweise für ihre Behauptungen konnten also beide Seiten nicht beibringen.

Die schlichte Wahrheit ist wohl, daß man der arglosen und verliebten Julie eine Scheintrauung zur Beruhigung ihres frommen Gemüts vorgegaukelt hat. »Das Ärgernis, diese ›Ehe‹ durch einen Geistlichen kirchlich einsegnen zu lassen, war eine schauderhafte Erfindung ihres Beraters, um ihr Gewissen zu beschwichtigen, und verdoppelte ihre Reue«, heißt es in den Memoiren einer Gräfin Reede-Ghinkel, geborene Krusemarck.

Den zweifachen Ehemann plagten keine Gewissensbisse. Er hatte endlich die spröde Julie zu Fall gebracht. Ob mit oder ohne den Segen der Kirche, das war unwichtig. Der Zweck heiligte die Mittel. Hatte aber die gutgläubige Julie geglaubt, den Herzallerliebsten nun für sich allein zu haben, sah sie sich bitter getäuscht.

Der verwöhnte Lebemann war bald des Schmachtens und Turtelns mit der Angetrauten müde. Sehnte sich nach derberen Genüssen. Fand solche wieder einmal bei seiner, anfangs zwar gekränkten, aber durch den Titel einer Gräfin Lichtenau rasch versöhnten Wilhelmine. Die tat nun alles, aber auch alles, um den König von der verhaßten Nebenbuhlerin abzubringen. Sie reizte ihn mit immer neuen Bettgefährtinnen ihrer Wahl.

Die blutjunge Wäscherin Minette Horst führte den Reigen an. Ihr folgten Bühnenelevinnen und Balletteusen. Eine Tänzerin namens Schulzky ließ die listenreiche Kupplerin dem König sogar »ärztlich verordnen«. Unter Berufung auf eine Therapie, die der holländische Arzt Boerhave an einem betagten Kurfürsten ausprobiert hatte: Dem Tattergreis waren zwei junge Mädchen – rechts und links – ins Bett gesteckt worden. Sie sollten ihn mit ihrer Körperwärme »kräftigen und verjüngen« ...

Nimmermüder Hofklatsch mag Julie mit allen pikanten Details versorgt haben. Der in seine Liebschaften verstrickte König ließ es zwar nicht an Zeichen seiner Gunst fehlen. Erhob am 12. November 1787 seine morganatische Gattin zu einer Gräfin Ingenheim. Doch alle äußerlichen Gunsterweise täuschten Julie nicht über die Verflachung seiner Zuneigung. Sie verzweifelte überdies am Scheitern ihrer Bemühungen, den Geliebten aus den Fängen seiner Lieblings-Mätresse und vom Einfluß machtgieriger Hofschranzen zu befreien.

Zwischen Depressionen und Hoffnungen hin- und hergerissen, erlitt sie am 18. Dezember jenes Schicksaljahres eine Fehlgeburt. Betrübt notierte die Gräfin Voß: »Die Arme schreibt mir: sie fühle sich sehr unglücklich. Die Encke (alias Gräfin Lichtenau, d. V.) tut ihr tausend Herzleid an und hat denselben Einfluß auf den König wie früher.«

NAMENLOSE »BESTE SCHWESTER«

Zu diesem Zeitpunkt hatte die Unglückselige wohl eingesehen, daß sie an einen Unwürdigen geraten war. An einen eiskalten Verführer, der sich hinter der Maske des liebenswürdigen Kavaliers verbarg. Julie suchte bei der Witwe Friedrich des Großen um Entlassung aus dem

Hofdienst nach und bemühte sich um einen Platz als Stiftsfräulein im adligen Stift Wolmirstedt.

Doch dazu kam es nicht mehr.

Eine erneute Schwangerschaft hielt sie in Berlin fest. Am 2. Januar 1789 schenkte sie dem König einen Sohn. Er erhielt den Namen Gustav Adolf Wilhelm Graf von Ingenheim. Sein königlicher Vater hielt ihn selbst über die Taufe. Damit nicht genug, verehrte er Höchstdero der Königin zur Linken sein brillantenbesetztes Porträt und eine Schatulle mit fünfzigtausend Talern. Von der »schönen Wilhelmine« ließ er dennoch nicht ab ...

Diese neuerliche bittere Enttäuschung muß den Lebenswillen der Gräfin Ingenheim endgültig gebrochen haben: »Sie schonte sich nicht genug, verließ das Bett zu früh und erkältete sich aufs heftigste.« (Fontane) Ende Februar lag die junge Mutter mit Fieber und Hustenanfällen darnieder. »Galoppierende Schwindsucht«, diagnostizierten die Ärzte. Jede Hilfe kam zu spät.

In der achten Abendstunde des 25. März 1789 erlosch das Leben der unglücklichen Julie von Voß. Es währte nur zweiundzwanzig Jahre und acht Monate. Friedrich Wilhelms Königin zur Linken starb im Schloß zu Berlin. In demselben Zimmer, in dem sie ihm den Sohn geboren hatte.

»Der König war in Verzweiflung und konnte sich nicht trösten und beruhigen«, schrieb Fontane. »Auch gebrach es nicht an allgemeiner Teilnahme, ja das Volk wollte sichs nicht ausreden lassen, daß sie durch ein Glas Limonade vergiftet worden sei, weshalb der König, als er von diesem Verdacht hörte, die Obduktion befahl.«

Diese ergab, daß – laut Vermerk im Kirchenbuch – die »einzige Schwester Sr. Hochwürden des Herrn Dompropstes und Kammerpräsidenten von Voß und gewesene Hofdame bei Ihrer Majestät der verwitweten Königin von Preußen an Lungengeschwüren starb, deren sie, wie es sich nach ihrem Ableben bei der Eröffnung zeigte, nicht weniger wie 17 hatte«.

Verzweiflung und Trostlosigkeit des leichtfertigen Monarchen waren übrigens nicht von langer Dauer: Ein Jahr nach Julies Tod, im April 1790, ließ er sich die junge bildhübsche Gräfin Dönhoff zur linken Hand antrauen. Worauf die Kirchenoberen wiederum ihre Hände in Unschuld wuschen ...

Julie von Voß wurde am 2. April 1789 in einer schmuck- und namenlosen Gruft in der Kirche zu Buch bestattet. Ohne Pomp und Pracht. Damit wurde ihr letzter Wunsch erfüllt, »nicht in der Mumiengruft der Familie beigesetzt zu werden«. Die Bucher Ortschronik spricht von einer »würdigen Beisetzung«. Mit der Einschränkung: »Doch wurde man dem sittlichen Bewußtsein des Landes und der Gemeinde gerecht. Eine Leichenrede, wie sonst üblich, wird im Kirchenbuche nicht erwähnt. Und während sonst für ein verstorbenes Glied der Patronatsfamilie etliche Wochen hindurch mittags eine Stunde die Trauerglocken in den Patronatskirchen zu läuten pflegten, heißt es hier im Sterberegister ausdrücklich: ›Es ist aber nicht um diesen Todesfall weiter geläutet worden.‹« Vermutlich auch »ein deutlicher Beweis, daß hier lediglich eine Liebschaft, ohne jegliche kirchliche Anerkennung und Verantwortung, vorlag«.

Die Familie flocht der nach ihren Begriffen vom Pfad der Tugend Abgewichenen keine Kränze. Julie hatte Unehre über die Voßsche Familie gebracht, die »in Staat und Kirche in christlichem Geiste verdienstvoll und treu gewirkt hat« (Bucher Chronik). »Die Tragödie ihres Lebens ließ die Verwandten nie ihren Namen aussprechen, man wollte für sie beten, aber keine Erörterungen haben.« (Kürenberg) Der Fehltritt sollte in der Erinnerung verblassen. Darum unterblieb auch die ursprünglich geplante namentliche Gedenkplatte über der

Gruft vor dem Bucher Altar. Die dafür seinerzeit ausgesparte Vertiefung wurde 1891 bei der Renovierung der Kirche beseitigt.

So wahrt auch der von Julies Bruder Otto im malerischen Bucher Schloßpark gestiftete Gedenkstein in Form eines römischen Sarkophags strikte Anonymität. Das Monument zeigt ein Reliefbild: Der Engel des Todes hüllt eine Sterbende in sein Gewand. Ihr Antlitz ist verklärt, während ein Kranz von Rosen ihrer Hand entsinkt. »Soror optima – amica partiae – vale«, lautet die Inschrift. »Beste Schwester – Freundin des Vaterlandes – lebe wohl!« Doch der Name der »besten Schwester« fehlt. Und nur den Kundigen erinnerte der Stein im Kreis dunkler Edeltannen bei der Panke an die »Königin« Julie, für die sich das schlichte Landedelfräulein aus Buch in einem törichten Augenblick ihres kurzen Daseins halten durfte.

Reisetip:
Schloß Niederschönhausen an der Panke, mit Bus und Tram erreichbar, ist ein barocker Putzbau (17. Jahrhundert) inmitten eines weiträumigen Parks mit uraltem Baumbestand. Zur DDR-Zeit Amtssitz des Präsidenten Pieck und Residenz hoher Staatsgäste.
Buch, im Norden Berlins, mit S-Bahn und Bus bequem erreichbar. Schloßanlage (18. Jahrhundert) nur in Resten erhalten. Der von der Panke durchflossene Schloßpark entstand aus einem 1670 angelegten Lustgarten. Der Julie-Gedenkstein, in den fünfziger Jahren entfernt, wird restauriert und soll wieder aufgestellt werden. Die barocke Kuppelkirche (1736) ist sonntags geöffnet.

Speisetip:
Berlin-Niederschönhausen: »Café Hawaii«, Hermann-Hesse-Str. 20, Tel. 030/4772816;
Spezialität: deutsche Küche und Kegelbahn im Keller.

Mißglückte Rache an der Femme fatale aus Hoppenrade

Über die in saftigem Grün stehenden Wiesen von Hoppenrade galoppiert eine Reiterin. Mit flatterndem Haar und erhitzten Wangen. Winkt den Schnittern einen fröhlichen Gruß zu. Und verschwindet schon zwischen den hohen Stämmen der Ahornallee, die zum Herrenhaus führt.

»Uns' Frölein sticht wedder mol der Hafer«, sagt einer der ihr Nachblickenden. Sein Nachbar unterbricht das Schärfen der Sense und nickt. »Joa, de Krautentochter is een Luderchen, een märk'sches Früchtchen.«

Das Urteil der biederen Landleute nimmt vorweg, was man sich später in den Berliner Salons mehr oder weniger diskret zuraunen wird: »Mon Dieu, eine Femme fatale!«

Gemeint ist die Baronesse Charlotte von Kraut, die zeitlebens dem in ihrer Epoche geltenden bigotten Ideal einer Dame von Rang und Stand widersprach. Sie unterwarf sich nicht den drei »K« – Kirche, Küche, Kinder –, die nach heuchlerischen Vorstellungen der Maßstab für eine »anständige« Frau waren. Sie lebte und liebte nach ihrem Herzen. Theodor Fontane hielt der Femme fatale von Hoppenrade zugute, man sollte sie »vor allem aus ihrem Gesellschaftskreise heraus beurteilen, ... darin der Charakter nicht viel und die Tugend noch weniger bedeutete und in dem, bei Beurteilung schöner Frauen, über vieles hinweggesehen werden durfte, wenn sie nur über drei Dinge Verfügung hatten, über Schönheit, Esprit und Charme«.

Die mit diesen Vorzügen gesegnete Luise Henriette Charlotte von Kraut erblickte am 24. Januar 1762 zu Hoppenrade das Licht der Welt. Als einzige Tochter des Baron Karl Friedrich von Kraut, Hofmarschall beim Prinzen Heinrich von Preußen, dem Bruder Friedrichs des Großen. Von der siebenundzwanzig Jahre jüngeren Mutter mag Charlotte nicht nur die Schönheit, sondern auch den leichten Sinn geerbt haben.

So notierte der königliche Kammerherr Graf Lehndorff unter dem 20. Dezember 1756 in seinem Tagebuch: »Ich stehe öfter mit dem Prinzen von Preußen (August Wilhelm, zweiter Bruder Friedrichs, d. V.) in Briefwechsel ... Einige Briefe richtete er auch an die junge Kraut. Geist, Sinnlichkeit und Frohsinn sprechen abwechselnd daraus. Um den alten Gatten der liebenswürdigen kleinen Kraut in Sicherheit zu wiegen, richtet der Prinz an diesen recht höfliche Briefe, die der Schafskopf mit Vergnügen und Genugtuung entgegennimmt, ohne zu ahnen, daß man sich über ihn lustig macht.«

Bald wurde aus der »liebenswürdigen kleinen Kraut« eine herrschsüchtige Matrone, die ihre Tochter aus purem Eigennutz verkuppelte. Als Baron Kraut das Zeitliche segnete, war sie siebenunddreißig Jahre alt und zählte zu den tonangebenden Damen am Rheinsberger Hof des Prinzen Heinrich. Die Erziehung der heranwachsenden Charlotte war dieser Welt des schönen Scheins angepaßt. »Dazu gehörte nicht mehr als eine Kammerjungfer aus dem gelobten Lande Frankreich und ein Tanz- und Sprachmeister von ebendaher ... Das Ernsthafte galt für langweilig und pedantisch und war Sache gewöhnlicher Leute ... In Gunst stehen, reich zu sein und Einfluß zu haben, war das Einzige, das zu leben lohnte.« (Fontane)

Nach kurzer zweiter Ehe mit einem holländischen Diplomaten konzentrierte sich die nunmehrige Madame de Verelst darauf, ihre noch minderjährige Tochter schnellstens unter die Haube zu bringen. Die Gründe dafür lassen sie in den Augen von Zeitgenossen als »dètable, un monstre« (verabscheungswürdiges Monster) erscheinen.

Charlotte war schon in der Wiege ein immenses Vermögen zugesprochen worden, das sogenannte Krauten-Erbe. Testamentarisch vermacht von ihrer Tante, einer Dompröpstin von Bredow, geborene von Kraut. Dieses – von den blutsverwandten Bredows wiederholt vergeblich angefochtene – »Krauten-Erbe« bestand aus den reichen Ländereien Löwenberg, Hoppenrade, Teschendorf und Grüneberg. Und die künftige Herrin hieß fortan im Volksmund – die »Krautentochter«.

Charlottes habgierige Mutter trachtete danach, möglichst bald für sich davon zu profitieren.

Dazu schien die Verheiratung der Minderjährigen mit einem ausländischen Gesandten der geeignete Weg zu sein. Solche Diplomaten waren nicht ortsgebunden. Wurden früher oder später abberufen. Oft in weit von Berlin entfernte Hauptstädte. »Trat dieser Fall ein, so lag ihr, der Mutter, ob, in der Heimat nach dem Rechten zu sehen, sie war dann Herrin aller Güter, viel viel mehr als die Tochter, die sich mit beliebigen Erklärungen abfinden mußte.« (Fontane) Und sie befand, vornehmlich ein britischer Ambassadeur in Berlin käme als Heiratskandidat in Frage. Jemand, den eine Order womöglich bis ins ferne Indien verschlagen könnte. Welch exzellente Aussicht!

Charlotte hatte noch nicht das fünfzehnte Lebensjahr vollendet, als Madame de Verelst ihre Wahl traf. Mit dem eben erst in Berlin akkreditierten neuen britischen Gesandten Hugh von Elliot hatte sie leichtes Spiel. Der vierundzwanzig Jahre alte Jung-Diplomat aus schottischem Adel »wirkte in seiner Bartlosigkeit und halb knabenhaften Figur absolut unfertig und nicht viel besser als ein von einer steten Unruhe geplagter Springinsfeld«, vermerkt »Krautentochter«-Biograph Fontane. Zeitgenossen des Lords beurteilten ihn härter, nämlich »großsprecherisch, eitel, leichtsinnig, charakterlos«. Keine Hinderungsgründe für die zielstrebige Erbschleicherin, ihm die nun sechzehnjährige Charlotte ins Ehebett zu legen.

1779, ein Jahr nach der Vermählung, wurde die Tochter Luise Isabelle geboren. Eitel Freude und Sonnenschein im Hause Elliot. Doch nur von kurzer Dauer. Aus dem Szenarium dieser Zweckehe wußte Fontane zu berichten: »Sosehr Elliot seine Frau liebte, so war es doch eine tyrannisch-launenhafte Liebe, die Zuneigung eines Kindes, das heute mit der Puppe spielt, morgen sie schlägt und pickt und übermorgen sie aufschneidet, um zu sehen, wie's drin aussieht und ob sie ein Herz hat. Es scheint indessen, daß die junge Frau diese Launen ertrug, bis das ridikül eifersüchtige, vor aller Welt sie bloßstellende Benehmen ihres Gatten ihr ein Zusammenleben mit ihm unerträglich machte.« Den Bruch löste nach vierjährigem Martyrium ein Akt ausgefallen krankhafter und demütigender Eifersucht aus ...

LIEBHABER WIDER WILLEN

Es geht schon auf Mitternacht. Charlotte schrickt aus dem ersten Schlaf auf. Blickt in das verzerrte Gesicht ihres Gatten, der sie an der Schulter rüttelt. Er überhäuft die Schlaftrunkene mit bitteren Vorwürfen über mangelnde Zärtlichkeit. Zählt Namen von Personen auf, denen die Madame Elliot mehr Interesse entgegenbringe als dem angetrauten Gemahl.

Charlotte läßt die nächtliche Strafpredigt seufzend

über sich ergehen. Es ist ja nicht der erste Auftritt dieser Art. Jeder Handkuß, jedes Kompliment eines Kavaliers wird in seinen Augen zum Beweis einer Affäre. Doch als nun der Eifersüchtige sie auch mit dem holländischen Gesandten, einem Mann in den sechziger Jahren, in Verbindung bringt, reißt der »Krautentochter« die Geduld.

»Ob ich ihn liebe, fragst du? – Jedenfalls lieb' ich ihn mehr als dich, weil er mich weniger gequält hat als du!«

»Wußt' ich's doch«, tobt Elliot. Springt aus dem Bett. Wirft nur einen Mantel über sein Nachtgewand und eilt in diesem Aufzug in das Haus des vorgeblichen Liebhabers.

Der Gesandte erwartet zu dieser späten Nachtzeit höchstens eine Nachricht von wichtigster politischer Dringlichkeit. Um so mehr ringt er nach Fassung, als Elliot mit absurden Vorwürfen auf ihn eindringt: »Monsieur, Sie unterhalten ein Verhältnis mit einer Frau, die Ihre Enkeltochter sein könnte! Mit meiner Frau! Sie hat es mir selbst vor einer halben Stunde eingestanden. – Erklären Sie mir ohne Umschweife, gedenken Sie Charlotte zu heiraten?!«

Der alte Junggeselle ist bestürzt. »Mein Herr, ich versichere auf Ehr' und Gewissen, daß ich Madame Elliot in meinem ganzen Leben nur zweimal gesprochen habe. Überdies hatte ich nie die Absicht, mich zu verehelichen.«

Elliot läßt nicht locker. »Ich nehme Sie beim Wort, Monsieur. Muß aber darauf bestehen, daß Sie auch meine Frau von Ihrer lauteren Absicht in Kenntnis setzen. Auf der Stelle, wenn ich bitten darf!«

Dem Holländer bleibt keine Wahl. Weiß er doch, daß Madame de Verelst, die Schwiegermutter dieses von allen guten Geistern Verlassenen, mit der Prinzessin von Oranien befreundet ist. Ein mit seinem Namen verbundener Skandal würde für ihn unweigerlich Abberufung und Verabschiedung bedeuten.

»Madame«, bringt der alte Mann mühsam hervor. »Erlauben Sie mir, Ihnen zu versichern, daß mir beide Male, da ich die Ehre hatte, mit Ihnen zu sprechen, ein Heiratsgedanke durchaus ferngelegen hat.«

In Charlottes dunklen Augen schimmern Tränen. Tränen der Scham und der Empörung. Sie lächelt gequält. »Monsieur, ich bedaure aus tiefstem Herzen, Sie in diese Situation gebracht zu haben. Verzeihen Sie einer Törin, und bitte, bewahren Sie Stillschweigen über diesen Tort, wie ich auch meinen Gatten um Diskretion bitte.«

Das verspricht der alte Kavalier. Elliot besiegelt sein Versprechen in triumphierendem Überschwang gar mit einem feierlichen Eid. »Aber natürlich nur, um am nächsten Morgen all seinen Freunden und Freundinnen das nächtliche Vorkommnis unter den ungeheuerlichsten Zusätzen als Anekdote zum besten zu geben. Eine Folge davon war, daß sich die Hofgesellschaft zu größerem Teile von der um ihrer Triumphe willen vielbeneideten Frau von Elliot zurückzog.« (Fontane)

Sie nahm das mit der Unbekümmertheit der Jugend nicht sehr tragisch. Am Rheinsberger Hof war die Tochter der dort hochgeschätzten Madame de Verelst immer willkommen. Und dort begegnete Charlotte von Elliot dem Mann, der ihrem Leben eine Wendung geben sollte.

Der vierundzwanzigjährige Georg von Knyphausen, ostfriesischem Adel entstammend, war erst seit kurzem als Kammerherr in der Suite des Prinzen Heinrich. Dort umschmeichelt als »Le beau Knyphausen«, weil – so Fontane – von »apollonischer Schönheit«, die allerdings darunter litt, »daß sein kaltes, stolzes und etwa steifleinenes Wesen seine große Schönheit wieder in Frage stellte«. Doch gerade diese Charakterzüge mögen die in

Oberflächlichkeit aufgewachsene, von einem exzentrischen Gatten gedemütigte junge Frau angezogen haben. Knyphausen seinerseits war durch den nimmermüden Hofklatsch auf Charlotte von Elliot aufmerksam geworden. Der unbefangene Neuling im Rheinsberger Milieu hegte anfänglich nur Mitleid mit der Vielgeschmähten. Er gewann rasch ihr Vertrauen. Daraus erwuchs echte Zuneigung. Auf beiden Seiten. Zauber und Romantik der Rheinsberger Landschaft taten ein übriges.

In den Alleen und Laubengängen des Schloßparks, unter dem grünen Dach des Boberow-Waldes, im Nachen auf der Fahrt zur Remus-Insel, kam sich das von Neid und Häme umlauerte Paar näher, führte lange Gespräche über das Leben, über die Liebe, schließlich wohl auch über eine gemeinsame Zukunft.

Die Verbindung dauerte an, nachdem Charlotte nach Berlin zurückgekehrt war. Man traf sich an verschwiegenem Ort, tauschte sentimentale Briefe aus. Ein galantes Spiel im Stil der Zeit. Doch daraus wurde Ernst, als Elliot hinterbracht wurde, daß seine gekränkte Gattin Rat und Trost bei einem anderen suchte.

Tief in seiner Eitelkeit getroffen, forderte er den Baron auf, sich nicht »weiterhin in die Angelegenheiten der Madame Elliot einzumischen«. Und drohte mit Konsequenzen. Charlottes Mutter, besorgt um ein Scheitern der von ihr so raffiniert eingefädelten Ehe, tat dasselbe.

Unbeeindruckt ließ Knyphausen beide wissen, er würde seinen »Eifer von jetzt an verdoppeln«. Dieses um so mehr, als er den Briefen der Freundin entnahm, daß Ehegatte und Mutter alles daran setzten, sie ihrer Freiheit und Selbständigkeit zu berauben. Sie schien in Gefahr, unter Kuratel gestellt oder gar nach England, auf einen Elliotschen Besitz, verschleppt zu werden. All das in der Absicht, die »Krautentochter« um ihr Erbe zu bringen.

AUF HAUEN UND STECHEN

So weit waren die Dinge gediehen, da wurde Elliot bald nach Neujahr 1783 aus Berlin versetzt. Zum Leidwesen der Madame de Verelst nicht nach Übersee, sondern an den dänischen Königshof.

Die Abberufung erfolgte plötzlich, von Elliot verschuldet. Aus dem Quartier zweier in geheimer Mission in Berlin und Sanssouci weilender Amerikaner waren Dokumente entwendet worden. Kompromittierende Papiere über die Beziehungen Preußens mit den von England abgefallenen amerikanischen Kolonien. Am Hofe Friedrichs des Großen war man sicher, daß nur der windige britische Gesandte dahinter stecken konnte. Ein geharnischter Protest in London erwirkte, daß der unseriöse Diplomat postwendend abberufen wurde.

Charlotte und die vierjährige Luise Isabelle sollten ihm im Sommer nach Kopenhagen folgen, ordnete Elliot vor dem Verlassen Berlins an.

Die »Krautentochter« erkannte die Chance, das verhaßte Ehejoch abzuwerfen. Sie war der Bevormundungen und Demütigungen müde. Ein mit Knyphausen geführter intensiver Briefwechsel bestärkte sie in der Weigerung, der tyrannischen Weisung Elliots zu folgen.

Die aufs äußerste besorgte Madame de Verelst hatte aber nichts Eiligeres zu tun, als jenen von Charlottens Absichten zu unterrichten und sein Eingreifen zu verlangen. Der Herr Schwiegersohn, schrieb sie, möge auf dem schnellsten Wege unangemeldet nach Berlin kommen, in Charlottes Boudoir dringen, ihren Schreibsekretär aufbrechen und die darin verwahrte ehebrecherische Korrespondenz an sich nehmen. Danach werde wohl gelingen, die Überrumpelte zu zwingen, jedem von Ehemann und Mutter vorgeschriebenen Schritt zuzustimmen. Unter Androhung eines Gerichtsverfahrens wegen Ehebruchs!

Dazu kam es nicht. Charlotte war ausgefahren, als der Hals über Kopf angereiste Elliot in ihr Haus eindrang. Ohne sie gesehen zu haben, kehrte er nach Kopenhagen zurück. Mit den geraubten Briefschaften. Aber auch mit seiner Tochter Luise Isabelle. Kaltblütig entführt aus dem Herrenhaus Hoppenrade. »Heimlich und listig und mit Gewalt«, erinnerte sich eine Zeitzeugin. »In einer feinen Kutsche kam er und bei hellem, lichtem Tage, aber er fuhr nicht vor und nicht auf die Rampe, sondern bloß immer um den Park herum. Und als er an die Stelle kam, wo das Kind spielte, denn er mußte wohl seine Kundschafter gehabt haben, da sprang er mit eins heraus und nahm das Kind und das Spielzeug und die große Puppe, die grad auf der Wiese lag, und wie der Blitz wieder in seine Kutsche hinein und heidi vorwärts über den Sturzacker und die Stoppelfelder ...«

Wie immer Charlotte die Trennung von ihrem Kind aufgenommen haben mag, sie hielt an der Absicht fest, sich von Elliot zu trennen. Dessen Rachsucht zielte nun auf Knyphausen.

Er forderte den gehaßten Nebenbuhler schriftlich zum Duell: »In der Nähe von Kopenhagen.«

Knyphausen antwortete spöttisch, er sehe keine Veranlassung »einem Narren nachzulaufen, da in Berlin Zeit genug für eine solche Begegnung gewesen wäre«. Prompt ließ der Abgewiesene durch seine Berliner Freunde verbreiten, der Liebhaber seiner Frau habe ihm, dem an der Ehre Gekränkten, »Satisfaktion verweigert«.

Das gab dem Gerede über die »sittenlose« Madame Elliot neuen Auftrieb. Als sich im April 1783 auch noch das Gerücht verbreitete, der gehörnte Ehemann werde nach Berlin kommen, um den »ostfriesischen Bauernlümmel zu züchtigen«, gab es in den Berliner Salons kaum ein anderes Gesprächsthema als die Affaire d'amour der schönen »Krautentochter« mit »Le beau Knyphausen«. Das angekündigte Duell wurde mit sensationslüsterner Ungeduld erwartet.

Denn: In Brandenburg-Preußen bestand seit 1652 ein vom Großen Kurfürsten Friedrich Wilhelm (1620-1688) erlassenes strenges Duellverbot. König Friedrich Wilhelm I. hatte es 1713 nur insofern gemildert, daß ein Zweikampf ohne tödliche Folgen mit einer Freiheitsstrafe statt des Todesurteils geahndet werden sollte.

Knyphausen erfuhr, daß die preußischen Justizbehörden das angestrebte Duell notfalls mit Gewalt verhindern würden. So begab er sich ins mecklenburgische Fürstenberg und teilte Elliot mit, wo jener ihn treffen könnte. Er brauchte nicht lange zu warten ...

An einem späten Nachmittag sitzt Georg von Knyphausen in seinem Quartier bei der Lektüre eines Briefes der geliebten Frau. Da wird ungestüm die Tür aufgestoßen. Herein stürzt Elliot.

Einen zum Schlag erhobenen Stock aus spanischem Rohr in der Hand. Er wirft sich mit einem Fluch auf den überraschten Rivalen. Es kommt zum Handgemenge. Knyphausen gewinnt die Oberhand.

Doch der jähzornige Schotte ist nicht allein gekommen. Drei mit Pistolen und Hirschfängern bewaffnete Helfer befreien ihn. In ihrem Schutz zieht der sich noch immer wie von Sinnen Gebärdende eine Pistole. Er zielt auf den waffenlosen Baron und spannt den Abzug ...

»Legt die Waffen nieder und gebt Ruh', ihr Herren!« In der Tür steht der Wirt. Hinter ihm einige Schankknechte, dicke Holzknüppel in den Händen. »Was haben jene hier zu schaffen? – Ihr seid Gast in meinem Haus, Herr Baron, und in sicherer Hut. Werft die Subjekte hinaus!«

»Wartet«, besänftigt Knyphausen den Erzürnten. »Ich habe alles mit dem Herrn da allein abzumachen.«

»Und das auf der Stelle«, fährt Elliot erneut auf. »Folgt mir sogleich vor die Stadt!«

Die nun folgende Farce beschrieb Knyphausen in einem Brief an seinen Vater: »So nahm ich denn die Herausforderung an. Er ging nun auf das Stadttor zu ... im weiteren von etwa fünfhundert Personen jeden Standes und Alters gefolgt. Als ich ein paar Minuten später aufbrechen wollte, fand ich den Burgemeister vor meiner Tür, welcher mich beschwor, mich nicht mit Mördern einzulassen, er werde Elliot und seine Bande verhaften lassen. Ich lehnte indessen diesen Beistand abermals ab und erschien auf dem Rendezvous mit zwei Pistolen ... Trotz der Dunkelheit, die herrschte, sah ich doch deutlich die halb komischen Vorbereitungen, die Elliot getroffen hatte: vier Degen waren feierlich in die Erde gesteckt, acht Paar Pistolen lagen davor ... Ich fragte ihn, ›was das alles solle‹, worauf er mir wutschäumend antwortete: ›mich aus der Welt blasen‹ ...«

Elliots Wutausbrüche, begleitet von unvorsichtigem Herumfuchteln mit den Pistolen, brachten die Zuschauer gegen ihn auf. Sie nahmen drohende Haltung gegen den Tobenden ein. Darauf lenkte er ein, wollte den Ehrenhandel auf »die nächsten Tage« verlegt wissen. Knyphausen war damit einverstanden.

Um neuerliches Aufsehen in Fürstenberg zu vermeiden, verabredeten sich die Duellanten im sächsischen Baruth. Nach dreimaligem Kugelwechsel auf fünfzehn Schritte Entfernung verwundete der Baron den Herausforderer durch einen Streifschuß an der Hüfte. Von diesem Ausgang ernüchtert, erklärte Elliot theatralisch, er werde nun in Berlin seine Ehescheidung einleiten. In welch heimtückischer Absicht, verschwieg er.

EINE EHE AUF PROBE

Knyphausen aber wurde auf preußisches Ersuchen in Baruth verhaftet. Nach abenteuerlicher Flucht aus sächsischem Gewahrsam gelangte er inkognito nach Berlin. Dort hatten Elliots Freunde schon dafür gesorgt, daß sich das Kammergericht mit dem als »Duellanten, Friedensbrecher und Raufbold« Verleumdeten beschäftigte. Knyphausen konnte dagegen Elliots Überfall und Mordversuch ins Feld führen. Die Berliner Gesellschaft genoß den Prozeß mit all seinen pikanten Details.

Vermutlich mit Rücksicht auf die Zugehörigkeit des Angeschuldigten zum Rheinsberger Hofe trafen die Richter schließlich eine salomonische Entscheidung: Der Baruther Waffengang war kein Duell, sondern ein »Rencontre«, ein feindliches Zusammentreffen. Ergo, kein Verstoß gegen das Duell-Gesetz. Die Justiz legte den Fall ad acta. Doch der skandalumwitterte »Le beau Knyphausen« fiel bei »Monseigneur«, dem Prinzen Heinrich, in Ungnade und mußte den Rheinsberger Dienst quittieren. Zu seiner Genugtuung blieben auch Elliot die Rheinsberger Pforten künftig verschlossen.

Jener betrieb indessen im Bunde mit seiner Schwiegermutter die Ehescheidung in rachsüchtiger Absicht. Charlotte bestand anfangs auf einer Trennung wegen »unüberwindlicher Abneigung«.

Unter Vorspiegelung juristischer Hindernisse wurde die Unerfahrene dazu gebracht, auf diese Forderung zu verzichten und als Scheidungsgrund ihren »unerlaubten Briefwechsel« mit Knyphausen zu akzeptieren. Eine reine, nur das Verfahren beschleunigende Formalität, redete ihr der heimlich auch von der Gegenpartei bezahlte Anwalt ein.

Zu spät erkannten Charlotte und Knyphausen die Hinterlist. Das Ende Juli 1783 ergangene Scheidungsurteil legte der »Krautentochter« eine neue Fessel an. Es besagte, »daß sich die gesetzlich Geschiedene ohne vorgängigen Dispens (= Aufhebung dieser Pflicht) nicht wieder verheiraten dürfe«. Bei Androhung des Verlustes ihrer Erbansprüche.

Jetzt aber zeigte die von Mutter und Ex-Ehemann schändlich betrogene, in den Salons teils mitleidig, teils hämisch belächelte »Krautentochter« die Krallen. Ließ sich am 1. Oktober 1783 im sächsischen Rosenthal mit Georg von Knyphausen heimlich trauen. Erwirkte danach den geforderten königlichen Dispens und heiratete am 25. April 1784 in öffentlicher Trauung. Hugh Elliot und Madame de Verelst, die ränkesüchtige Mutter, waren fortan aus Charlottes Leben verbannt.

Die »Krautentochter« hatte ihren Galan geheiratet. Welch Leckerbissen für die Lästerzungen der märkischen Hautevolee! Handelte es sich doch wie bekannt wurde, um eine »Ehe auf Probe«. Auf Wunsch Knyphausens und im Einverständnis mit Charlotte. Skandalös! Ein neuer Fauxpas der Femme fatale von Hoppenrade! Aber warum?

Georg von Knyphausen, der in steifer Disziplin erzogene ostfriesische Landedelmann, hegte bei aller Liebe und Leidenschaft »Zweifel, ob nicht der Einfluß der Mutter und vor allem das mehrjährige Zusammenleben mit einem eitlen, oberflächlichen und total degravierten Narren ihr ein für alle Mal eine Richtung auf das Niedere hin gegeben hat«. So jedenfalls begründete der frischgebackene Ehemann gegenüber seinem Vater die seinerzeit ungewöhnliche Verbindung.

Die Skepsis mag berechtigt gewesen sein. Die verschüchterte Kindfrau hatte sich zu einer resoluten und lebenslustigen Dame der Gesellschaft entwickelt. Ungeachtet früherer trüber Erfahrungen, wollte sie unter allem Umständen bei Hofe und in den Salons die

Rolle spielen, die man ihr nachsagte, die Rolle einer Femme fatale, die kleine Flirts nicht ausschloß.

Für die Probe aufs Exempel mit der »Ehe auf Versuch« blieben dem Baron nur sechs Jahre. Dem Glück der Geburt eines Sohnes und einer Tochter, dem endgültigen Antritt des »Krauten-Erbes« (1788) folgte ein tiefer Sturz: Knyphausen erkrankte unheilbar an Knochenfraß und Drüsenverhärtung; wurde nach heutigen Begriffen ein Pflegefall. Er starb am zweiten Weihnachtstag 1789, kaum fünfunddreißig Jahre alt, eine vollerblühte junge Frau zurücklassend. Aber: »Sie war nicht geschaffen, einem Schmerz zu leben oder unglücklich zu sein«, beschrieb Fontane ihre seelische Verfassung. »Sie brauchte Leben und Menschen um sich.«

NACH UNS DIE SINTFLUT

Beides fand sie ins Rheinsberg, das sie schon im folgenden Sommer dem einsamen Hoppenrade vorzog. Dort machte der jungen Witwe der schneidige Rittmeister Karl Heinrich von Arnstedt den Hof. Ein Mann ganz nach ihrem Sinn: »Weder Schotte noch Ostfriese, sondern ein allermärkischster Märker, der ... ein Pferd über ein Buch und einen Spieltisch über alles stellte.« (Fontane) Hinzu kam: »An Elliot war sie durch Befehl, an Knyphausen, neben Dank und Liebe, durch die Verhältnisse gekommen, aber zu beiden hatte sie nicht recht gepaßt.«

Arnstedt also eroberte die bildschöne Witwe im Sturm. Prinz Heinrich, der Feste über alles liebte, richtete die Hochzeit aus. Im Dezember 1790, zwei Wochen vor Ablauf des Trauerjahrs (was Knyphausens Zweifel nachträglich eine gewisse Berechtigung gibt).

Für die »Krautentochter« brach nun die wahrscheinlich ungetrübteste Zeit ihres wechselvollen Lebens an. Sie war reich und unabhängig, hatte drei prächtig gedeihende Kinder von Arnstedt, führte ein großes Haus.

In Hoppenrade strömte nicht nur der Ruppiner Adel zusammen. Auch »Monseigneur« gab der nunmehrigen Madame von Arnstedt die Ehre und zollte ihr für manch raffiniert arrangiertes Fest höchste prinzliche Anerkennung.

Mit jungen Besuchern aus der Hauptstadt ergötzte sich das weiland »märk'sche Früchtchen« in einem kleinen Badesee, schilderte Fontane die Hoppenrader Szene: »Da hinaus ging es, um zu baden und zu plätschern und allerhand Spiele zu spielen ... während Frau von Arnstedt, eine brillante Schwimmerin, über den See schoß und die Losung gab, ihr zu folgen und sie zu haschen. Und nun schwamm und jagte man ihr nach und zog den Kreis immer enger, aber im selben Augenblick, wo man sie schon umstellt und gefangengenommen glaubte, schlüpfte sie durch und entkam siegreich ... und in Rheinsberg und an den Prinz Heinrichschen Edelhöfen, an denen nichts so voll in Blüte stand als die Medisance (= Klatsch) medisierte man wieder von ›Diana und ihren Nymphen‹.« Man zog über die so unverbesserliche Femme fatale her.

Am Ende aber waltete auch über der dritten Ehe der »Krautentochter« ein Unstern. Im ehelichen Alltag traten Arnstedts Schwächen allmählich in den Vordergrund. Der einst Witz und gute Laune sprühende Liebling der Rheinsberger Hofgesellschaft sank zum hemmungslosen Spieler und halbverblödeten Trinker herab. Es wurde so schlimm, daß die Ehe 1809 gesetzlich geschieden werden mußte. Im Pfarrhaus zu Hakenberg bei Fehrbellin fand Charlotte eine Pflegestelle für den geistig Verwirrten. Dort starb er 1847 im Alter von neunundsiebzig Jahren.

Wieder war die »Krautentochter« auf sich allein gestellt. Und zwar vor bisher ungekannte Schwierigkeiten. 1806 war Preußen unter den Schlägen napoleonischer Heere zusammengebrochen.

Die anhebende Notzeit ging auch an Hoppenrade nicht spurlos vorüber. Einquartierung durchziehender fremder Truppen, Requirierung und Plünderung in Kriegswirren, danach Teuerung und Schuldenlast zehrten am »Krauten-Erbe«.

Die zur Matrone herangereifte Herrin von Hoppenrade war dennoch nicht gewillt, zu sparen, geschweige denn zu entbehren. Da die Landwirtschaft keine nennenswerten Erträge zur Aufrechterhaltung ihres standesgemäßen Wohllebens abwarf, brachte sie ihren umfangreichen Waldbesitz, oft unvorteilhaft, unter den Hammer.

Dabei ging der Leichtlebigen wiederum ein Mann nach ihrem Sinn zur Hand: Der von der Erbherrin hofierte Oberförster Görwitz war – in Fontanes Lesart – »ein Lebemann, frank und frei, der aller Welt gefiel, vor allem auch seiner Herrin«. Überdies ein Finanzgenie, speziell, was die eigene Tasche betraf. Seine »Försterei« glich bald mehr einer luxuriös etablierten Landvilla. Zweimal wöchentlich kutschierte er im eleganten Jagdwagen oder per Extrapost nach Berlin. Offiziell in »Geschäften«, in Wahrheit, um zumeist die Annehmlichkeiten des hauptstädischen Lebens zu genießen.

Charlotte von Arnstedt ließ ihn schalten und walten, da er alle ihre Wünsche erfüllte. Und ihr das Gefühl gab, immer noch verehrt und begehrt zu werden. Es berührte sie daher nicht, daß der Ruf einer Femme fatale ihr bis zum Ende anhaftete. Der Tod ereilte sie am 13. September 1819 in ihrem Berliner Stadthaus. In der Familiengruft von Kraut in der Berliner Nikolaikirche wurde sie zur letzten Ruhe gebettet.

Das an Höhen und Tiefen überreiche Leben der »Krautentochter« entsprach dem Leitspruch ihrer morbiden Epoche: »Aprés nous le déluge!« (»Nach uns die Sintflut!«) So konnte denn auch Fontanes literarischer Nachruf auf die »Krautentochter« nur lauten: »Sie war ihres Alters 57 Jahre und hinterließ eine beträchtliche Last persönlicher Schulden.«

Reisetip:
Nach Hoppenrade führt von der B 96 Richtung Gransee hinter Löwenberg (linker Hand) eine wenig befahrene Landstraße in den abgelegenen Ort.
Das von altem, hohem Baumbestand umgebene Schloß – 1724 als barocke Dreiflügelanlage errichtet – wirkt vernachlässigt, aber anheimelnd wie etwa zur Zeit der »Krautentochter«. Deren Spur führt auch in die als Dorfkirche dienende (renovierte) Schloßkapelle im südöstlichen Flügel aus dem Jahre 1750.
Die Zeiten überdauerte ebenso das Erbbegräbnis der Familie von Kraut in der Berliner Nicolaikirche (Museum) im gleichnamigen Stadtviertel.

Speisetip:
Hoppenrade: »Bauernstube«, Parkstr. 29, Tel. 033084/60452; Spezialität: Hausmannskost und märkisches Bier.

Der mörderische Casanova von Frankfurt

»Auf Ansbach-Dragoner, auf Ansbach-Bayreuth ...« Der Hohenfriedberger Marsch schmettert und dröhnt, daß die Tauben aus ihren Schlupflöchern in den Doppeltürmen von St. Nicolai verschreckt aufflattern. In Frankfurt an der Oder zieht die Wache der Leibgrenadiere auf. Doch an diesem 25. April 1837 verfolgen nur wenige das militärische Zeremoniell vor der Hauptwache: Eine Horde ausgelassener Schulbuben mit geschulterten Ranzen. Ein paar Köchinnen und Dienstmägde, die gefüllten Henkelkörbe am Arm. Eine Handvoll würdiger Bürger, samt und sonders das schwarzweiße Band des Eisernen Kreuzes von 1813 am Revers.

»Die Demoiselles haben heut' wohl alle Hausarrest«, wundert sich einer der Herren. »Kein blonder oder brauner Zopf weit und breit? Sie laufen doch sonst immer unseren braven ›Leibern‹ hinterdrein. Nun ja, das junge Weibervolk hat manchmal so seine Grillen.«

»Mitnichten, Herr Nachbar«, belehrt ihn ein Umstehender. »Das bunte Tuch lockt heuer die Schönen nicht. Sie trauern – und nicht nur die jungen. Wegen dem da!«

Da der Angesprochene nicht begreift, führt er ihn über die Straße zu einem Eckhaus. Weist ihm ein schwarzumrändertes Plakat. Eine amtliche »Warnungsanzeige«.

Sie trägt die Unterschrift: »Königl. Gericht der 5. Division«. Macht in knappen Worten bekannt, daß der wegen Mordes an einem Vorgesetzten zum Tode verurteilte Portepeefähnrich von Arnstedt, einundzwanzig Jahre, am heutigen 25. April 1837 hingerichtet worden ist.

»Das ist's also«, entfährt es dem Veteran von 1813 und entrüstet: »Dabei ist dieser Liederjahn nicht eine Träne wert! Eine Schande für die Armee des großen Friedrich war er, dieser Übelbold und Casanova ...«

Das krasse Urteil eines gewiß wackeren Mannes ist so unrecht nicht. Emil Otto Friedrich von Arnstedt (1816-1837), Sproß einer Offiziersfamilie aus Ballenstedt im Herzogtum Anhalt-Bernburg, war, was man einen Beau nennt. Ein böswilliger und leichtsinniger Schönling, der seine einzigen inneren Vorzüge – Energie und Esprit – in galanten Abenteuern verschwendete.

Die Wurzeln seines wirren und seichten Lebens reichten bis in die frühe Jugend zurück. Arnstedt verbrachte sie im schlesischen Sorau. »Wir vergeudeten unsere Zeit«, äußerte später einer seiner ehemaligen Mitschüler. »Es wurd' uns nichts geboten, was wir im späteren Leben hätten brauchen können. Immer Latein und Griechisch und daneben etwas Mathematik, noch dazu bei Lehrern, die selber keinen Begriff davon hatten ... Aber daß diese Gelehrsamkeit einem von uns zugute gekommen wäre, dürfte sich kaum behaupten lassen. So war uns die Schule widerwärtig, und anstatt etwas zu lernen, gingen wir Abenteuern nach oder durchlebten sie doch in unserer Phantasie ...«

Der nüchterne Alltag bot beidem, Abenteuer und Phantasie, wenig Raum. Das bekam der junge Arnstedt zu spüren, als er, der Familientradition gehorchend, Soldat wurde. 1834 trat der Achtzehnjährige als Portepeefähnrich in das 8. Infanterieregiment ein. Das zur Elite der preußischen Armee zählende Leibregiment war in Frankfurt an der Oder stationiert.

Das war eine Garnisonsstadt, in der Krautjunker,

Militärs und Beamte jeden noch so geringen Fortschritt verhinderten. Die Einklassenschule dominierte, wo Frankfurts großer Dichtersohn Heinrich von Kleist (1777-1811) an die Stelle des »Adels von Geburt den Adel des Geistes« setzen wollte.

In den Erinnerungen einer gebürtigen Frankfurterin war dort bis zum ersten Weltkrieg die gesellschaftliche Stellung festgeschrieben und streng reglementiert: »Zuerst Landadel und Regierung ... daneben das Militär, aber dieses schon in klar absteigender Rangordnung: a) Leibgrenadiere, b) Zwölfte Grenadiere, c) das 18. Feldartillerieregiment ... Dahinter rangierte die Justiz, Land- und Amtsgericht, und erst nach dieser kamen auch die städtischen Behörden ... Nach oder neben den städtischen Behörden folgten in zwangsloser Gruppierung die Gymnasialprofessoren und freie Berufe. Von der Kaufmannschaft wußten wir überhaupt nichts ...«

Emil von Arnstedts Eintritt in die Welt dieser Realität erfolgte zu einer Zeit politischer Kirchhofsruhe. Erzwungen durch das Fürstenbündnis der »Heiligen Allianz« Rußlands, Österreichs und Preußens von 1815 und mit der Absicht, das »ancien regime« in Europa – erschüttert von der Französischen Revolution und Napoleon – zu festigen und zu erhalten. Demzufolge wurden alle nach den Befreiungskriegen von 1813/15 laut gewordenen Forderungen nach Liberalismus und nationaler Selbstbestimmung verfolgt und unterdrückt.

Der eingeschüchterte und obrigkeitsfromme Bürger hatte sich in die Nischen von Geselligkeit und Bildung zurückgezogen. »Man hat das Phänomen später unter dem Begriff ›Biedermeierzeit‹ zusammengefaßt. Seine Eigenart klingt in dem dazumal gängigen Vierzeiler: ›O wie lieblich ist's im Kreis/trauter Biederleute!/Welt und Mensch gewinnt dabei/eine bess're Seite.‹« (Historiker Diwald)

Der Portepeefähnrich von Arnstedt war nun allerdings das genaue Gegenteil eines »Biedermeiers«.

Der brütenden Dumpfheit des Provinzalltags, dem geisttötenden Kasernenhofdrill entzog sich der lebenshungrige Offiziersaspirant auf eine Weise, die das Mißfallen seiner Vorgesetzten und der honorigen Bürger Frankfurts weckte.

Die Tanzvergnügen der Beamten- und Handwerkervereine waren ihm lieber als die Geselligkeitszirkel der gehobenen Gesellschaft. Jene »ästhetischen Tees« nach dem Schema: »Der Gelegenheitsdichter verlas eine geruhsam-heitere Geschichte, trug ein paar Verse vor; das junge Mädchen, die höhere Tochter, sang recht und schlecht ein Lied; auf dem Tisch lag die neue Bibel der Biedermeier, das Konversationslexikon, das man an beliebiger Stelle aufschlug, um die stockende Unterhaltung mit einem Stichwort zu beleben.« (Diwald)

Kein Parkett, auf dem Arnstedt, der Hecht im Karpfenteich, sich wohlgefühlt hätte. »Er war bildschön und schien für Aventüren und Liebesverhältnisse wie geboren«, räumte Theodor Fontane in seiner überwiegend abschätzigen Beurteilung des Beaus ein. Ob Bürgerstochter oder Handwerkerkind, Näherin oder Kammerjungfer – er liebte sie alle mit buchstäblich umwerfender Leidenschaft. Wilderte auch gelegentlich in ehelichen Revieren. Nur mangelte es ihm an Diskretion. Er war ein Kavalier, der genoß, aber nicht schwieg ...

DISZIPLIN IST FÜR PLEBEJER GESCHAFFEN

Das Haus am Oderufer, nahe der Franziskanerkirche zum heiligen Kreuz, ist Frankfurts braven Bürgern ein Greuel. Es gehört einer Dame zweifelhaften Rufes. Die »Person, die sich Madame Corinne nennt«, so erzählt man sich, unterhalte in Berlin einen Salon mit »Gesellschaftsmamsellen«, im Klartext: Prostituierten.

Ein angeblich unvorbereitet in jenes Etablissement geratener Biedermann aus Frankfurt berichtete einmal seinen aufhorchenden Stammtischbrüdern daheim über den Besuch. Natürlich im Brustton tiefster Abscheu: »Ich entsetzte mich über den frechen, halb nackigen Anzug dieser Menschen, die in ärgerlichsten Posituren zu viehischen Galanterien aufmunterten. Man roch die Unzucht und die Geilheit, selbst wenn man mit dem stärksten Schnupfen behaftet gewesen wäre.« Solch unsittliches Treiben argwöhnt man auch hinter den dichtverhangenen Fenstern des »Schandflecks neben dem Gotteshaus«. Aus eben diesem Grunde ist Militärpersonen und Beamten der Besuch des Hauses der Madame Corinne streng untersagt. Was den Fähnrich von Arnstedt herzlich wenig kümmert. Warnungen schlägt er mit süffisantem Lächeln in den Wind: »Parfüm und Plumeaus konvenieren mir mehr als Pulverdampf und Paraden.«

So trifft man ihn auch an einem frühen Novemberabend des Jahres 1836 in der schwülen Pracht des Salons der Madame an. Mittelpunkt einer feuchtfröhlichen Runde Gleichgesinnter: Fähnriche, jüngere Offiziere, angehende Staatsdiener. Sie alle eint der Drang, die Zwänge bürgerlicher Konvention zu durchbrechen, sich auszuleben, und sei's im Rausch.

Von Zeit zu Zeit huscht eine von Madames »Mamsellen«, freizügig dekolletiert, in den Salon.

Füllt mit kokettem Lächeln die Gläser und entschwindet wieder geräuschlos. Damengesellschaft ist an dieser Herrentafel nicht erwünscht. Noch nicht zu dieser frühen Stunde! Erst müssen Wein und Zoten die Kavaliere in den rechten Schwung bringen.

Emil von Arnstedt, gegen alle Vorschriften in Zivil,

räkelt sich selbstzufrieden im Sessel. Er hat gerade geschildert, wie er einem stadtbekannten Bäcker Hörner aufsetzte. Mit allen Details. »Der klapprige Teigaffe steigt in aller Herrgottsfrüh' aus dem Bett seiner jungen Frau, um das Brot in den Backofen zu schieben. Nun, meine Herren, ich habe ihn würdig vertreten, aus Leibeskräften. Sein Bett war noch warm ...«

Sein Gegenüber, ein rotgeschopfter Leutnant, prustet vergnügt: »Der Hahnrei in der Backstube ... Sie im Schlafgemach bei der Arbeit! Einfach köstlich, Arnstedt. Das macht Ihnen so leicht keiner nach.«

»Beneiden Sie ihn nicht, Witzkow. Sein Kompaniechef wird ihn in Arrest schicken. Ich habe gehört, der Wenzel hat ihn angeschwärzt, weil Arnstedt wieder einmal beim Frühappell fehlte«, wirft sein Nachbar ein.

»Verschonen Sie mich mit diesem Parvenü, der sich als Offizier aufspielt, Leutnant Kessler«, sagt Arnstedt verächtlich. Die Erwähnung des verhaßten Lehrers an der Divisionsschule treibt ihm die Zornesröte ins Gesicht. Diesem Wenzel verdankte er schon manchen Strafdienst und Arrest. Wegen »mangelhafter Ordnung«, »vernachlässigter Adjustierung« (= Uniform und Ausrüstung). Vor allem aber wegen »Unpünktlichkeit und Disziplinlosigkeit«. Für den Bruder Leichtfuß in Königs Rock »Lappalien«. Seiner überheblichen Überzeugung nach ist Disziplin »nur für Plebejer geschaffen, nicht für unsereinen«.

Leutnant Kessler legt dem verdrießlich Dreinblickenden besänftigend die Hand auf die Schulter. »Nehmen Sie's nicht tragisch, Arnstedt. Die drei Tage gehen schnell vorüber, und solange halten es Ihre Herzensdamen wohl aus.«

»Es ist nicht der Arrest, Kessler. Mein Onkel, der Oberst von Werder, Sie kennen ihn, hat mich wissen lassen, daß ich wahrscheinlich nicht länger im Regiment bleiben könne. Mein Hauptmann hat ihm so allerlei von mir erzählt und gewisse Andeutungen in der Richtung gemacht.« Diese Eröffnung löst unter den Anwesenden Betroffenheit aus. Doch Arnstedt fährt gleichmütig fort. »Ich laß mir aber deshalb keine grauen Haare wachsen. Kommt es zum Schlimmsten und werd' ich entlassen, findet ein junger Kerl wie ich wohl auch sonst sein Fortkommen. Leute meines Schlages sind nie ganz zu verachten und werden als Soldaten zum Totschießen immer gesucht. Mißlingt aber alles, so befreit mich wohl ein Lot Pulver von meiner Qual. Es sollte mir aber leid tun, scheiden zu müssen, denn erstens wär' es doch schade um ein so fideles Haus und zweitens, weil ich verliebt bin ...«

»Wohlgesprochen, lieber Emil!« Sein Vetter und bester Freund Adalbert, der im selben Regiment dient, prostet ihm zu. »Du hast uns schon einen schönen Schrecken eingejagt mit deiner Leichenpredigt. So schnell entlassen die Preußen keinen! Ich seh' dich alt und grau werden in des Königs Rock. Und du wirst dann immer noch hinter den Weibern her sein.«

Ein Zuspruch, ganz nach Arnstedts Geschmack. Er leert sein Glas in einem Zuge. Läßt es sogleich wieder füllen, dabei der offenherzigen »Mamsell« den Busen tätschelnd, daß sie geziert flüchtet. »Ihr habt recht, Freunde!« Er klatscht vergnügt in die Hände. »Lassen wir's in den Sternen stehen, was uns die Zukunft bringt. Aber auf die Preußen, lieber Vetter, habe ich mir selbst einen Reim gemacht.«

Der hochgewachsene Blondschopf stellt sich in Positur, als stünde er vor einem Theaterpublikum und leiert in näselndem Tonfall: »Versoffen der Sold,/verwichst das Gehirn,/von der Jungfrau verachtet,/geliebt von der Dirn',/von innen vermorscht,/nach außen Format:/ Das ist der preußische Zinnsoldat!«

Tosendes Gelächter bricht los, als er, übertrieben die Hacken zusammenschlagend, den Vortrag beendet. »Unbezahlbar, einfach ingeniös, Arnstedt«, ächzt unter Lachtränen ein künftiger Justizbeamter. »Das war ja Ihr Freund Wenzel wie er leibt und lebt. Finden Sie nicht auch, Gauvais?« Der Leutnant im Frankfurter Festungsregiment nickt. »Tadellose Leistung, lieber Arnstedt. Aber Vorsicht. Manche Wände haben Ohren, und Ihre amüsanten Verse sind nicht gerade ein Loblied auf Preußens Gloria.«

Jetzt mischt sich Kessler ein. »Meine Herren, ist doch wohl klar: Arnstedts Opus bleibt unter uns. Parole d'honneur!« Arnstedt wird vom Beifall zu einer Fortsetzung animiert. Er schwingt sich auf den Tisch, läßt sich sein Weinglas reichen und ruft mit blitzenden Augen: »Nicht so feierlich, Freunde! Mit den Wenzels dieser Welt rechne ich allein ab. Und das gründlich! – Jetzt aber auf ein anderes: Fidelitas sei's Panier! Es lebe die Liebe, der Leichtsinn, der Suff, der unbürgerliche Beischlaf, der Papst und der Puff!«

Da reißt es alle aus den Sesseln. Sie stimmen ihm lauthals zu, und der fröhliche Lärm öffnet den »Mamsellen« die Tür zu den von Wein und Weib Berauschten.

Nebenan aber verläßt Madame Corinne ihren Lauscherposten an der Wand zum Salon. Höheren Ortes wird man mit ihrem Bericht über das Treiben junger Hitzköpfe zufrieden sein. Und ihr weiterhin wohlwollende Duldung zuerkennen ...

PROTOKOLL EINES MORDES

Tags darauf ist Cotillonball im Beamtenverein. Emil von Arnstedt darf nicht fehlen. Er setzt seine jüngste Poussage mit der hübschen Clara fort und macht auch den verflossenen Liebchen Emma, Modeste, Agnes und Sidonie den Hof. Die Nacht aber beschließt er mit einer Neueroberung, der gefälligen Flora. Ahnungslos, daß an diesem Abend der verhaßte Leutnant Wenzel über einem Bericht an den Kommandeur der Leibgrenadiere sitzt. Er betrifft den Ausflug des Fähnrichs in das verbotene Paradies der Madame Corinne und dessen »skandalösen« Verlauf.

Am nächsten Morgen stellt Wenzel den übernächtigten Missetäter barsch zu Rede. »Waren Sie am Donnerstag neun Uhr abends in der Kaserne, Arnstedt?«

»Selbstverständlich, Herr Leutnant«, antwortet der mürrisch.

Wenzel, ein Mann mittleren Alters, wird wütend. »Eine ungeheure Frechheit ist das, was Sie behaupten. Eine schamlose Lüge. Ich weiß sehr genau, wo Sie gewesen sind, Herr. Die Meldung darüber liegt Ihrem Kommandeur schon auf dem Tisch. Die Konsequenzen können Sie sich bei Ihrem Sündenregister selber ausrechnen. Sie haben Arrest. Alles weitere wird sich finden.«

Damit wirft er die Tür hinter sich ins Schloß. Zurück bleibt ein zwischen Selbstmitleid und Zorn schwankender Hitzkopf voller Rachegelüste. Nach des Onkels Vorhaltungen kann er sich die »Konsequenzen« leicht ausmalen.

»Kurz, ich faßte den Entschluß, meinem Leben ein Ende zu machen«, ließ er später seinen Vetter wissen. In dem aus dem Kerker herausgeschmuggelten Brief hieß es weiter: »Pistol, Pulver, Blei, alles war bald angeschafft und die Waffe geladen. Da dachte ich an meine Mutter, an meine Freunde und Kameraden, an Dich und vor allem an meine liebe Clara. Ohne Abschied konnte ich nicht von euch scheiden. Ich war, offen gesagt, zu schwach, mich schon von der Welt loszureißen. Da fuhr mir der Gedanke durch den Kopf, er muß sterben. Dieser Gedanke hat mich nicht wieder verlassen ...«

Arnstedts Arrest fällt auf ein Wochenende. Er verbringt den Sonntag in Erwartung des Verhaßten. Die geladene Pistole in Bereitschaft. Doch Wenzel kommt erst am nächsten Morgen.

In der Frühe des 5. Dezember 1836.

»Warum sind Sie nicht in der Divisionsschule beim Unterricht«, herrscht er den Untergebenen an.

»Weil ich Arrest habe, Herr Leutnant Wenzel«, stößt Arnstedt haßerfüllt hervor. »Aber wenn Sie es befehlen, komme ich sofort.«

»Alsdann«, sagt der Leutnant knapp und verläßt die Stube.

»Du hast es nicht anders verdient«, knirscht der Fähnrich. Springt zu seinem Spind, ergreift die dort versteckte Waffe und rennt auf den Kasernenflur. Der ist zu dieser frühen Stunde unbelebt.

Wenzel hört die eiligen Schritte in seinem Rücken. Will sich umdrehen. Da trifft ihn auf kaum zwanzig Schritt Entfernung eine Kugel aus Arnstedts Pistole. Sie dringt in die linke Achsel quer durch die Brust und zerschmettert noch den rechten Arm. Wenzel taumelt ein paar Schritte zurück, als suche er einen Halt. Dann stürzt er vornüber aufs Gesicht.

Der Todesschütze steht sekundenlang wie erstarrt, die Pistole in der Rechten umkrampft. Dann steigt er, ohne den am Boden Liegenden eines Blickes zu würdigen, über ihn hinweg. Meldet dem diensthabenden Offizier seine Tat und läßt sich widerstandslos abführen. »Von Reue keine Spur; es ist, als ob er einfach ein ihm feindliches Tier über den Haufen geschossen habe.« (Fontane)

Nicht anders verläuft die Konfrontation mit seinem Opfer: »Am folgenden Tage hatte ich an der Leiche Verhör«, schrieb er dem Vetter. »Der Körper wurde seziert und die Brust ganz aufgeschnitten. Keine Miene habe ich verzogen, bloß um zu beweisen, daß dieser Anblick mich nicht schreckte ...«

»Ein ungeheures Maß von Selbstsucht und Leichtsinn«, attestierte Fontane dem mit unvorstellbarer Roheit und Gefühlskälte reagierenden Mörder. All das schlägt sich auch in der Korrespondenz nieder, die jener unerlaubterweise mit seinem Vetter führt. »Aber das ist nicht das Schlimmste. Schlimmer ist der Gefühlsmischmasch, das entsetzliche Durcheinander von Sentimentalität und Obszönität.«

DIE RICHTER SIND KEINE DAMEN

Der zwanzigjährige Mordschütze beklagt sich, daß er bei Wasser und Brot in Ketten gehalten wird. Gleich darauf schwelgt er in Erinnerungen an seine Liebesaffären und äußert eine Zeile weiter Selbstmordgedanken, heckt Fluchtpläne aus, um sich sogleich nach dem Verlauf des Silvesterballs und nach den Amouren seiner Freunde zu erkundigen. Den Ernst seiner Lage berührt er nur flüchtig und gelegentlich. »Was ihn beschäftigt, ist nur die Frage: ›Komm' ich bald wieder frei? Und wie hübsch wird es dann sein!‹« (Fontane)

Der teuflische »Casanova« weiß, daß er außerhalb der Gefängnismauern noch immer große Sympathie genießt. Vor allem bei der Frankfurter Frauenwelt. Dort hält sich hartnäckig das Gerücht, der junge Heißsporn habe die Tat in einem Anfall von Eifersucht verübt. Und so defilieren tagtäglich viele Mädchen und Matronen an Arnstedts Kerker vorüber, bis dessen Fenster vernagelt werden.

Der aus Sorau herbeigeeilten Mutter gehört ebenfalls die Anteilnahme der Verehrerinnen. Bei den Bemühungen, den zum Verbrecher gewordenen Sohn zu retten, unterstützt man sie mit Rat und Tat. Auch mit Geld, wie aus einer von Fontane zitierten Quittung hervorgeht: »Vier Doppel-Louisdor (Französische Goldmünze, d. V.) zur hilfreichen Verwendung für meinen unglücklichen Sohn von edlen Menschenfreunden anonym erhalten zu haben, bescheinige ich hiermit, und sage den edlen Gebern meinen heißesten, gerührten Dank. Frankfurt, 28. Dezember 1836. Verwitwete v. Arnstedt, geb. v. Aldobrandini.«

»Du hast auch wirklich die ganze Damenwelt auf deiner Seite«, wird dem Häftling von Vetter Arnstedt versichert. »Wenn deine Richter Damen wären, so würdest du gewiß freigesprochen und noch obendrein General ...«

Solche Bekundungen bestärken den jungen Mörder in dem leichtfertigen Glauben, sein Urteil könne mit Rücksicht auf die Öffentlichkeit so hart nicht ausfallen. So sieht er sich in »zwei bis drei Jahren« wieder auf freiem Fuß, »und darf ich dann in unserem Heere nicht fortdienen, so ist Rußland oder Griechenland mein Asyl«. In völliger Verkennung der Dinge steigert sich Emil von Arnstedt gar in die Rolle eines »Staatsgefangenen«, den man »mit der Extrapost« aus Frankfurt in sein künftiges Gefängnis bringen würde.

Er kann oder will nicht begreifen, daß er vor seinen Richtern als gemeiner und ehrloser Verbrecher dasteht. Dem Kriegsgericht der 5. Division gehören Offiziere an, die den preußischen Ehrenkodex von Disziplin und Pflichterfüllung über alles stellen. Danach kann es für die vorsätzliche hinterhältige Ermordung eines Vorgesetzten nur eine Sühne geben. Und so erkennt das Kriegsgericht am 7. Januar 1837, »daß der Angeschuldigte ... mit dem Rade von oben herab vom Leben zum Tode zu bringen« ist.

Ein Urteil, das weit über Frankfurt hinaus Aufsehen und Entsetzen verbreitet. Das Rädern, bereits in der germanischen Frühzeit praktiziert, gilt als schimpflichste und ehrloseste Strafe. Nur bei schwerem Mord und fast ausschließlich an Männern vollstreckt.

In seiner »Geschichte des Verbrechens« beschreibt Gustav Radbruch (1878-1949), Rechtswissenschaftler von internationalem Rang, das gräßliche Schauspiel: »Der Verbrecher wurde mit ausgestreckten Armen und Beinen auf den Boden gelegt, Hände und Füße an Pflöcken festgebunden und unter die Glieder und den Körper kamen Hölzer, so daß er völlig hohl lag. Der Scharfrichter zerstieß ihm dann mit einem Rad sämtliche Glieder und das Rückgrat, wobei die Zahl der Stöße im Urteil vorgeschrieben war. Der Sterbende oder Tote wurde dann durch die Speichen des Rades geflochten, dabei kamen die Glieder einmal über und einmal unter die Speichen des Rades. Am Ende wurde das Rad auf einen Pfosten oder auf den Galgen gesteckt. Brach man beim Rädern zuerst die Knochen der Beine, dann die der Arme usw., trat der Tod sehr langsam ein, und häufig lebte der Verbrecher noch, wenn er auf das Rad geflochten wurde. Es galt daher als Gnadenerweis, den ersten Stoß des Rades gegen den Hals zu führen. Ebenfalls eine Strafmilderung war es, wenn der Verurteilte vor dem Rädern gehenkt oder enthauptet wurde oder den Herzstoß erhielt ...«

In jedem Falle sollte die abschreckende Wirkung der öffentlich vorgenommenen Hinrichtung erhalten bleiben. »So habe ich resoviert«, hieß es in einer Kabinettsorder Friedrichs des Großen von 1749, »daß von nun an und künftighin es darunter dergestalt gehalten werden soll, daß, wenn einem Delinquenten vor dem Rädern, jedoch ohnvermerkt und ohne daß es die herumstehenden Zuschauer sonderlich gewahr werden können, vorher erdrosselt werden und als dann die Exekution mit dem Rade geschehen soll, es wäre denn das Verbrechen des

Delinquenten von solcher Enomité, daß die besonderen Umstände ein ganz abscheuliches Exempel erforderten, so daß dem Delinquenten die Strafe, lebendig gerädert zu werden, besonders zuerkannt werden müßte.«

»ICH LACHE DEM SCHAFOTT HOHN ...«

Die höchstrichterliche Entscheidung über Leben und Tod des von allen guten Geistern verlassenen Fähnrichs von Arnstedt obliegt dem König. Friedrich Wilhelm III. (1797-1840), von wohlwollenden Historikern als »väterlicher Landesherr« gerühmt, ist jedoch kein Freund schneller Entschlüsse. Zudem widerstrebt es ihm, ein so grausames Urteil zu unterzeichnen. Und so zögert er. Wochen und Monate.

Im April 1837 machen in Frankfurt Gerüchte die Runde, der König habe das Urteil des Kriegsgerichtes von einer übergeordneten Instanz prüfen lassen. Diese hätte nun den Mord anders beurteilt und in Anbetracht der Jugend des Täters auf zwanzig Jahre Festungshaft plädiert. Das kommt auch Arnstedt zu Ohren. Der hatte schon, verunsichert durch das lange Warten auf eine Entscheidung, in einem Anfall von Kopflosigkeit den Vetter um ein schnellwirkendes Gift gebeten: »Wenn es dann Not am Mann ist, schickst du mir die Pülverchen oder die Mixtur, und ich lache dem Schafott Hohn.«

Nun aber bricht der alte Leichtsinn durch: »Wenn ich auch 7 000 Jahre auf Festung komme, das schadet nichts; dann leben wir doch noch einmal vergnügt zusammen und gedenken vergangener Mißgeschicke.« Übermütig fügt er dem Brief einen studentischen Kommerstext hinzu: »Zittre nicht, zage nicht,/Sei nicht ungeduldig,/Was du nicht bezahlen kannst,/Bleib' den Leuten schuldig.«

Es ist der letzte Ausbruch wirklichkeitsferner Hoffnungsfreudigkeit. Am 14. April 1837 setzt Friedrich Wilhelm III. seinen Namenszug unter das ursprüngliche Urteil. Es ist durch »Allerhöchste Cabinets-Ordre ... dahin mildernd bestätigt worden: daß der Angeschuldigte wegen Ermordung eines Vorgesetzen statt der verwirkten Strafe des Rades von oben, durch das Beil vom Leben zum Tode zu bringen sei.«

Die Vollstreckung erfolgt elf Tage nach der Unterzeichnung.

»Fähnrich v. Arnstedt wurde den 25. April 1837, fünf Uhr morgens, auf einen mit zwei Pferden bespannten bäuerlichen Korbwagen gesetzt und begleitet von einer kleinen Abteilung seines Regiments (Leibregiment) in einem raschen Schrittempo nach dem für die Hinrichtung bestimmten Platze hinausgefahren. Ihm gegenüber rückwärts saßen zwei Unteroffiziere. Der Weg war nicht allzu weit und lag auf den Frankfurter Wiesen, dicht am sogenannten Meisterwerk. Am Ende der hier die Dammvorstadt durchschneidenden Sonnenburger Straße war ein Sandhügel aufgeworfen und vor dem in der Nähe aufgestellten Richtblock stand der Scharfrichter.

Als Arnstedt all dieser Vorbereitungen von seinem Sitz her ansichtig wurde, gab er sich einen Ruck und sagte zu den Unteroffizieren, ›er werd' ihnen zeigen, wie ein preußischer Soldat sterben müsse‹. Gleich danach angekommen, sprang er rasch vom Wagen, trat an den Scharfrichter heran und fragte diesen, ›was er zu tun habe, um ihm sein Amt zu erleichtern‹. Worauf dieser antwortete, ›daß er den Atem anhalten solle‹. Nach Verlesung der Ordre, wurde dann das Urteil rasch vollstreckt und der Körper eingesargt und an Ort und Stelle begraben.« (Bericht eines Augenzeugen)

Fontane erhielt später einen Brief von Arnstedts Vetter

Adalbert, in dem es hieß: »Als der Zug vorüberkam, lag ich im Fenster meines elterlichen Hauses und empfing ein letztes, freundliches Kopfnicken. Ein mir unvergeßlicher Moment. Worte des Abscheus über v. Arnstedts Tat habe ich nie vernommen, aber viel Tränen sind dem bildhübschen Menschen nachgeweint worden, ja, eine mir bekannte ältre Dame, die jenen Hinrichtungstag miterlebt hat, gerät noch jetzt in ein nervöses Zittern, wenn sie desselben gedenkt.«

Es dauerte geraume Zeit, ehe sich in der ganzen Provinz, vornehmlich in Adels- und Offizierskreisen, die Aufregung über das Ende des »Casanovas von Frankfurt« legte. Die Meinungen prallten heftig aufeinander. Für Fontane war der Fall »ein merkwürdiger und beängstigender Beweis von der bedrückenden Macht einer dämonisch sinnlichen Persönlichkeit ... An dem siegreichen Einflusse dieser Persönlichkeit scheiterten alle moralischen Bedenken. Einem ungewöhnlich hübschen Menschen zuliebe verwirrten sich die Begriffe von Recht und Unrecht und ein Verbrecher wurd' ein Held. Die Frauen, alt und jung, gingen natürlich mit gutem Beispiel voran.«

Der Dichter der Mark Brandenburg hielt »diesem innerhalb der Frankfurter Frauenwelt epidemisch auftretenden Fähnrich-Enthusiasmus« entgegen: Es war die »schnöde, schmähliche Tat eines reichbegabten, aber durchaus bösen und von Anfang an den finstren Mächten verfallenen Menschen. Er hatte nur einen Mitschuldigen: die Halbheit, Zerfahrenheit und Verwirrung der Zeit, in der er lebte.

Nichts war innerlich in Ordnung, ein Bovist, alles hohl und faul, und ein bitteres Lächeln überkommt den, der jene Tage noch mit durchkostet hat, wenn er von ihnen wie von einer hingeschwundenen ›guten, alten Zeit‹ oder gar wie von einem ›verlorengegangenen Paradiese‹ berichten hört.«

Reisetip:
Frankfurt/Oder liegt verkehrsgünstig (Eisenbahn) 100 Kilometer östlich von Berlin an der A 12.
Schmuckstück ist neben der im Wiederaufbau befindlichen kriegszerstörten Hauptkirche St. Marien (um 1300 erbaut) das zu den prächtigsten Zeugnissen märkischer Architektur gehörende gotische Rathaus (14./15. Jahrhundert) mit dem unverwechselbar gestaffelten Südgiebel. Die ehemalige Franziskaner-Klosterkirche beherbergt seit 1966 die vielbesuchte Konzerthalle »Carl Philipp Emanuel Bach« mit Deutschlands ältester noch spielbarer Sauerorgel (1866) und einer modernen Konzertorgel (50 Register, fast 4000 Pfeifen). Das Museum Viadrina im Junkerhaus (Philipp-Emanuel-Bach-Straße 11) bietet eine umfangreiche Sammlung zur Geschichte des Oder-Spree-Gebietes und Frankfurts. (Öffnungszeiten: Di bis Fr von 10 bis 18 Uhr, Sa/So von 10 bis 12 Uhr und 13 bis 17 Uhr.
Die Kleist-Gedenk- und Forschungsstätte (Faberstraße 7) öffnet Di von 10 bis 18 Uhr, Mi bis So von 10 bis 17 Uhr.
Von der großzügig angelegten Oderpromenade (zwischen Klosterkirche und Kleist-Museum) gelangt man über die breite Strombrücke nach Slubice, dem zu Polen gehörenden kleineren Teil Frankfurts.
(Tourist-Information: Tel. 0335/22565 oder 325216; Fremdenverkehrsverein: Tel. 0335/337514)

Speisetip:
Frankfurt: »Stadtwappen«, Fürstenwalder Str. 32, Tel. 0335/326305;
Spezialität: »Jeden Tag ein anderes Gericht zu 5,- DM.«

Der Feuerteufel von Kossenblatt

Verwitterte, strohgedeckte Gehöfte und Scheunen umringten seit altersher Schloß, Gutshaus und Kirche der einstmals Königlichen Domäne Kossenblatt (Region Beeskow-Storkow). Bis zum Jahre 1877. Damals brannte in einer gewitterschweren Sommernacht eine der Strohkaten bis auf die Grundmauern nieder. Für die Feuerkasse in Beeskow zunächst kein ungewöhnlicher Schadensfall.

Feuersbrünste gehörten dazumal noch immer zu den schlimmsten Landplagen. Nicht nur die heu- und strohgefüllten Scheunen stellten eine ständige Gefahrenquelle dar. Blitzschlag oder Funkenflug konnten auch die mit Schindeln, Stroh oder Schilfrohr gedeckten Fachwerkhäuser in Brand stecken. In Stadt und Land war offenes Licht noch vielfach die einzige Beleuchtung, wurde auf offenem Feuer gekocht. In alten Stadtvierteln erhöhte die enge Nachbarschaft der Häuser in den schmalen Gassen die Gefahr einer Feuersbrunst. Zur Bekämpfung einer solchen Katastrophe, eines »Großen Feuers«, war oft noch der von Hand zu Hand gereichte Löscheimer das einzige Mittel.

Zwar hielt der Türmer wachsame Ausschau nach verdächtigen Rauchwolken, mahnte noch immer mancherorts der Nachtwächter die Mitbürger: »Hütet das Herdfeuer und löscht das Licht!« Doch oft führte menschlicher Leichtsinn zum Ausbruch des gefürchteten »Großen Feuers«. Die Gemeindechronik von Putlitz in der Westprignitz liefert dafür ein eklatantes Beispiel: »Wenn der Wächter irgendwo ein Feuer sah, so rannte er den Jungfernstieg entlang, an den Bürgeranlagen und Scheunen vorbei durch die Schmale Gasse, in der sich nicht mal zwei Fuhrwerke begegnen können, die Burgstraße entlang und hinter der Mauer weiter über die Karstädter Straße die zwei Meter breite Gasse zum Burgwall, um das Feuer auf der Burg zu melden. Doch meistens kam der Feuermelder zu spät. Putlitz wurde viele Male durch schreckliche Feuersbrünste zerstört: 1404, 1490, 1638, 1684, 1691, 1752, 1854 und 1874. Erst nach Einführung der Freiwilligen Feuerwehr kam so etwas nicht mehr vor.«

Etwas weniger Dienst nach Vorschrift des Feuerboten hätte den Putlitzern vermutlich manch herben Verlust erspart. Aber die Furcht vor den auf ihrer Burg thronenden mächtigen Herren Gans Edle zu Putlitz veranlaßte den Unglücksboten, lieber die Füße in die Hand zu nehmen als Alarm zu schlagen. Auch Fahrlässigkeit ließ bisweilen das Element Feuer rasen ...

Wusterhausen an der Dosse widerfuhren im Laufe einer fast achthundertjährigen Geschichte so manche Schicksalsschläge: Pest, Hungersnöte, Plünderungen durch Kriegsvolk. Ein besonders schwarzer Tag für die idyllische Kleinstadt war der 13. April 1758, mitten im Siebenjährigen Krieg Friedrichs des Großen gegen die Territorialmächte Österreich, Rußland und Frankreich. Doch es war kein Feind, der Unheil über Wusterhausen brachte. Das tat der friedliche Ackerbürger Michel Hilgendorf aus der Wildberger Straße 57.

Am Vormittag jenes Frühlingstages steckte sich Hilgendorf wie gewohnt seine Tabakspfeife an.

Durch Auflegen von Torfglut aus dem Küchenherd. Kräftig paffend sah er in der ans Wohnhaus grenzenden Scheune nach dem Rechten. Holte danach seinen Nachbarn zu einem Gang ins unweite Plänitzer Holz ab.

Was nun geschah, erzählt die Stadtchronik: »Als die beiden auf dem Plänitzer Weg waren, richtete einer von ihnen von ungefähr seine Augen nach der Stadt. Dort erhob sich eine mächtige Rauchwolke, grauenhaft beleuchtet von einem durch den herrschenden starken Wind gepeitschten Feuermeer. Gleichzeitig bemerkte Hilgendorf, daß die Kohle von seiner Pfeife verschwunden war.« Die Torfglut mußte beim Verlassen der Scheune zwischen das aufgeschichtete Stroh gefallen sein. An seiner sträflichen Unachtsamkeit verzweifelnd, stellte sich Hilgendorf dem Gericht. Doch noch vor dem Prozeß – so die Chronik – »starb er vor Gram im Gefängnis«.

Die »brandheiße« Geschichte der Mark ist auch reich an »Feuerteufeln«: Brandstiftern, die dem Nachbarn aus Haß oder Neid, auch aus anderen Gründen, den Roten Hahn aufs Dach setzten.

So geschehen in Germendorf bei Oranienburg, wo in der Nacht zum 12. Mai 1720 innerhalb von drei Stunden zehn Häuser und neun Scheunen von Feuerlegern eingeäschert wurden. Im selben Ort steckte 1741 die Kossätenwitwe Reckin, nachdem sie einer Nachbarin zwei Speckseiten gestohlen hatte, deren Haus in Brand. Da die Brandstifterin geistesgestört war, entging sie dem Henker und wurde mit lebenslangem Zuchthaus bestraft.

Eines der folgenschwersten Verbrechen dieser Art ist in der Bernauer Stadtgeschichte aufgezeichnet: In der Nacht zu Karfreitag 1483 legte eine böswillige Nachbarin im Hause des Mitbürgers Giers Kogge Feuer, »als alle in tiefstem Schlaf lagen. Einer aber konnte nicht schlafen: Simon Schüle sah zum Fenster hinaus und meinte, der Mond ginge auf. Der Lichtschein kam aber von dem Brand. Als Simon seinen Irrtum bemerkte, weckte er mit großem Geschrei die Nachbarn. Der Wind trieb die Flammen aufs Rathaus zu und erfaßte drei

Häuser, die bis auf die Grundmauern niederbrannten. Inzwischen hatte auch Kogges Scheune Feuer gefangen. Im Nu brannte die Scheune des Nachbarn, die unmittelbar daran stieß, und schon standen neun Häuser in der nächsten Gasse in Flammen, die alle niederbrannten. Auch das Rathaus, die Ratwaage und sieben weitere Häuser am Markt sanken in Schutt und Asche.«

Was mit dem weiblichen »Feuerteufel« geschah, ist nicht überliefert. Nach damals geltendem Recht war eine drakonische Strafe sicher. Noch im Jahre 1818 wurden zwei Brandstifter, die im Dorf Schönerlinde bei Berlin ein Großfeuer verursacht hatten, zum Tode verurteilt und hingerichtet.

MYSTERIÖSE BRANDSERIE

Anno 1877 brauchte ein ertappter »Feuerteufel« nicht mehr um seinen Hals bangen. Doch die Strenge des Gesetzes reichte immer noch aus, potentielle Brandstifter abzuschrecken. Glaubte man jedenfalls bei der Beeskower Feuerkasse. Dann aber häuften sich plötzlich in Kossenblatt (abgeleitet von Cossenbloth = Krummensumpf) die Häuser- und Scheunenbrände. 1882 ging auch die letzte strohgedeckte Kossätenbehausung in Flammen auf.

Die Ermittlungen ergaben allesamt dasselbe Bild: Trotz verspäteter oder verabsäumter Löschversuche waren weder Mensch noch Vieh zu Schaden gekommen. Ein Phänomen? Die Feuerkasse hielt »Brandstiftung in eigener Sache« für höchstwahrscheinlich. Um so eher, da sie begonnen hatte, brandgefährdete Altbauten aus der Versicherungsliste zu streichen. Des überhöhten Risikos wegen. Doch für eine Täterschaft fehlten die Beweise. Die Beauftragten der Feuerkasse mochten noch so viel mit Prämien und Versprechungen locken: Die Dörfler von Kossenblatt hielten zusammen wie Pech und Schwefel. Die Feuerkasse mußte zahlen, und am Ende hatte Kossenblatt ein zeitgemäß modernes Aussehen gewonnen, auf Kosten der Versicherung ...

Gutsherr in Kossenblatt war zu dieser Zeit Emil Buchholtz, Nachkomme einer verdienten preußischen Beamtenfamilie. Diese hatte 1811 die bis dahin Königliche Domäne als Erbzinsgut erworben. Begründer der Familientradition aber war der Pastorensohn Johann August Buchholtz. Der gebürtige Prignitzer, unter Friedrich Wilhelm I. zum Soldatendienst gepreßt, stieg später selbst zum Werbe-Sergeanten auf. Er versorgte vornehmlich ein in Neuruppin stationiertes Regiment mit Rekruten. Und das mit so außerordentlichem Geschick, daß ihn dessen Kommandeur, Kronprinz Friedrich, auch als König nicht vergaß.

Johann August Buchholtz avancierte zum Hofetats-Rentmeister und Dispositionskassen-Rendant. Schlichter ausgedrückt: Schatzmeister der königlichen Finanzen. Pflichten, die Friedrichs Schatullenhüter so gewissenhaft und penibel erfüllte, daß er im Lande zu Anekdoten-Ruhm kam. So erzählte man sich: Wurde der König mit unbilligen Geldbitten oder -forderungen konfrontiert, dann winkte er ab: »Da kennt Er Buchholtzen schlecht!« Im günstigen Falle laute der königliche Kommentar: »Er wußte, wo Buchholtz wohnt!«

Dem Sohn des so überaus umsichtigen Kassenverwalters übertrug das preußische Herrscherhaus 1801 die Verwaltung seiner Domäne Kossenblatt. Zehn Jahre später – Friedrich Wilhelm III. war wegen der an Frankreich zu zahlenden Kontributionen in Geldschwierigkeiten – erwarb Buchholtz jun. den Besitz als Erbzinsgut. Nach Abschaffung dieser Eigentumsform in Preußen (1850) konnten sich die Buchholtz' Rittergutsbesitzer nennen.

Als eine der vierunddreißig bürgerlichen Familien, die damals auf den vierundfünfzig Rittergütern des Kreises Beeskow-Strokow saßen. Kossenblatt, ein reicher und ausgedehnter Besitz, gedieh unter ihrer Regie.

Der Nachfahr der tüchtigen Buchholtz' war völlig aus der Art geschlagen. Emil Buchholtz wirtschaftete das ihm durch Heirat seiner Cousine zugefallene Rittergut sehr bald in Grund und Boden. Mißwirtschaft und ein ausschweifendes Leben verstrickten ihn tief in Schulden. Wiederholte Überschwemmungen der Ländereien durch die Spree gaben ihm den Rest. Schließlich drohte die Kur- und Neumärkische Ritterschafts-Darlehenskasse, bei der Buchholtz mit 180.000 Mark in der Kreide stand, mit Zwangsverwaltung des Besitzes ...

An einem Spätsommertag des Jahres 1899 steht Emil Buchholtz, ein robuster Enddreißiger mit schütterem Haar auf dem kantigen Schädel, am Fenster des Herrenhauses. Sein umwölkter Blick ruht auf dem kleinen, von einem Spreearm bewässerten Park, in besseren Zeiten Lustgarten genannt. Der Gedanke daran entlockt dem Mann am Fenster ein bitteres Auflachen.

Lustgarten!? Ein Friedhof ist daraus geworden! Mit verwachsenen Pfaden und verwilderten Rabatten. Und unter einem der mächtigen Bäume ruht seit Jahr und Tag sein Eheweib, Gott hab' sie selig! Sie war jeher von schwächlicher Konstitution, die schöne Cousine mit dem reichen Erbteil, und hätte wohl die Schande, die jetzt dem Namen Buchholtz droht, kaum überlebt ...

Ein hochbeladener Erntewagen jenseits der Parkmauer lenkt ihn ab. Das Gefährt schwankt hinter der Kirche in eine Scheune. Buchholtz nickt vor sich hin. Ein Mordsglück haben sie, seine Kossäten, daß ihnen die Feuerkasse für die abgebrannten altersschwachen Bruchbuden genug Geld zahlte. Für neue, festgefügte und ziegelgedeckte Häuser und Scheunen. Schlau hatten sie es angestellt, allesamt. Doch besser, man schwieg darüber.

Um die Gutsscheunen wäre es eigentlich auch nicht schade, überlegt Buchholtz. Nachdenklich läßt er sich am Schreibtisch nieder. Die Scheunen! Wände und Dächer sind knochentrocken von der anhaltenden Hitze. Sie würden wie Zunder aufflammen, wenn ...

Er zögert, den Gedanken zu vollenden. Andererseits, wie soll es weitergehen mit Kossenblatt? Die letzte Frist, die ihm die Darlehenskasse eingeräumt hat, ist bald verstrichen. Hilfe von Freunden und Nachbarn ist nicht zu erwarten. Und was dann? Das Gut verloren – alles verloren! Nichts bleibt ihm dann als der Bettelstab. Der ärmste seiner Kossäten wird mehr besitzen als er, der Herr.

Aber kampflos die Waffen strecken? Da kennt Er Buchholtzen schlecht, schießt ihm das dem Vorfahr zugedachte Sprichwort durch den Sinn. Er strafft sich. Schiebt trotzig das Kinn vor.

Der Versuch sollte das Risiko wert sein ...

Emil Buchholtz läutet dem Diener. »Schick mir sogleich den Krischan her!« Seinem langjährigen Leibkutscher kann er vertrauen. Der geht für seinen Herrn durch dick und dünn. Wird ihn auch diesmal nicht im Stich lassen.

SHERLOCK HOLMES AUS BEESKOW

Ein paar Nächte später gehen die randvoll gefüllten Roggenmieten des Buchholtz-Gutes in Flammen auf. Die routinemäßige Untersuchung der Brandursache ergibt wie bei der mysteriösen Brandserie: Vermutlich fahrlässiger Umgang mit offenem Feuer. Auch die Frage nach dem Übeltäter bleibt wiederum unbeantwortet. Emil

Buchholtz reibt sich die Hände: Die Feuerkasse wird zahlen müssen, für die Darlehens-Wucherer wird er wieder liquid und behält womöglich noch genug Bares übrig.

Vielleicht hätte der geriebene Rittergutsbesitzer recht behalten, wäre nicht ein superpenibler Versicherungsinspektor am Werk gewesen. Ein Pfennigfuchser von Format, der hinter jedem Schadensfall zuallererst eine Straftat witterte. Der Beeskower Sherlock Holmes ging also buchstäblich auf die Dörfer, als er dahinter kam, daß Buchholtz vor lauter Schulden nicht aus noch ein wußte.

Der Brand der Gutsscheunen von Kossenblatt war Tagesgespräch in allen Dorfkneipen der Umgebung. So kam dem Tüftler aus Beeskow eines Tages zu Ohren, was seinen Verdacht zur Gewißheit werden ließ. In der Giesensdorfer Schenke tat sich ein Tagelöhner aus dem benachbarten Kossenblatt mit seinem Wissen wichtig: »Was der Krischan is', der Kutscher vom Herrn, also der hat neulich im Suff jeprahlt, der Herr Buchholtz hätt' ihn jesacht, 'n Brand in der Jerstenmiete wär' ihm eenen ›blauen Lappen‹ wert. Ob er's jemacht hat, weeß man nich. Aber 'n blauen Hunderter hat er jezeicht ...«

Zufrieden mit seinen Recherchen kehrte der Amateur-Detektiv in sein Büro zurück und ergänzte das Ermittlungsprotokoll des Scheunenbrandes durch den Vermerk »Dringender Verdacht auf Brandstiftung«.

Nun geriet Emil Buchholtz in die Zwickmühle. Die Feuerkasse legte den Bericht ihres Inspektors den Frankfurter Justizbehörden vor. Verlangte eine Untersuchung von Amts wegen. Die erbrachte schwerwiegende Verdachtsmomente. Emil Buchholtz wurde vor das Landgericht in Frankfurt an der Oder zitiert.

Der Prozeßverlauf offenbarte, daß der zu Jähzorn und Rücksichtslosigkeit neigende Gutsherr wenig Sympathien in Kossenblatt genoß. Der Kutscher Krischan bestritt zwar, von seinem Brotherrn zum Feuerlegen in der Scheune angeregt worden zu sein. Er konnte aber andererseits die Herkunft des »blauen Lappens« nicht glaubwürdig nachweisen. Zudem bestätigten weitere Zeugen seine Prahlerei in der Kneipe. Der Gärtner des Rittergutes erinnerte sich schließlich, am Abend vor dem Feuer in der Nähe der Scheune zwei Männer gesehen zu haben. Einen hätte er erkannt: »Das war doch der Herr Buchholtz!«

Der Angeschuldigte setzte sich mit Arroganz und Ableugnen zur Wehr. Die Scheunen würde er zur Erntezeit mehrmals am Tage, manchmal auch abends kontrollieren. Den Zeugen warf er Rachsucht und Gemeinheit gegenüber ihrem Gutsherrn vor. Und dem Krischan, einem stets getreuen Diener seiner Herrschaft, wollten sie aus purem Neid am Zeuge flicken. Was aber den Scheunenbrand angehe, sollten sie besser vor der eigenen Haustür kehren.

Ein Stichwort, auf das der Anwalt der Feuerkasse nur gewartet hatte. Auf seinen Antrag wurde nun auch erörtert, ob Buchholtz vielleicht bei der Brandserie in Kossenblatt die Hand im Spiel hatte und ebenfalls profitierte. Doch das Gericht ließ diesen Punkt bald fallen. Die darüber befragten Zeugen schwiegen sich wohlweislich aus. Taten aber auch nichts, um den gegen Buchholtz geäußerten Verdacht eines »Feuerteufels von Kossenblatt« zu entkräften.

Am 15. Mai 1900 erkannte das Frankfurter Landgericht Emil Buchholtz für schuldig, den Brand seiner Roggenmieten angestiftet zu haben. Das verhältnismäßig milde Urteil: Drei Monate Gefängnis. Leibkutscher Krischan wurde aus Mangel an Beweisen freigesprochen. Der Feuerkasse wurde nahegelegt, gegen Buchholtz Klage wegen versuchten Versicherungsbetruges einzureichen ...

SCHÜSSE AUS DEM HINTERHALT

Über die Beeskower Chaussee nach Kossenblatt jagt ein leichter Zweispänner. Die Pferde sind schaumbedeckt. Emil Buchholtz, außer sich vor Wut und Enttäuschung, treibt sie unentwegt an Er hat unmittelbar nach dem Urteilsspruch das Gericht verlassen und die Heimreise angetreten. Begleitet von bösen Gedanken.

Auf seinen Leibkutscher hat er Zorn, weil der im Suff das Maul nicht halten konnte. Nun gut, vor Gericht ist er standhaft geblieben. Die Zeugen aber, die gegen ihn ausgesagt haben, sollen ihre Lektion bekommen. Vor allem der verdammte Gärtner, dessen Zeugnis er nicht widerlegen konnte ...

Noch immer vor sich hinfluchend, stürmt Buchholtz in das Herrenhaus. Zum Waffenschrank.

Lädt zwei Jagdgewehre mit grobem Schrot und eilt zu Fuß an die Chaussee vor Kossenblatt zurück. Dort legt er sich im Unterholz auf die Lauer. In Erwartung des Leiterwagens, der bald die Gerichtszeugen aus Frankfurt heimbringen wird.

Schon von Ferne hört er sie reden und lachen. »Freut euch nicht zu früh, Kanaillen«, knurrt er bösartig. Entsichert die Gewehre und zielt auf die Straße.

Der Wagen rollt um die Waldecke, geradewegs auf den versteckten Schützen zu. Der Gärtner hockt neben dem Kutscher auf dem Bock, erzählt etwas, worüber die anderen im Wagen lachen.

Da drückt Buchholtz ab. Einmal, zweimal. Der Gärtner reißt die Hände vors Gesicht und fällt mit einem Schmerzensschrei rücklings vom Bock. Die Pferde scheuen bei dem Doppelknall und blockieren den Wagen.

Da springt Buchholtz aus seinem Versteck. Feuert aus nächster Entfernung auch die beiden anderen Schrotläufe ab. Dann läßt er die Flinte fallen und stürzt blindlings davon. Verfolgt vom Stöhnen und Schreien der Getroffenen. Wie von Furien gepeitscht irrt er durch das sumpfige Dickicht zwischen den Kossenblatt-Seen. Stunde um Stunde, bis die Nacht hereinbricht.

Unbemerkt schleicht der Unselige ins Gutshaus. Jähzorn und Rachegefühl sind längst verraucht. Niedergeschlagen, mit hängenden Schultern, steht der noch gestern mächtigste Mann in Kossenblatt am Fenster des dunklen Arbeitszimmers. Die schweißnasse Stirn an die Scheibe gelehnt, starrt er in den nächtlichen Park. Mondlicht, das von Zeit zu Zeit durch die Wolken bricht, treibt mit den Bäumen und Sträuchern ein unheimliches Schattenspiel.

Der Anblick schürt die trüben Gedanken, die dem Gutsherrn durch den Kopf gehen. Ein verpfuschtes Leben zieht an ihm vorüber. Nun ist der tiefste Punkt erreicht, grübelt er. Der Bankrott hatte ihn nicht nur zu Betrug und Brandstiftung getrieben, zum Wegelagerer und Totschläger, vielleicht gar zum Mörder, war er herabgesunken. Ehrlos und geächtet bleibt ihm nur, ein Letztes zu tun ...

Emil Buchholtz löst sich vom Fenster, tappt schwerfällig zum Schreibtisch und entnimmt der Schublade die darin aufbewahrte Pistole. Durch die Terrassentür tritt er ins Freie und lauscht in die Stille, durch die nur das leise Rauschen des Nachtwindes in den Baumwipfeln streift. Sekundenlang erhellt Mondlicht das in Nebelschwaden zu bizarrer Gestalt verschwimmende Gehölz.

Der von Schuldgefühlen Bedrängte lächelt bitter. Seltsam, daß er gerade jetzt daran denken muß, wie ihn als Kind solch gespenstischer Anblick ängstigte. Der Onkel war's, der ihm allen Ernstes weismachen wollte: »Das sind die Schleier der ›Weißen Dame‹ drüben aus dem Schloß. Sie findet im Grabe keine Ruhe ...«

Und dann bekam der Neffe immer die Geschichte von der Reichsgräfin Eleonore von Barfus aufgetischt, die vor zweihundert Jahren über Kossenblatt herrschte. Eine echte Gruselgeschichte, die der Brandenburg-Erkunder Rudolf Stiege mit einem respektlosen Unterton wiedergibt: »Einer unausrottbaren Dorfsage nach war die dämonisch böse Frau dergestalt vom Geiz besessen, daß sie entgegen üblichem menschlichen Verhaltensmuster nicht einmal ihrem Sohn die geerbten Reichtümer des Vaters gönnte. Unsere märkische Lady Macbeth ließ aus dem fernen Holland einen hierorts gänzlich unbekannten Baumeister kommen, der unter dem Keller des Schlosses ein geheimes Gewölbe errichtete. In diesem brachte Eleonore den Goldschatz ihres Mannes unter. Sie ließ alles vermauern und nahm dem Baumeister den Eid ab, keiner Menschenseele etwas über den Vorgang zu verraten. Doch Eleonore wollte auf Nummer Sicher gehen. Auf der Heimreise, in der Nähe von Königs Wusterhausen, gab der Holländer plötzlich seinen Geist auf. Eleonore, die Schändliche, hatte ihn mit vergiftetem Wein zur Strecke gebracht.«

Die Besessenheit der Rabenmutter ging so weit, daß sie kurz vor ihrem Ende das gesamte Schloßinventar auf dem Hof zu einer Pyramide aufrichten und verbrennen ließ. Der Sohn sollte wohl nichts als die kahlen Wände erben. Eleonore die Habgierige genoß das Freudenfeuer aus vergoldeten Stühlen, Tischen, Kommoden und sonstigem Mobiliar vom Rollstuhl aus – und als die Flammen erloschen, war die unedle Edelfrau mausetot.

Rudolf Stiege: »Und wie das mit ruchlosen Menschen häufig zu geschehen pflegt, wurden unserer bösen Eleonore die Freuden der letzten Ruhe gründlich versagt. Noch 100 Jahre nach ihrem schmählichen Tod erschien sie einem Barfus-Nachfahren, der Schloß Kossenblatt besuchte, während eines schweren Gewitters. Sie ging als Gespenst um. Dorfbewohner hörten dann und wann zu mitternächtlicher Stunde ihren schlurfenden Schritt.

Das Unheil, das sie über ihr Grab hinaus verbreitete, erreichte schließlich auch einen Dorftischler, einen Särgebauer. Der begab sich nächtens sozusagen auf die bösen Spuren Eleonores, schlich sich in den Schloßkeller, wo er Tag um Tag, Nacht um Nacht, Woche um Woche mit seinem Stemmeisen wie besessen herumhämmerte auf der Suche nach dem vermeintlichen Türkenschatz. Der Sargtischler arbeitete derart hingebungsvoll, daß er das Essen vergaß und Pfund um Pfund zum Totengerippe abmagerte. Selbst das Gerippe hämmerte weiter, und wenn er nicht gestorben ist, dann hämmert er wohl immer noch ...«

EMILS TOD UND AUFERSTEHUNG

Buchholtz wischt die Erinnerung fort. Kindheitserinnerungen, die ihn nicht mehr ans Leben fesseln können. Schleppenden Schrittes zieht es ihn zu dem efeubewachsenen Grab unter der alten Eiche. Er wirft sich über den Hügel und preßt das Gesicht in das taufeuchte Grün. Ein heiseres Flüstern: »Verzeih' mir, Liebste.« Der kalte Stahl der Pistole an der Schläfe läßt ihn erschauern.

Der Schuß zerreißt die nächtliche Stille über Kossenblatt. Doch die er aufschreckt, wagen sich nicht aus der Haustür. Noch vor Mitternacht war der Gärtner, ein Vater von sechs Kindern, seinen schweren Gesichts- und Kopfverletzungen erlegen. Wer konnte wissen, was sein irgendwo in der Dunkelheit lauernder Mörder noch im Schilde führte?

Erst nach Sonnenaufgang fand man den regungslos auf dem Grab liegenden Herrn von Kossenblatt. Doch keiner der Gutsleute wagte sich in seine Nähe. Sie beschworen den Pfarrer, festzustellen, ob der Gefürchtete tot war, »weil man annahm, daß B. dessen Leben am ehesten schonen würde«, vermerkt die Kirchenchronik unter dem Datum vom 16. Mai 1900.

Der Pastor tat seinen verängstigten Schäflein des Gefallen. Unbeschadet. Emil Buchholtz hatte sich selbst gerichtet. Die örtliche Kirchenchronik war damit um ein weiteres Beispiel für den problematischen Umgang mit der weltlichen Obrigkeit bereichert. Der letzte, weitaus weniger dramatische Fall lag weit über hundertfünfzig Jahre zurück und verhielt sich so:

Friedrich Wilhelm I., der »Soldatenkönig«, weilte in seinen letzten Lebensjahren mehrmals im Barfus-Schloß, um Ablenkung von der ihn plagenden Gicht zu finden. Neben amateurhafter Porträtmalerei widmete er sich dem Kirchgang. Vor allem die Sonntagspredigten hatten es dem zur Frömmigkeit Neigenden angetan. Und wenn der Pastor ins Fabulieren geriet, das »reine Wort Gottes« zu kurz kam, konnte Seine Majestät sehr ungemütlich werden.

Diese Erfahrung muß Kossenblatts damaliger Pastor Popelium wohl gemacht haben. Als er nämlich die königliche Aufforderung erhielt, am 13. Sonntag nach Trinitatis 1736 (26. August) vor der Hofgesellschaft die Predigt zu halten, fuhr ihm der Schreck so in die Glieder, daß er antworten ließ, es wäre ihm »diesesmahl ohnmöglich, weil er kranck und unter Gottes Gewalt stünde«. Ungnädig verlangte Friedrich Wilhelm, »wenn er ja nicht könnte, so möchte er einen anderen Prediger besorgen«. Diese Order gab Popelium schleunigst an seinen Amtsbruder Wucke in der Nachbargemeinde Wulfersdorf weiter. Ein Auftrag, der den einfachen Landgeistlichen glatt überforderte, vermeldet die Kirchenchronik: »Da nun gegen elf Uhr der Gottesdienst sich anfing, und der H. Wucke ein solches Auditorium noch nie vor sich gehabt hatte, so wurde er bald confus ... Wie aber der ganze Vortrag S. Maj. mißfielen alß urtheilte Selbige nach der Predigt: Sie hätten nie eine elendere Predigt gehört, auch nicht geglaubt, daß so elende Prediger in Dero Landen wären ...«

Der in Rage geratene König zitierte bald danach den Pechvogel Wucke und einen ähnlich »elenden Prediger« aus Rheinsberg nach Berlin. Dort mußten sie über vorgeschriebene Texte das »reine Wort Gottes« predigen. Damit nicht genug, erließ der erzürnte König einen »Cabinetsbefehl« im Sinne eines Postulats aus seinem bereits 1722 niedergelegten Politischen Testament: »Die Herren Geistlichen müssen kurzgehalten werden, denn sie wollen gerne als Päpste in unserem Glauben regieren!«

Infolgedessen – so die Chronik – »sämtliche Prediger aus der Altmark, Prignitz, Mittel-, Ucker- und Neumark durch das Konsistorium nach Berlin berufen worden sind, um ein Monitorium (= amtliche Verwarnung) und Instruktorium zu vernehmen«. Die Nachfahren des rabiaten königlichen Kirchgängers hielten es dann weniger rigorös mit der Religion, ließen auch die Geistlichen Kossenblatts nach ihrer Fasson predigen ...

Das königliche Interesse an Kossenblatt aber lebte fort. Als im Oktober 1900 das nach dem Freitod des Bankrotteurs herrenlos gewordeme Rittergut zwangsversteigert wurde, bot die Königliche Hofkammer mit: Kossenblatt sollte wieder eine Domäne der Krone werden. Doch gegen die Phalanx der weit mehr als achttausend Millionäre im damaligen Preußen kam die königliche Schatulle nicht an. Das Rittergut blieb bürgerlich.

Mit der Zeit verblaßte die Erinnerung an die Untaten des letzten Gutsherrn aus dem Hause Buchholtz, den manche für den »Feuerteufel von Kossenblatt« gehalten hatten. Bis die »nationale Erhebung« Adolf Hitlers im Jahre 1933 auch für das Verbrechen neue Maßstäbe setzte. Davon profitierte posthum der Bankrotteur, Brandstifter und Mordschütze Emil Buchholtz.

»Ein Sproß der Familie nämlich, vermutlich wiederum ein Neffe des Emil, veröffentlichte in den dreißiger Jahren einen Roman, in dem die Familienlegende zeitgemäß verarbeitet wurde«, stellte der auf Fontane-Spuren wandelnde Schriftsteller Günter de Bruyn fest: »Das Schloß des Feldmarschalls Barfus, des Türkenbezwingers, in dessen Sälen die Bilder des Soldatenkönigs hängen, heißt hier Eichberg und liegt nicht an Sumpfwiesen, sondern an einem herrlichen See. Aus Buchholtz wird Beringer, aus Emil Erich, und die Darlehenskasse wandelt sich in einen habgierigen, häßlichen Juden namens Mendelsohn, der die Bilder des Königs natürlich für Plunder hält und den durch Brände in Not geratenen Erich, der die schöne Gärtnerstocher liebt, immer tiefer ins Unglück treibt.

Da Erich sich schließlich dem Würgegriff des Wucherers nicht mehr entziehen kann, bringt er sich um; die Gärtnerstochter ertränkt sich im See; das Schloß ist verloren, der Weltkrieg verloren; der Bruder Erichs, Oberst und positiver Held des Romans, wird von ›Novemberverbrechern‹ erschossen, aber schon stürmt dessen Sohn mit den Freikorpskämpfern heran, jung, unaufhaltsam, direkt ins Dritte Reich ...«

In Kossenblatt gerät man darüber völlig aus dem Häuschen, schwelgt der Skribent aus dem Hause Buchholtz in schmalzigem Pathos: Unter den Klängen des Badenweiler Marsches und des Horst-Wessel-Liedes marschierten am 21. März 1933 »jung und alt, im Fackelzug zu Ehren des ›Tages von Potsdam‹ mit. Die alten schönen Vaterlandslieder erklangen wieder, und von neuer Begeisterung und Vaterlandsliebe erfüllte Worte wurden gesprochen. Gott sei gedankt!«

Bliebe noch nachzutragen, daß vermutlich Emil Buchholtz, der Ritter ohne Ehr' und Skrupel, im Geist in ihren Reihen mitmarschierte. Und die Reichsgräfin Eleonore womöglich zu mitternächtlicher Stunde die königlichen Porträts im Schloß gegen ein »Führerbild« austauschte.

Reisetip:
Kossenblatt ist über die Chaussee von Beeskow nach Tauche und Giesensdorf (ca. 20 Kilometer) zu erreichen.
Erhalten sind das Gutsareal und das um 1700 erbaute Barfus-Schloß (in DDR-Zeiten Archiv des Innenministeriums) sowie die barock ausgestattete Dorfkirche (Feldsteinbau, 13. Jahrhundert). Im Park ein Findling am Schauplatz des Buchholtz-Selbstmordes.
Wusterhausen liegt an der Südspitze der 22 Kilometer langen »Kyritzer Seenkette«. Erreichbar von der A 24 (Ausfahrt Neuruppin) über die B 167 (Richtung Kyritz).
Pfarrkirche St. Peter und Paul (13./16. Jahrhundert) mit reicher Ausstattung. Das Stadt- und Kreismuseum (Am Markt 3) besitzt Exponate von der ersten Besiedlung bis zur Gegenwart.
(Geöffnet: Di und Do von 10 bis 12 und 16 bis 18 Uhr; Sa 13.30 bis 15.30 Uhr; So 10 bis 12 Uhr.)

Speisetip:
Beeskow: »Märkisches Gutshaus«, Frankfurter Chaussee 49, Tel. 03366/20053;
Spezialität: regionale Produkte – Gutshauspfanne.

Des Kaisers »Urninge« auf Schloß Liebenberg

Satte Wiesen, schattige Wälder und stille Gewässer bestimmen die Lage von Schloß Liebenberg am Großen Lanke-See, unweit von Liebenwalde und Löwenberg. Einem der schönsten Plätze im Havelland, die zum Verweilen, zum Ausruhen einladen. In jüngerer Vergangenheit machte die Staats- und Parteiprominenz der DDR davon ausgiebig Gebrauch. Das idyllische Nebenschloß »Seehof« (heute Hotel) beherbergte sowohl den ersten Staatspräsidenten Wilhelm Pieck als auch dessen spitzbärtigen Rivalen Walter Ulbricht, nachmaliger Staatsratsvorsitzender und »Architekt« der Berliner Mauer. Doch in Liebenberg hat auch »einmal die Weltgeschichte Rast gemacht« (Rudolf Stiege). Vor gut hundert Jahren.

Im Schloß des Fürsten Philipp zu Eulenburg und Hertefeld pflegte sich damals eine Tafelrunde erster Güte zu treffen. Männer von Rang und Würden aus der nächsten Umgebung Wilhelms II. (1859-1941), des letzten deutschen Kaisers. Ein illustrer Kreis ehrgeiziger Militärs und Höflinge, dem gelegentlich auch Majestät höchstpersönlich die Ehre seiner Anwesenheit gönnte.

In Liebenberg wurden die Karten der Innen- und Außenpolitik des Kaiserreiches gemischt; fielen die Würfel für Staats- und Regierungsämter; wurden Intrigen gesponnen und verabredet. Was dem Kaiser verborgen blieb: Manche Ritter dieser Tafelrunde schrieben einander zärtliche Briefe, redeten sich mit »geliebter Philli« und »liebster Kuno« an. Gerieten in süßliches

Schwärmen über die »Rosenlieder« und andere lyrische Ergüsse des Schloßherrn. Eine obskure Geselligkeit, präsidiert vom Fürsten Eulenburg (der anfangs noch den Grafentitel führte). Er genoß mehr als zwanzig Jahre das uneingeschränkte Vertrauen des Herrschers. Es ging ihm verloren, als die Liebenberger Tafelrunde im trüben Strudel eines öffentlichen Skandals versank, der mit seinem Namen verknüpft war ...

Philipp von Eulenburg, Jahrgang 1847, war vom Wesen her mehr Künstler als Politiker. Nach Abbruch einer kurzen Offizierslaufbahn, die ihm widerstrebte, machte er dennoch unter den Fittichen des Reichskanzlers Bismarck diplomatische Karriere. Von dem Abkömmling eines uralten Adelsgeschlechtes entwarf der Schriftsteller Emil Ludwig (1881-1948), ein Biograph Wilhelms II., ein widersprüchliches Bild:

»Eine große, biegsame Gestalt, verdeckte Züge, Augen, die nach Bismarcks Urteil einem das beste Frühstück verderben konnten, große, aber weiche Hände, eine narzissushafte Koketterie, mit der er den Staatsfrack wie die Gardeuniform zu tragen liebte, glänzender Witz, Magazin von Anekdoten, schöne, etwas verschleierte Stimme, Kunst, auf dem Klavier elegant zu fantasieren, Verse zu improvisieren, Menschen zu kopieren, Briefe zu stilisieren, über allem eine Glätte des Umgangs, die Reibungen mit irgendeiner anderen Natur ausschloß. Dies Ganze, getragen von soviel Klugheit wie Unechtheit, der Glanz, zugleich oxydiert durch eine unüberwindliche Scheu vor Verantwortung: das verführerische Bild eines adligen Cagliostros ...«

Ein Abenteurer und Hochstapler vom Schlage jenes italienischen Granden war Eulenburg freilich nicht. Er fühlte sich unablässig zum »Freundesbund mit Auserwählten berufen« (Historiker Christian Graf von Krockow). Eben diesen fand er in dem zwölf Jahre jüngeren Kronprinzen Wilhelm von Preußen. Mit diesem teilte er auch das Interesse für Spiritismus.

Über die erste Begegnung anläßlich einer Jagd in Ostpreußen im Jahre 1886 notiert der damals Neununddreißigjährige spontan: »Wir unterhalten uns herrlich ... Prinz Wilhelm ist begeistert für meine Balladen und alles Nordische. Er steht stets bei mir und blättert die Seiten um ... ›Atlantis‹ ist seine Lieblingsballade, jeden Abend muß ich sie singen ... Man muß diesen Menschen gern haben!«

Eulenburg steigert sich in ein himmelhochjauchzendes Gefühl der Zuneigung, die mancherlei Vermutungen aufkommen läßt. »Weil er dichtete, komponierte und seine Lieder selbst vortrug, wurde ›Philli‹ Eulenburg bald ›der Barde‹ genannt, indessen einige aus dem Freundeskreis – nicht Eulenburg – wenig respektvoll ›das Liebchen‹ sagten, wenn sie Seine Majestät meinten. Es hätte wohl auch ›Phillis Liebchen‹ heißen können, falls man aufs Raunen und auf den Klatsch hörte.« (Graf Krockow)

Anfang Juni 1887 folgt der Kronprinz einer überschwenglichen Einladung Eulenburgs (»Welche Seligkeit wäre es, Ew. Königlichen Hoheit meine geliebte Heimat zeigen zu können!«) zu einem Jagdausflug nach Liebenberg. Es ist der erste Besuch von vielen, die folgen werden. Nicht nur zur Pirsch. »Wichtig aber wurden die Gespräche im Freundeskreis, musisch untermalt. Bald sprach man von der ›Liebenberger Tafelrunde‹ ... Es versteht sich, daß Spekulationen ins Kraut schossen: Was wohl wurde in der hehren Runde beredet, was womöglich beschlossen.« (Graf Krockow)

Am 15. Juni 1888 besteigt der Kronprinz als Wilhelm II. den deutschen Kaiserthron. Er ist neunundzwanzig Jahre alt. Den vielseitigen, aber charakterschwachen Eulenburg zieht er als engsten Vertrauten und Freund an seine Seite. Der Unentbehrliche wird mit Ämtern und

Ehren überhäuft. Mit einem Federstrich, einer diskreten Information kann des Kaisers einflußreicher Günstling Minister- und Diplomatenkarrieren beginnen lassen oder ruinieren. So wird zum Beispiel der Sturz des Reichskanzlers von Caprivi 1894 bei einem Frühstück mit dem Kaiser in Schloß Liebenberg beschlossen.

In der Öffentlichkeit taucht der Begriff »Hofkamarilla« auf. Synonym für eine Hofpartei, die aus dem Hintergrund agiert, ein Klüngel, der unkontrollierbare und schädliche Einflüsse auf den jungen Kaiser ausübt, der für Schmeichelei und Unterwürfigkeit empfänglich ist. »Diese Fronde, die sich gleich nach dem Sturz Bismarcks an den ›jungen Herrn‹ herangedrängt hatte und seine Selbstherrlichkeit anstachelte, blieb mit dem Namen Fürst Philipp zu Eulenburg verknüpft.« (Historikerin Annemarie Lange) Jener aber spürt mit den Jahren, daß ihm der »geliebte junge Herr« entgleitet. Und entfremdet wird durch die Fronde serviler und borniter Jasager, die er, Eulenburg, mitzuverantworten hat. Das trifft ihn hart, und der Wirkliche Geheime Rat, erbliches Mitglied des Preußischen Herrenhauses und Botschafter des Kaiserreiches an der Wiener Hofburg, resigniert ...

MAJESTÄT VERSTECKT OSTEREIER

Frühling 1903. Von Schaumkronen begleitet, durchrauscht ein schneeweißes rankes Schiff die Fluten: S. M. S. »Hohenzollern«, die Hochseejacht Wilhelms II. auf Nordlandkurs. Ein Vergnügen, daß Majestät sich immer in dieser Jahreszeit gönnt. Daran teilnehmen zu dürfen kommt einer hohen Auszeichnung gleich. Philipp von Eulenburg wird sie seit 1889 regelmäßig zuteil. Obwohl vor Jahresfrist offiziell aus dem Hofdienst ausgeschieden, ist er auch diesmal wieder an Bord. Der

Sechsundfünfzig-jährige leidet an Gelenkrheumatismus, an Herzmuskelentzündung und an einer Thrombose. Doch der Wunsch des Kaisers ist nun mal Befehl.

Bleich und grau nach eben überstandener Seekrankheit – sie macht ihm auf jeder Nordlandreise zu schaffen – hockt »der Barde« in seiner Kabine. Gequält von dem ausgelassenen Lärm, der vom Oberdeck zu ihm dringt. Majestät versteckt Ostereier! Er wird eine diebische Freude daran haben, wenn sein Gefolge – Herren zwischen vierzig und sechzig Jahren – in Winkeln und Ecken suchen müssen. Wobei es ihm manchmal beliebt, die Herumkriechenden in die Beine zu kneifen oder zu kitzeln.

Vielleicht geruht der Kaiser aber auch den von der Suche erschöpften Bordgenossen ein »Sektfrühstück« zu offerieren? Wie bei einer früheren Seereise. Von der Kommandobrücke des kleinen Kreuzers »Nymphe« hatte der zu Kasinospäßen stets Aufgelegte das auf dem Deck versammelte Gefolge gefragt: »Etwas Schampus gefällig, meine Herren?« Auf das vielstimmige ergebene »Zu gnädig, Eure Majestät!« schüttete ihnen der kaiserliche Witzbold lachend ein Glas Sekt über die Köpfe ...

Ein wahrhaft fürstliches Vergnügen! Bekümmert notiert Eulenburg, was ihn gerade an trüben Gedanken bewegt: »Der Widerspruch der Jahre zu der verkrampften Heiterkeit verletzt mich am meisten. Die Fahrtgenossen sind ohne Ausnahme zu hohen Würden gestiegen: Fürsten, Exzellenzen, Geheime Räte und Professoren sind aus den Grafen, Majoren und Malern geworden, und sie sind alle recht verbraucht. Aber es bleibt doch noch genug Energie, um heiter, frisch, witzig – ja geistreich zu erscheinen. So frisch, daß alles morgens turnen kann. Mich ekelt das sehr. Ich kann diese Exzellenzen, die die Kniebeugen machen, nicht mehr ertragen – auch nicht Witze vor morgens 9 Uhr. Bisweilen frage ich mich, wie es der Kaiser erträgt, der doch auch fünfzehn Jahre älter wurde – und er stiftet oft selber das alles an ...

Ich stehe so sehr unter Eindruck der Trauer, daß ich gerne sofort das Schiff verließe. Ich fühle die Tränen in mir aufsteigen, wenn ich den lieben, gütigen Herrn ... in maßlosen Ausfällen gegen allerhand Windmühlen höre und sein ganz in Heftigkeit entstelltes Gesicht sehe. Der arme, arme Kaiser, wie zerstört er alles um sich, was sein Halt, sein Stolz sein sollte ...«

Der Fürst erinnert sich der Bedenken, die der Hofmarschall Graf Zedlitz-Trützschler ihm gegenüber verlauten ließ: »Das Schlimmste ist, daß der Kaiser sich immer mehr entwöhnt, wirklich etwas zu arbeiten.« Er stehe spät auf, nehme sich nach ausgedehntem Frühstück am Vormittag höchstens zwei Stunden Zeit für die Vorträge der Minister. Dringende Unterschriften erledige er oft erst kurz vor der Abendtafel um zwanzig Uhr. »Infolge des öfters sich drei Stunden hinziehenden Mittagsschlafes bleibt der Kaiser regelmäßig bis zwölf oder ein Uhr auf und steht dabei am liebsten im Kreis von Menschen, die ihm andächtig zuhören. Neun Monate im Jahr ist er auf Reisen, nur die Wintermonate zu Hause. Wo bleibt dann bei fortgesetzter Geselligkeit noch Zeit für ruhige Sammlung und ernste Arbeit?«

Eulenburg seufzt. Er kennt die gefährlichen Schwächen des kaiserlichen Freundes besser als manch ein anderer. Vornehmlich die von Liebedienerei geförderte Neigung, sich für den größten und tüchtigsten, am meisten geliebten Monarchen auf Erden zu halten. Im Volk denkt man freilich anders. Spottet: »Unser Kaiser führt uns herrlichen Zeiten entgegen. Darum hat er keine Zeit zum Regieren.« Und über die mit der sprichwörtlichen »Marinetollheit« des Herrschers verbundenen Nordlandreisen skandiert man in gewissen Kabaretts: »Was steigt dort am Horizonte für ein schwarzer Rauch empor?/Ist es nicht des Kaisers Jachtschiff, ist es nicht der ›Meteor‹?/Kaiser Wilhelm steht am Steuer, Kronprinz Wilhelm heizt den Schlot,/Und der schöne Prinz Adalbert hißt die Flagge Schwarz-Weiß-Rot,/Wir steh'n vor des Thores Stufen in Ehrfurcht und in Treue fest./Wir sind bereit, Hurra zu rufen, wenn es sich irgend machen läßt!«

Böse Vorahnungen beschleichen den Grübelnden in der Kabine der Kaiserjacht. Aber er wird schweigen. »Ach, ich kann ihm doch nichts Unangenehmes sagen ...«

Es klopft an der Tür. Ein goldbetreßter Marineoffizier salutiert. »Durchlaucht, Seine Majestät wünschen Ihre Anwesenheit an Deck.«

Eulenburg erhebt sich folgsam. Tritt zurück in den Kreis der Hofkamarilla, dem er sich für einen Augenblick entzogen hatte. Doch nur in seinen Gedanken, denn bei allen Zweifeln und Sorgen, die ihn bewegen, will er nach außen bleiben, wofür man ihn allgemein hält – die Graue Eminenz Seiner Majestät. Und die Macht genießen, die ihm verblieben ist. Dabei gerät er selbst zwischen die Mühlsteine der Intrigenpolitik.

EIN VERSTOSSENER NIMMT RACHE

Die Atempause, die Eulenburg sich mit seinem Rückzug auf Liebenberg verschaffen wollte, wurde jäh unterbrochen. »Zu lange schon und viel zu nahe hatte er als Freund und Berater am Thron gestanden, zu deutlich war er ausgezeichnet und demonstrativ (1900) in den Fürstenstand erhoben worden, zu mehr erschien er noch immer als das Haupt einer unverantwortlichen ›Kamarilla‹, um nicht den Neid und Haß, ein Gelüst auf Rache auf sich zu ziehen. Hatte er denn nicht zumindest vordergründig erfolgreich auf das ›persönliche Regiment‹ des Kaisers hingearbeitet ...?« (Graf Krockow)

Friedrich von Holstein, ein früherer Partner Eulenburgs im zwielichtigen Würfelspiel um Macht und Einfluß, brachte den Stein ins Rollen, der eine Lawine auslösen sollte. Der Staatssekretär im Auswärtigen Amt hatte seit der Entlassung Bismarcks im Jahre 1890 faktisch die Außenpolitik des Reiches dirigiert. Eulenburg mußte zwischen Holstein und dem auf eigene Faust handelnden Kaiser ständig die heikle Rolle des Vermittlers spielen. Als daher Holstein 1906 von seinem unzufriedenen Herrn die Entlassung erhielt, witterte er eine Intrige des immer noch einflußreichen Eulenburg. Der von Zeitgenossen als »mißtrauischer und rachsüchtiger Sonderling« Charakterisierte handelte unverzüglich.

Der geschaßte Staatssekretär spielte dem Berliner Journalisten Maximilian Harden belastendes Material über Mitglieder des Liebenberger »grex dirigens« (= regierende Horde oder Klub) zu.

Harden (eigentlicher Name Witkowski), Jahrgang 1861, gehörte zu den brillantesten Köpfen der damaligen hauptstädtischen Presse. »Die Zukunft«, eine von ihm 1892 gegründete und redigierte Wochenschrift, benutzte er als Tribüne scharfer Kritik an Wilhelm II. und dessen zur Staatsräson erhobenem »Königtum von Gottes Gnaden« sowie an dem Klüngel, der den Thron umschwärmte.

Dafür war er einmal wegen Majestätsbeleidigung angeklagt und zweimal zu Gefängnis verurteilt worden. Für Maximilian Harden kein Grund, etwa zu Kreuze zu kriechen.

Im November 1906 schockte er die Leser der »Zukunft«, daß etwas faul im Staate sei: »Der Romantiker ... hat für alle seine Freunde gesorgt. Ein Moltke ist Generalstabschef, ein anderer, der ihm noch näher steht, Kommandant von Berlin, Herr von Tschirschky Staatssekretär im Auswärtigen Amt, und für Herrn von Varnbüler hofft man auch noch ein warmes Eckchen zu finden. Lauter

gute Menschen. Musikalisch, poetisch, spiritistisch; so fromm, daß sie vom Gebet mehr Heilwirkung erhoffen als vom weisesten Arzt; und in ihrem Verkehr, mündlichen und brieflichen, von rührender Freundschaftlichkeit. Das alles wäre ihre Privatangelegenheit, wenn sie nicht zur engsten Tafelrunde des Kaisers gehörten ...
Heute weise ich offen auf Philipp Friedrich Karl Alexander Botho Fürsten zu Eulenburg und Hertefeld, Grafen von Sandeln, als auf den Mann, der mit unermüdlichen Eifer Wilhelm den Zweiten zugeraunt hat und noch heute zuraunt, er sei berufen, allein zu regieren, und dürfe, als unvergleichlich Begnadeter, nur von dem Wolkensitz, von dessen Höhe herab ihm die Krone verliehen ward, Licht und Beistand erhoffen, erflehen; nur ihm sich verantwortlich fühlen. Das unheilvolle Wirken dieses Mannes soll wenigstens nicht im Dunkel fortwähren.«
Die Attacke stellte nur das Vorspiel einer Kampagne dar. Harden deutete an, daß »Süße« und »Harfner«, ein Kreis weibisch-süßlicher Lebemänner, die Innen- und Außenpolitik des Reiches bestimmte. Bald folgten Hinweise darauf, »daß hier ein geheimer ›Orden‹ (von Homosexuellen) am Werke war; die Verbindungen des Ordens reichten von den Höfen, der Armee und Marine bis in die Landratsämter und das Polizeipräsidium. Mit seiner Hilfe wurden gut dotierte Posten verschoben.« (Historikerin Annemarie Lange) Es fielen Namen aus der Liebenberger Herrenrunde. Auch der eines Prinzen von Preußen. Man könne sie allesamt, wetterte der streitbare Journalist Harden, als das bezeichnen, was die alten Griechen »Urninge« nannten: Anhänger der Knabenliebe ... Homosexuelle. Darauf stand nach geltendem Recht Zuchthaus!
Nach dem Paragraphen 175 des Strafgesetzbuches »war Homosexualität (nur für den Mann) ein kriminelles

Delikt«, berichtet die Historikerin. »Noch nie hatte sie aber in Berlin – begünstigt durch die Kasernierung Tausender junger Leute und das Kasinoleben der Offiziere – einen solchen Umfang erreicht ... Die Polizei wußte, daß es bestimmte Massageinstitute gab, zum Beispiel in der Sophienstraße, wo sowohl einfache Soldaten wie ›hochgestellte Persönlichkeiten‹ (darunter Prinz Heinrich) ein und aus gingen. Der Polizeipräsident hütete sich, in ein Wespennest zu stechen. Er beschränkte sich darauf, ›öffentliche Ärgernisse‹ unterbinden zu lassen: allzu unverhüllte Werbungen für Lokale oder allzu offenherziges Anbieten von Soldaten in der Nähe der ›Zelten‹ (Bierlokal im Tiergarten, d. V.).«

Hardens Enthüllungen und Behauptungen schlugen wie eine Bombe ein. Der schneidige Kaiser fühlte sich vor aller Welt blamiert. Ihm, dem man doch nachsagte, er könne »in den Augen der Menschen lesen und ihnen ins Herz sehen«, mußte ein solches Malheur widerfahren. Wilhelm II. war außer sich vor Wut.

Bitter enttäuscht und hintergangen hatten sie ihn, seine engsten und ältesten Freunde: Eulenburg, den er kurz vor dem Debakel mit dem Schwarzen Adlerorden, Preußens höchster Auszeichnung, dekoriert hatte; die beiden Grafen Hohenau, Flügeladjutanten der Majestät, der eine zudem Kommandeur der Gardekürassiere; Graf Kuno von Moltke, den er zum Berliner Stadtkommandanten ernannt hatte; Graf Wedell, sein Hof-Zeremonienmeister. Und noch manch anderer Paladin, dem er vertraut hatte.

»Eulenburg, Hohenau, Kuno Moltke habe ich jetzt als pervers erkannt«, grollte der tief in seiner Eitelkeit Gekränkte. »Hier muß vor aller Welt und unnachsichtig ein moralisches Exempel statuiert werden.«

Mit einem Federstrich wurden die in allerhöchste Ungnade Gefallenen ihrer Ämter enthoben und vom kaiserlichen Hofe verbannt. Eulenburgs Bitte um persönliches Gehör lehnte Wilhelm schroff ab. Ließ durch einen Adjutanten das vorbereitete Entlassungsersuchen nach Liebenberg bringen. Eulenburg unterzeichnete kommentarlos.

Angesichts der hämischen und schadenfrohen Stimmen aus den Ausland schränkte Maximilian Harden die Kampagne ein. Er habe »perverse Aktivitäten« nie behauptet, sich indessen verpflichtet gefühlt, im nationalen Interesse den Kaiser vor der »Perversion seiner Umgebung zu warnen«. Doch die Skandallawine rollte weiter: 1907 strengte Kuno von Moltke eine Verleumdungsklage gegen den Journalisten an.

Das war genau, was Harden wollte, vermerkte der Historiker Gerhard Masur (»Das Kaiserliche Berlin«): »Seine Informationen waren hieb- und stichfest, die Berliner Polizei kannte die Tatsachen seit langem. Der Prozeß ... gab Harden ein Podium, was weit größer war als das, welches ihm seine Zeitschrift jemals bieten konnte.«

Vor dem Berliner Landgericht geißelte Harden schonungslos die morbide Atmosphäre am kaiserlichen Hofe. Sie sei gekennzeichnet durch »Süßholzraspelei, Spiritismus, Salonmystizismus« und »ungesunde, ihren Zwecken ersprießliche Romantik«. Ein Dunstkreis, der »eine verhängnisvolle Täuschung über die Realitäten ermöglichte«.

Berufungs- und Neuverhandlungen zogen »Berlins sensationellsten Rechtsstreit« (Masur) in die Länge. Englands König Edward VII. befand: »Die Prozesse sind die größte Dummheit der Hohenzollern.« Er urteilte über seinen ungeliebten Neffen auf dem deutschen Kaiserthron. »Er ist nicht mehr und nicht weniger als ein politisches enfant terrible. Die Leute können, wenn sie wollen, vom perfiden Albion (Großbritannien nach der altrömischen

Bezeichnung, d. V.) reden, aber kann es etwas Perfideres oder Dummeres geben als die augenblickliche Politik des Kaisers?«

DAS ENDE EINES »BARDEN«

1908 gerät Eulenburg auch in die Mühlen der Justiz. Er bestreitet vor Gericht den Vorwurf der Homosexualität. Unter Eid! Aussagen angeblicher »Gespielen« aus der Zeit, da er als junger Diplomat an der preußischen Gesandtschaft in München arbeitete, bezeugen das Gegenteil. Einer beschwört, daß Eulenburg damals in einer Nebenwohnung sexuelle Kontakte zu einem jungen Fischer unterhalten habe, von dem er sich oft stundenlang über den Starnberger See rudern ließ.

Die Öffentlichkeit hat eine neue Sensation: Der Busenfreund des Kaisers des Meineides überführt! Eulenburg wird verhaftet. Er bricht zusammen. Wird wegen des schlechten Gesundheitszustandes vier Monate lang in der Charité behandelt. Unter strenger Bewachung. Sein Meineidsprozeß vor dem Schwurgericht muß immer wieder unterbrochen werden: Der Angeklagte erleidet Weinkrämpfe und Nervenzusammenbrüche. Ist schließlich nicht mehr verhandlungsfähig. Das Verfahren wird auf unbestimmte Zeit vertagt – und ist nie wieder aufgerollt worden. »Die Prozeßakten sind vernichtet, und die Frage nach Schuld oder Unschuld mag ruhen, die sich heute ohnehin abwegig ausnimmt.« (Graf Krockow)

Mit dem Makel eines Meineidigen und Geächteten behaftet, durfte Eulenburg nach Liebenberg heimkehren. Belastet mit der Auflage, sich alle sechs Monate einer Ärztekommission zur Prüfung auf Verhandlungs- und Haftfähigkeit vorzustellen. Der Kaiser kümmerte sich nicht mehr um den einstigen Busenfreund, seinen

»Barden«. In seiner Umgebung geäußerte Zweifel an dessen Schuld tat er mit der Bemerkung ab: »Eulenburg hat sich nicht schneidig genug benommen!«

Der im Stich gelassene »Philli« vertraute einem Brieffreund an: »Es wäre ein Mangel an Logik oder eine Selbsttäuschung, wenn ich mich noch zu den königtreuen Preußen zählen wollte. Kaum ist es mir möglich, die monarchische Regierungsform mit Gleichmut hinzunehmen ...«

Der »König von Gottes Gnaden«, der nach Eulenburgs Überzeugung »in der Lage ist, im Rahmen einer bestehenden Verfassung autokratische Gelüste in die Tat umsetzen zu können«, kehrte denn auch den Eulenburg-Skandal unter den Teppich. Nach Gutsherrnart! »Wenn es jetzt in den Zeitungen nicht aufhört, dann schicke ich einen Flügeladjutanten und lasse den Redakteur totschießen«, raunzte Seine Majestät ungehalten. Der Anlaß: Veröffentlichungen, die sich mit den politischen Hintergründen der »Urning«-Affäre beschäftigten. »Derartige Drohungen wirkten! Um den ›Eulenburg-Skandal‹ wurde es bald wieder still. In Deutschland, vor allem in Preußen, wirkten Drohungen mit militärischen Machtmitteln immer«, konstatierte der Jounalist Bernt Engelmann in seiner Betrachtung »Die goldenen Jahre. Die Sage von Deutschlands glücklicher Kaiserzeit«.

Eulenburg erlebte noch den Zusammenbruch dieser golden-glücklichen Ära. Es mag ihm vielleicht eine Genugtuung gewesen sein, daß der einst sich so schneidig und selbstherrlich gebärdende Herrscher aller Preußen vor der Revolution Reißaus nahm, nach Doorn, in holländisches Exil. Als ihn sein Adjudant fragte, warum er nicht an der Spitze seiner Truppen den Tod auf dem Schlachtfeld gesucht habe, redete er sich heraus: »Die Zeit der heroischen Geste ist vorüber.«

Einen Nutzen hatten Philipp von Eulenburg und

Hertefeld davon nicht: Auch nach dem November 1918 schwebte das Damoklesschwert einer Wiederaufnahme des Meineidsprozesses über Eulenburg. Verbittert und enttäuscht, starb er am 17. September 1921 auf Schloß Liebenberg. Inmitten der märkischen Wälder, in denen er einst mit dem »geliebten jungen Herrn«, dem er in einem »Taumel von Freude« anhing, auf die Pirsch zog. Die Hintergründe der Affäre, die ihn zu Fall brachte, liegen »selbst nach mehr als sechzig Jahren mühevoller Forschungsarbeit noch immer in geheimnisvollem Dunkel« (Masur). Der »Barde« des Kaisers hätte besser daran getan, seinen Jugendtraum zu verwirklichen: Er wollte nichts als ein Dichter sein.

Reisetip:
Liebenberg liegt etwa 10 Kilometer östlich von Löwenberg (B96) an der B 167 nach Liebenwalde. Das Hauptschloß (1743) wurde 1945 durch Kriegseinwirkung zum Teil zerstört.
Ein Trakt (zeitweise Verwaltungsgebäude) und »Seehof« sind erhalten, auch Gemälde vom Berliner Hofmaler Antoine Pesne (1683-1757), Bibliothek (rund 25 000 Bände) und wertvollstes Inventar gingen 1945 verloren.

Speisetip:
Liebenberg: »Gutshaus Liebenberg«, Parkweg 14,
Tel. 033094/50210;
Spezialität: Klassische Menüs von Wild bis Zander.

ZITIERTE UND WEITER-
FÜHRENDE LITERATUR

Bauer, Dr. Heinrich: Die Mark Brandenburg, Berlin 1954
Burkhardt, Albert: Der Schatz von Chorin, Berlin 1991
Corvin: Pfaffenspiegel, Rudolstadt 1890
de Bruyn, Günther/Wolf, Gerhard: Märkischer Dichtergarten, Berlin 1988
Diwald, Hellmut: Geschichte der Deutschen, Berlin 1987
Fontane, Theodor: Wanderungen durch die Mark Brandenburg, Berlin 1861/88
Fontane, Theodor: Grete Minde, Berlin 1880
Heinemann, Franz: Die Richter und die Rechtsgelehrten, Düsseldorf 1976
Heller, Gisela: Unterwegs mit Fontane in Berlin und in der Mark Brandenburg, Berlin 1992
Holmsten, Georg: Brandenburg – Die Geschichte der Mark, ihrer Städte und Regenten, Berlin 1973
Koischwitz, Gerd: Zwischen Havel und Oder, Berlin 1991
Köhler, Gerhard: Bilder aus der deutschen Rechtsgeschichte, München 1988
Kürenberg, Joachim von: Der Zauber der Mark, Berlin 1936
Lange, Annemarie: Das Wilhelminische Berlin, Berlin 1980
Masur, Gerhard: Das Kaiserliche Berlin, München 1971
Museumsführer Land Brandenburg, Potsdam 1993
Radbruch, Günther/Gwinner, Heinrich: Geschichte des Verbrechens, Frankfurt am Main 1990
Schieder, Theodor: Friedrich der Große, Frankfurt am Main 1986

Scholz, Hans: Wanderungen und Fahrten in der Mark Brandenburg, Berlin 1974/80
Schultze, Johannes: Die Mark Brandenburg, Berlin 1961/65
Stave, John: Merkwürdige Mark, Berlin 1994
Stiege, Rudolf: Streifzüge durch die Mark Brandenburg, Berlin 1989
Suchenwirth, Dr. Richard: Deutsche Geschichte, Leipzig 1936
van Dühen, Richard: Theater des Schreckens, München 1985
von Krockow, Christian Graf: Fahrten durch die Mark Brandenburg, Stuttgart 1991

Das vorliegende Buch basiert weitgehend auf zeitgenössischen Aufzeichnungen, Erinnerungen und Zeugnissen. Der Autor dankt Frau Brigitte Blumberg für ihre ausdauernde und tatkräftige Mitarbeit.

ISBN 3-359-00803-0

1. Auflage
© 1996 Verlag Das Neue Berlin
Rosa-Luxemburg-Str. 16, 10178 Berlin
Umschlagentwurf: Jens Prockat
Druck und Bindung:
Wiener Verlag

KURMARK